불교와 명상, 마음챙김으로 살아가기

본 도서는 (재)대한불교진흥원이 젊은 세대의 관심과 시대적 감각에 맞는 불교 콘텐츠 발굴을 통해서 젊은 세대의 불교 이해를 돕기 위해 펴내는 [대원불교문화총서] 시리즈입니다.

대원불교문화총서 11

불교와 명상, 마음챙김으로 살아가기
What, Why, How
: *Answers to Your Questions about Buddhism, Meditation, and Living Mindfully*

헤네폴라 구나라타나 지음, 박경미 옮김

운주사

WHAT, WHY, HOW
© 2019 Bhavana Society
All rights reserved

Korean translation copyright © 2025 by UNJUSA
Korean translation rights arranged with WISDOM
PUBLICATIONS, INC through EYA Co.,Ltd

이 책의 한국어판 저작권은 EYA Co.,Ltd를 통해 WISDOM PUBLICATIONS, INC 과 독점 계약한 '도서출판 운주사'에 있습니다. 저작권법에 의하여 한국 내에서 보호를 받는 저작물이므로 무단전재 및 복제를 금합니다.

편집자 서문

반테 헤네폴라 구나라타나$^{Bhante\ Henepola\ Gunaratana}$ 마하테라* 스님은 부처님의 가르침을 전파하는 데 평생을 바쳐왔다. 반테 지$^{Bhante\ G}$라는 애칭으로 전 세계적인 사랑을 받고 있는 스님은 1927년 스리랑카 헤네폴라 마을에서 태어나 12살에 사미계를, 20살에 구족계를 받았다.

---

* 【역자주, 이하 본서의 모든 주석은 역자주임】 상좌부불교에서의 스님에 대한 존칭.
  - 반테(Bhante): 후배 스님이 선배 스님을 부르는 존칭으로, 부처님 당시 스님들이 붓다를 불렀던 호칭이다. 대덕大德 또는 존자尊者라고 번역된다. 재가신도들이 스님을 친근하게 부르는 존칭이기도 하다.
  - 밧단따(Bhaddanta): '존귀하신(Venerable)'이라는 뜻의 빨리어 형용사. 명사로 존자尊者라는 뜻으로 사용하기도 한다.
  - 테라(thera): 법랍이 오래되고 수행이 높은 비구 스님을 일컫는 호칭으로 '장로長老'라고 번역된다. 최소한 법랍 10년이 넘고, 장로가 갖추어야 할 덕목(테라 담마) 10가지를 갖춘 스님을 뜻한다. 법랍이 20년 또는 30년이 넘고 덕목이 높은 비구 스님은 '마하테라(mahathera)', 즉 '대장로長老'라고 한다.

그는 1968년 미국에 초청받아 워싱턴 DC에 있는 비하라불교협회Buddhist Vihara Society 사무국장으로 봉사하였고, 나중에는 이 협회를 이끌었다. 아메리칸대학교에서 철학박사 학위를 취득했고, 1985년 웨스트버지니아에 상좌부불교 사원이자 수행센터인 바바나소사이어티Bhavana Society를 설립했다. 지금도 전 세계에서 명상 수행을 하고자 하는 사람들이 이곳을 찾아오고 있다.

반테 지는 저명한 불교학자이며 불교 명상 수행과 부처님의 가르침에 관한 수많은 책을 저술한 작가이도 하다. 대표적 저서로는 『쉬운 영어로 배우는 마음챙김Mindfulness in Plain English』, 『행복으로 가는 마음챙김 8단계Eight Mindful Steps to Happiness』, 『쉬운 영어로 배우는 마음챙김의 네 가지 기초The Four Foundations of Mindfulness in Plain English』, 『쉬운 영어로 배우는 사랑의 친절Loving-Kindness in Plain English』 등 여러 권의 명상 입문서가 있다. 이 외에 『반테 지 자서전: 마음챙김으로의 여정Mindfulness: The Autobiography of Bhante G.』은 그의 인생 이야기를 담고 있다.

스님을 생각하면 항상 밤색 좌복에 앉아 있는 모습이 떠오른다. 스님은 웨스트버지니아 뒷산에 있는 바바나소사이어티 명상 홀의 커다란 황금 불상 앞에 앉아 있다. 내 마음의 눈에는, 1980년대 초에 설립된 수도원과 수행 센터의 거대한 불상보다 스님이 더 커 보인다.

법당이나 수도원 도서관에서 스님을 만날 때마다 스님의 작은 체구에 놀라곤 한다. 하지만 스님이 명상 홀에 있을 때는 그 정신적 위대함과 학식 덕분에 스님의 육체적 존재감이 더 크게 느껴진다.

이것은 그의 깊은 인품과 폭넓은 학식, 그리고 스님이 가르치는 진리dhamma의 권위와 광대함 때문이다.

그의 저서 중 『쉬운 영어로 배우는 마음챙김』은 존 카밧-진Jon Kabat-Zinn이 뛰어난 저서로 평가한 명상 수행 입문서이다. 이 책은 출간된 지 20년이 지난 현재까지 30여 개 언어로 번역되었다. (얼마 전 내가 바바나소사이어티를 방문했을 때, 스님은 최근 발간된 러시아어 번역본도 보여주었다.)

나는 이 한 권의 책이 지난 수십 년 동안의 어떤 불교 서적보다도 더 많은 사람들을 명상에 대해 깊이 있게 탐구하도록 안내했다고 해도 과언이 아니라고 생각한다.

한편, 이 책은 조금 다르다. 이 책은 명상 수련회, 공개 행사, 생방송 인터뷰, 이메일 등을 통해 받은 질문들에 대한 스님의 즉흥적인 답변을 담고 있다. 주제별로 구성되기 때문에, 부처님의 가르침과 명상을 처음 접하는 초심자 그리고 가르침을 보다 깊게 이해하고자 하는 모든 분들에게도 유용한 안내서가 될 것으로 기대한다.

이 책은 반세기에 걸친 스님의 명상 여정에서 받았던 질문과 이에 대한 답변을 한 권으로 압축한 것이다. 좌선을 하는 동안 느끼는 통증을 어떻게 다뤄야 하는지? 명상 수행을 얼마나 오래, 자주 해야 하는지? 영적 친구, 도반道伴이 누구이며 왜 중요한지? 깨달음을 가로막는 장애물을 어떻게 뿌리 뽑을 수 있는지? 선정의 각 단계는 무엇이며 그 단계를 달성했는지 어떻게 알 수 있는지? 등등의 질문이 포함되어 있다.

스님의 재치와 정직함과 학식을 직접 경험해 보면 정말 즐겁다.

스님은 명상과 불교의 가르침에 대하여 간명하게 설명하고 안내할 뿐만 아니라, 팔리어 경전의 해당 구절을 들어 원래 의미를 깨우쳐 주는 것으로도 유명하다. 또한 불교와 명상에 관한 질문에 재치 있고 박식하며 유머러스하게 대답하는 것으로도 유명하다. 그리고 바쁜 현대인의 삶에 마음챙김과 명상 수행을 접목시키는 것으로도 유명하다.

이 책은 한 명 또는 수십 명의 청중에게 부처님의 가르침을 분석하고 전하는 동안, 발로 서서(그리고 방석 위에서) 생각하고 반응하는 스님의 모습을 포착하려는 시도이다.

곳곳에 스님 자신의 경험과 도전에서의 통찰을 보여준다. 여기에는 미국에 오게 된 사연, 바바나소사이어티에서 비구니 수계를 하려 했던 일, 웨스트버지니아 언덕에 상좌부불교 숲속 사원을 설립하는 과정에서 겪었던 어려움, 반테 지라는 호칭을 얻게 된 과정들이 담겨 있다. 스님은 부처님의 핵심 가르침인 명상과 수행에 대해 이야기하고, 수년 동안 재가자와 수행 참가자들이 던진 수많은 질문에 하나하나 답변한다. 또한 스님은 서구에서 불교가 처한 현 상황에 대한 솔직한 생각을 제시하고, 부처님의 가르침에 대한 그의 이해와 자신의 수행이 어떻게 발전해왔는지에 대해서도 들려준다.

이 책을 읽는 모든 독자들이 수행과 설법으로 90여년을 살아온 스님으로부터 불교 수행과 영적 삶에 대한 실용적이면서도 심오한 통찰을 얻으시길 기대한다.

모든 존재가 열반을 성취하시기를 기원하며.

감사의 말씀

이 책의 편집을 도와 주신 주디 라슨$^{Judy\ Larson}$과 패트릭^{Patrick}께 감사 드립니다. 팔리어 개념 및 구문이 제대로 되었는지 꼼꼼하게 원고를 확인해 주신 해밀턴^{Hamilton}과 반테 G. 스님께도 감사의 말씀을 전합니다.

- 더글러스 존 임브로노$^{Douglas\ John\ Imbrogno}$

편집자 서문 • 5

1. 명상   17

    얼마나 노력해야 할까요? • 메타와 명상 • 최고의 명상 대상 • 재가자의 일상 수행 • 명상과 휴식 • 고통과 불편함 • 초심자 • 명상의 궁극적 목적 • 사마타와 위빠사나 • 좋은 명상과 나쁜 명상 • 가부좌 • 고통 다루기 • 다른 명상 자세 • 야외에서의 명상 • 명상에 대한 오해 • 명상의 진전 • 심장의 소리 듣기 • 명상 중의 고통 • 명상의 초점 • 마음 훈련 • 매개체로서의 호흡 • 명상 중에 나타나는 빛 • 명상 수행 중의 느낌 • 희열과 행복 다루기 • 과도한 노력 • 호흡 수 헤아리기 • 의심하는 수행자 • 명상과 만트라 • 고독 속에서의 평화 • 혼자서 하는 명상 수행

2. 도덕성과 규율〔戒〕   60

    계의 중요성 • 후회도 없고 뉘우침도 없다 • 명상의 토대 • 올바른 생계와 책임감 • 계율의 중요성 • 팔계八戒

3. 불교의 교리와 수행   70

    부처님의 가르침 • 삼보 • "나"라는 환상 • 생각과 의도의 중요성 • 창조주〔神〕• 부처님 본성〔佛性〕• 빛나는 마음〔光明心〕• 의

식의 속임수 • 지배적인 생각 • 삶의 목적 • 욕심을 떠남(離欲) • 지적 이해 • 영적 친구, 선우 • 다섯 가지 장애물(五蓋)과 열 가지 족쇄(十結) • 장애물 제거 • 감사하는 기쁨 • 마라의 의미 • 어떤 경전을 읽을까요? • 핵심 경전 • 나(我)는 어디에 있나? • 무지와 갈애 • 존재의 세 가지 특성 • 바른 노력(正精進) • 불교에서 신앙과 믿음 • 영적 우정 • 영혼의 정의 • 성차와 애착 • 찬다의 의미 • 불교와 경전 • 비밀스러운 가르침 • 부처님 가르침의 보완

4. 불교와 몸   105

감각적 쾌락의 한계 • 몸에 대한 알아차림 • 몸에 대한 마음챙김 • 괴로움은 통증이 아니다 • 괴로움은 마음속에 있다 • 몸에 대한 혐오 • 삿된 음행 • 욕망과 갈애 • 애착의 위험

5. 윤회   116

윤회에 대한 이해 • 윤회의 증거 • 영구적인 자아는 없다(無我) • 환생과 부활 • 사람으로의 윤회 • 환생이 아닌 윤회 • 파종과 수확

6. 수행과 일상생활   127

바쁜 일상 속 명상 • 명상과 잠 • 항우울제와 명상 • 타인에 대한 존중 • 세상의 증오와 폭력 • 발우 뒤집기 • 불교와 서양심리학 • 중도 • 평온의 유지 • 무상과 애도 • 내려놓기 • 자신을 돌

아보세요 • 재가자의 영적 수행 • 건전한 방향 • 집착과 관계 • 출산에 대한 축복 • 가족에 대한 가르침 • 명상과 트라우마 • 범죄와 연민 • 선의의 거짓말 • 명상에 적응하기 • 격한 감정 상태 • 산들바람 통찰 • 채식주의 • 조력 자살 • 동물 실험 • 불교와 정치

7. 깨달음　　160

깨달음의 가능성 • 왜 열반인가? • 유일한 영구적인 상태 • 영적 성취 • 수다원 • 예류자의 자질 • 어떻게 하면 열반에 이를 수 있는가? • 희귀 상품 • 깨달음에서 깨달음으로 • 육식과 음주 • 현대의 아라한 • 깨달음 이후 • 깨달은 사람이 가는 곳 • 재가자의 깨달음

8. 바른 생각〔正思惟〕, 바른 말〔正語〕　　177

케이크를 먹을까? 명상을 할까? • 명상이 싫어질 때 • 빠빤차 또는 정신적 확산 • 바르게 말하기〔正語〕• 성찰의 지혜

9. 부정적 감정　　188

좌절감 극복 • 부정적 감정 • 줄다리기 • 부정적 감정 다루기 • 두려움 대처하기 • 괴로움의 근원 • 가식적 미소 • 수치심과 불교 • 자기중심적 행동 • 자신에 대한 용서 • 걱정의 뿌리 • 두려움의 뿌리 • 트라우마와 수행 • 나쁜 의도

10. 메타, 사랑의 친절함   202

이타적 봉사 • 메타와 명상 • 모성애 • 공덕 • 모두를 위한 자애심 • 악인을 대하는 방법 • 자애심의 씨앗 • 명상으로 얻는 것 • 악의와 메타 • 자신을 위한 메타 • 메타와 집중 수행 • 증오의 세상 • 분노 다루기 • 자기 용서와 메타 • 메타 앞에서는 평등하다 • 통렌tonglen 명상과 메타 • 이용당하지 않기 • 자애 수행의 어려움 • 사랑의 친절함 느끼기 • 메타의 정치학 • 마음챙김에서 메타까지

11. 집중과 선정   220

선정 수행 • 선정은 무엇인가요? • 선정 수행의 목표 • 선정 공부 • 선정의 단계 • 집중의 도구 • 집중의 신호 • 장애물과 선정 • 걷기 명상 • 초선 알아차리기 • 편안하고 자연스럽게 • 선정에 대한 걱정

12. 마음챙김   233

매 순간이 새로운 순간 • 마음챙김 성찰 • 마음챙김의 주체 • 있는 그대로 • 집중과 마음챙김 • 오온에 대한 마음챙김 • 단계별 마음챙김 • 마음챙김과 도덕적 삶 • "세속적인" 명상 • 유료 명상 강좌 • 집착과 괴로움 • 숨결마다 • 불교 수행 방식

13. 무상   253

눈앞에서 직접 • 무상無常, 평범한 진리 • 직접적 지식 • 무상의 관찰 • "나"라는 관념 • 정신 집중 • 무상한 평정심 • 영구적인 무상 • 무엇이 그렇게 괴로운가? • 통찰의 개발 • 일상생활에서의 알아차림

14. 업   270

업業에 대한 이해 • 업의 무상성 • 회개와 업 • 질병과 업

15. 출가자의 삶   276

출가 • 삭발 • 이론에서 실천으로 • 수행 경험 • 미국에 온 계기 • 반테 G. • 비구니 수계 • 센터 건립 과정의 어려움 • 손가락 하나, 의자 세 개 • 머리카락이 없는 삶 • 동양과 서양, 설법 방식의 차이 • 동양과 서양, 수행 방식의 차이 • 서로 용서하기 • 스님의 수행 방법 • 예불문 • 삶의 회고 • 해골 선물 • 개인적 명상 체험 • 스님과의 사진 촬영

16. 고난과 도전   297

명상 수행의 어려움 • 명상에 대한 집착 • 분노의 무게 • 오직 수행! • 지금 바로 이 순간을 알아차림 • 명상 수행이 부적합한 사람 • 용서와 명상 • 호흡에서 배우기 • 분노 다루기 • 내면의 탐구 • 수행 진전의 확인 • 증오 다루기 1 • 증오 다루기 2 • 최고

의 축복 • 비윤리적 수단 • 도둑의 보시 • 게으름과 명상

17. 수행의 혜택　　319

마음의 정화 • 사무량심 • 생각의 힘 • 욕망이 없으면 필요도 없다 • 불·법·승이라는 피난처

18. 너그러움과 보시　　325

너그러움 • 보시의 중요성 • 보시의 종류 • 보시의 혜택 • 법보시

19. 죽음과 이별　　337

죽음의 대면 • 삶 이후의 삶 • 사랑하는 사람의 상실 • 무상無常과 애도 • 죽음의 대처

20. 부처님, 우리의 스승　　347

괴로움에 대한 처방전 • "옳음"과 "그름" • 명상 스승 찾기 • 법法을 보는 것 • 가르침의 초점 • 부처님의 미소 • 의식儀式과 깨달음 • 다른 피난처는 없다 • 사랑, 자신 그리고 우주 • 남성성과 여성성 • 두 개의 화살 • 영적 친구 • 불자가 된다는 것 • 수행 정진 • 소박함 • 미국 불교 • 부처님께 보증하신 것 • 통찰의 핵심 • 부처님 말씀 인용하기

1. 명상

얼마나 노력해야 할까요?

명상 수행에 어느 정도의 노력이 필요한가요? 명상을 할 때 "그냥 편안하게 앉으세요." 또는 "노력하지 않아도 됩니다."라는 말을 듣기도 합니다. 얼마나 명상 수행에 정진해야 할까요?

◉── 명상 수행을 할 때 무계획적이고 맹목적으로 노력해서는 안 됩니다. 명상 수행에는 열정적 노력이 필요합니다. 명상을 시작하기 전에 우선 "지금이 명상하기에 적절한 때인가?" 생각해 보아야 합니다.

어딘가에 TV가 켜져 있고 어수선하고 사람들이 돌아다니면, 아무리 노력해도 명상 수행을 제대로 하기 어렵습니다. 주변 상황을 돌아보고 언제 명상을 시작할지 생각해 보아야 합니다.

수행 장소와 시간을 정했다면 게으름, 졸음, 안절부절 못하는 혼란스러운 마음, 걱정 등을 극복하기 위해 모든 노력을 기울여야 합니다. 이것들은 수행에 있어 흔하고 평범한 장애물입니다. 불교에서는 이것들을 깨달음으로 나아가는 것을 방해하기 때문에 장애물이라고 합니다. 그러나 장애물이 있다고 포기해서는 안 됩니다. "너무 힘들어, 이건 시간 낭비야. 명상을 하려고 하면 항상 온갖 잡다한 생각이 떠올라서 나를 방해해. 포기하고 싶어."라고 생각해서는 안 됩니다.

스스로를 격려하고 평온하게 좌정하기 위한 노력을 계속해야 합니다. "할 수 있어. 할 수 있어. 졸음을 이겨낼 수 있고, 불안한 마음을 떨쳐낼 수 있어. 제대로 명상하는 방법을 배우고 실천하는 사람들이 있잖아. 나도 할 수 있어!"라고 스스로에게 이야기하세요.

정신을 바짝 차리고 스스로에게 "이봐. 너! 여기서 겁먹지 마!"라고 다짐해야 합니다.

게으른 사람들은 "애쓰지 않아도 된다."고 말합니다. 그러나 쉬운 노력이란 없습니다. 명상이란 공기처럼 그냥 주어지는 것이 아닙니다. 게으름과 졸음, 욕망과 탐욕은 아주 자연스럽게 다가옵니다. 하지만 좋은 것들은 자연스럽게 오지 않는 경우가 많습니다. 우리 안에는 본성적으로 좋은 것들이 많이 있습니다. 하지만 이를 일깨우기 위해서는 정진해야 합니다.

문제는 사람의 마음은 마치 물과 같다는 것입니다. 물은 항상 낮은 곳으로 흐릅니다. 이와 같이 우리의 마음도 우리를 더 낮은 상태, 즉 안일한 생각, 게으른 습관, 쉬운 길로 흘러내리게 하는 경향이 있습니다.

그렇게 되면 결국 마음속 쓰레기와 함께 하수구로 쓸려 내려가게 될 것입니다! 그러므로 지속적으로 정진해야 합니다. 깨달음을 성취할 때까지 정진을 계속해야 합니다. 어떤 일이 일어나더라도 명상 수행에 정진해야 합니다.

정진에는 3단계가 있습니다. 첫 번째 단계는 팔리어로 시작을 의미하는 아람바 닷투$^{arambha\ dhatu}$입니다. 수행에 영감을 주는 책을 읽거나 친구나 스승과 불교 수행으로 깨달음을 얻는 대화를 나누면, 깨달음에 대한 열정이 생겨 바로 수행을 시작할 수 있습니다. 하지만 몇 주 또는 몇 달이 지나면 명상 수행에 대한 열정이 시들해지고, 다시 예전과 같은 일상으로 되돌아갈 수 있습니다. 어떻게 하면 이것을 피할 수 있을까요?

두 번째 정진 단계인 니까마 닷투$^{nikkama\ dhatu}$는 지속적으로 정진하는 것을 말합니다. 규칙적으로 집중하여 명상 수행에 매진하는 것입니다. 그러다가도 게을러지거나 결심이 흔들릴 수 있습니다.

그럴 때는 마지막 카드를 사용해야 합니다. 스스로를 격려하고 스스로에게 단호하게 말해야 합니다. "그래. 바로 이거야! 아무리 허리가 아파도 좌복에서 꼼짝도 하지 않을 거야!"라고 스스로에게 단호하게 말합니다. "좋아. 전에도 이런 적이 있어. 이제 무릎도 아프지만 이 정도는 견딜 수 있어. 좌정한 상태로 죽는 한이 있어도 한 치도 움직이지 않을 거야!"라고 다짐합니다.

이것이 바로 빠락까마^{parakkama} 또는 용기라고 불리는 세 번째 단계의 정진, 용맹정진입니다. 군대에서는 병사들에게 용맹성과 용기를 발휘하도록 고무합니다. 수행을 하는 사람에게도 이러한 종류의 노력이 필요합니다.

많은 분들이 명상을 위해 1주, 2주 혹은 한 달을 머물겠다고 약속을 하고 저희 바바나소사이어티를 찾아옵니다. 하지만 어떤 사람들은 불과 며칠이 지나지 않아 "스님. 돌아가봐야 합니다. 중요한 일이 있었다는 걸 잊고 있었습니다."라고 말하곤 합니다.

어떤 분들은 명상 수행으로 영감을 경험한 후 집에서도 매일 수행을 계속 하겠다고 결심합니다. 하지만 몇 주 또는 몇 달이 지나면 결심이 약해지기도 합니다. 스스로를 상기시키세요. 여러분은 할 수 있습니다. 스승과 도반들의 모범을 좇고자 노력하세요. 함께하는 도반들에게서 도움을 구하세요. 정기적으로 명상 수행에 참석하세요.

수행에 시간을 할애하세요. 그리고 모든 열정을 다해 수행에 매진하도록 하세요.

메타와 명상

어떤 스승들은 명상에 앞서 메타^{mettā}, 또는 사랑의 친절한 느낌을 만들 것을 권장합니다. 매우 행복했던 때를 떠올리거나 자애로운 행동을 했던 때를 떠올린 다음, "행복해지기를"이라는 소원을 빌면서 시작하는 것입니다. 이것이 명상을 시작하는 좋은 방법이라고 생각하시나요?

◉―다른 사람들을 돕기 위해 의미있는 일을 하고, 메타를 실천하고, 이를 통해 다른 사람들을 행복하게 하겠다는 생각은 자애심입니다. 자신의 행동이 다른 사람들을 행복하게 하였다고 생각하면,

스스로도 행복해집니다. 이러한 행복한 느낌으로 명상 수행을 하는 것은 좋은 일입니다. 잘못된 것은 하나도 없습니다.

최고의 명상 대상

최고의 명상 주제 혹은 명상 대상은 무엇인가요?

◉— 명상에는 다양한 주제와 대상이 있습니다. 만일 여러분에게 스승이 계신다면, 아마도 호흡에 마음을 집중하는 것으로 명상을 시작하라고 권장하실 것입니다. 대부분의 명상가들은 여러 가지 이유로 호흡에 마음을 집중하는 것이 가장 쉽다고 생각합니다. 호흡 명상은 쉽게 시작할 수 있습니다. 어디에서든 가능합니다. 호흡은 바로 여러분 곁에 있습니다. 여러분은 항상 숨을 쉬며, 원할 때면 언제든 명상을 할 수 있습니다. 그래서 저는 명상을 시작하는 모든 분들께 호흡명상을 추천합니다.

그러면 호흡의 느낌, 몸의 느낌, 방석의 느낌, 실내 온도의 느낌 등 여러 가지 느낌을 볼 수 있습니다. "느낌"은 여러분이 경험하는 어떤 감각을 의미합니다. 이것은 명상의 또 다른 아주 좋은 주제입니다.

그러면 당신은 지나가는 생각을 알아차릴 수 있습니다. 생각을 더 추가함으로써 당신의 생각이 확산되지 않도록 하십시오.

그리고 명상 수행을 할 때 이런저런 생각이 떠오르고 확산되는 것을 피하세요. 예를 들어 분노에 대한 생각처럼 어떤 특정한 생각이 일어나는 것을 알아차리십시오. 당신은 그것을 느낍니다. 그것은 당신의 마음속에서 일어납니다. 당신은 특정한 사람, 마주했던 특정한 상황, 당신의 원망, 분노를 촉발한 어떤 종류의 말을 기억합니다. 분노는 세 가지 불건전한 뿌리* 중 하나입니다.

마음속에서 분노가 일어나면, 그 느낌과 감정에 온전히 주의를 기울여 보세요. 좋은 감정이 아니라는 것을 알아차리고 이렇게 말하세요. "왜 내 마음을 이런 불쾌한 생각을 경험하도록 내버려두어야 하는가? 그것은 내 마음의 평화와 건강에 해롭고, 여러 가지 면에서 나를 아프게 한다. 그것은 내 마음을 해치고, 내 마음의 평화를 방해하고, 혈압을 높이고, 수면을 방해한다. 나는 이런 분노를 경험할 때 항상 친구를 잃는다. 심지어 직업을 잃을 수도 있어." 이제 여러분은 분노의 많은 단점을 알게 되었습니다. 분노를 놓아버리고, 다시 숨을 가다듬고 명상 수행을 계속하세요.

재가자의 일상 수행

일상생활에서 명상 수행을 얼마나 자주, 얼마나 오래 해야 할까요? 진지하게 수행하고자 하는 경우, 최소한의 시간은 어느 정도입니까?

◉── 적어도 매일 아침 30분, 저녁 30분씩 명상을 하는 것이 좋습니다. 물론 정해진 시간이나 의무적인 제한은 없습니다. 하지만 일반인들의 바쁘고 번잡스러운 삶을 고려하면, 이것이 진지하게 명

---

* 삼독三毒. 깨달음을 방해하는 3가지 요인. 탐(貪, 욕심), 진(瞋, 성냄), 치(癡, 어리석음).

상 수행에 임하고자 하는 분들이 지켜야 할 최소한의 시간입니다. 명상하는 분들은 매일 자신이 정한 일정을 빠짐없이 지키도록 노력해야 합니다. 그리고 모든 사람들에게 일상생활 중에 매 시간마다 '1분 명상'을 하기를 권합니다. 한 시간 중 1분씩을 따로 할애하여 15번 정도 호흡을 멈추고 1분간 명상 수행을 해 보세요. 이렇게 하면 짧지만 규칙적으로 하루 종일 마음챙김을 할 수 있습니다.

시간을 내서 명상센터를 방문하는 것도 좋습니다. 이러한 여러 가지 방법을 통해 규칙적으로 명상 수행을 할 수 있습니다. 수행에 대한 의지가 중요합니다. 하루 매 순간마다 마음챙김을 할 수 있는 기회가 있습니다. 밤에 침대에 누워서도 호흡에 마음을 집중하며 잠들 수 있습니다.

규칙적으로 앉아 있기 위해서는 아침뿐만 아니라 저녁에도 앉는 습관을 들이는 것이 좋습니다. 아침에는 아직 하루 중의 외부적 감각 자극이 적은 상태이므로 명상이 보다 쉬울 수 있습니다. 다른 사람보다 먼저 일어나 혼자만의 시간을 갖는 것은 꽤나 즐거운 일이 될 수 있습니다. 한편으로 재가자에게는 저녁 시간은 명상이 조금 어려울 수 있습니다. TV와 컴퓨터가 켜 있고, 아이들이 다투고, 휴대폰이 곁에 있어 끊임없이 방해요소가 되기 때문입니다.

하지만 주변이 조용해지거나 혼자서 조용한 곳에 머무를 수 있다면 저녁에 명상을 하는 것도 좋은 방법입니다. 하루 동안의 동요가 가라앉을 수 있도록 매일 저녁마다 규칙적으로 명상 시간을 갖는다면, 하루 중의 스트레스와 과도한 자극을 보다 쉽고 차분하며 현명하게 다룰 수 있습니다. 이것은 여러분의 마음과 영혼에 휴식을 줄 것입니다.

종종 사람들은 집에 돌아와서 푹 자면 된다고 생각하며 침대에 들어가곤 합니다. 물론 숙면은 몸과 마음에 활력을 줍니다. 하지만 저녁 명상은 낮 동안의 산만함과 불안한 마음을 정리하는 데 훨씬 더 효과적일 수 있다는 점을 기억하세요.

규칙적으로 오랫동안 정좌하는 것에 익숙해지는 것도 중요합니다. 명상을 하고자 때 1시간 동안 앉아 있었다고 생각하지만, 실제로 명상에 몰입하는 시간은 15분을 넘지 않는 경우가 많습니다. 따라서 명상 수행을 할 때 매번 조금씩 더 오래 앉아 있도록 노력해 보세요. 정기적으로 수행 모임에 참여하고, 가능하다면 가까운 곳에서 도움을 받을 만한 수행 모임을 찾는 것도 중요합니다. 이 모든 것이 수행을 심화시키는 데 도움이 될 것입니다.

많은 분들이 바바나소사이어티에 와서 저희 명상센터와 이곳 스님들과 정기적으로 관계를 유지하고자 합니다. 우리는 그분들에게 "명상에 얼마나 많은 시간을 할애하십니까? 얼마나 자주 명상을 하시나요?"라고 묻곤 합니다. 이 질문들은 매우 중요한 문제입니다. 그 대답은 저희들이 그분들을 돕는 데 도움이 됩니다.

규칙적으로 명상 수행하지 않으면서, 갑자기 문제가 발생하여 도움을 요청하는 분도 있습니다. 하지만 그분들은 자신에게 주어진 숙제를 하지 않았기 때문에 필요한 도움을 드리기 어려울 수 있습니다!

명상과 휴식

명상 수행의 목표와 목적은 무엇인가요? 평온하고 평화로운 느낌을 얻는 것이 좋은 목표가 될까요?

● —— 열반涅槃^{Nibbana} 혹은 깨달음이라는 최고의 목표에 도달하는 것이 명상의 목적입니다. 그리고 그 과정에서 다양한 부수적인 혜택을 얻을 수 있습니다. 명상 수행을 하면 평화로운 느낌은 분명히 일어날 것입니다. 마음이 편안해지는 것도 그 과정에서 얻을 수 있는 효과입니다. 이러한 경험을 간과해서는 안 됩니다. 하지만 그것들을 최종적 성취로 받아들여서는 안 됩니다. 평온 명상 속에서 붉은 청어$^{red\ herrings}$를 식별할 수 있어야 합니다. 붉은 청어를 아십니까? 붉은 청어는 냄새가 아주 강해서 사냥개를 속이고 유인하는 데 사용됩니다. 마찬가지로 명상 수행에서도 명상을 하는 사람을 속이는 순간과 경험을 찾을 수 있어야 합니다.

명상을 함으로써 다른 사람의 생각을 읽는 능력(타심통)이나 전생을 보는 능력(숙명통)과 같은 기적적인 성취와 능력을 기대하지 마세요. 이러한 것들은 붉은 청어입니다. 명상 수행을 하는 사람들을 기만할 수 있습니다.

여러분이 찾아야 할 것은 마음을 정화하기 위해 어떤 정신적 자극요인을 제거하는 방법입니다. 마음이 깨끗하고 맑으면 초자연적인 능력을 일부 얻을 수도 있습니다. 그러나 그것이 수행의 목표는 아닙니다.

우리는 진리, 특히 사성제四聖諦를 이해하면 우리 마음에서 진정한 길이 열리는 것을 볼 수 있습니다. 명상 수행 시에는 항상 주의를 기울이고, 마음챙김, 집중, 평정심을 길러야 한다는 점을 잊지 않도록 하세요.

이러한 요소는 평온 명상$^{\text{tranquility meditation}}$뿐만 아니라 통찰 명상$^{\text{insight meditation}}$에서도* 개발되고 유지되어야 합니다. 자신이 경험하는 것에 항상 주의를 기울이세요. 마음챙김을 함양하고 집중하여 마음챙김을 심화하도록 하세요. 편견 없는 마음 상태인 평정심을 유지하여 자신의 경험을 똑바로 바라볼 수 있도록 정진하세요.

균형 잡힌 마음 상태를 유지하려고 노력하세요. 이렇게 하면 마음을 깨끗하게 하는 것이 훨씬 더 쉬워집니다. 부처님께서는 이것이 가능하다고 말씀하셨습니다. 그렇게 하지 않으면 우리는 마음속의 정글에서 길을 잃게 될 것입니다.

고통과 불편함

명상 수행을 위해 좌정하고 있는 동안 통증으로 불편합니다. 명상에 몰입하고자 노력하지만, 다시 자세를 바꾸고 싶다는 생각이 일어납니다. 명상 수행 시 생기는 통증과 불편함을 어떻게 처리해야 할까요?

◉— 일반적으로 명상 중에 일어나는 통증과 불편함에 대한 첫 번째의 즉각적인 반응은 자세를 바꾸고 싶다는 생각입니다. 하지만

---

* 평온 명상은 집중력과 정신 집중력을 키우기 위한 명상, 통찰 명상은 지혜와 올바른 이해를 개발하기 위한 명상이다.

조금만 인내심을 갖고 통증을 참고 견디면 극복할 수 있습니다. 명상 중에 발생하는 통증이 여러분을 죽이지는 않습니다.

그저 참아내면 됩니다. 명상 중에 허리, 무릎 또는 다른 부위에 통증이 생기면 처음에는 그냥 지켜보세요. 주의를 기울이세요. 다리가 끊어질 것 같은 생각이 든다면 ─ 통증에 반응하는 방식이 통증에 대한 인식을 강화할 수 있으므로 ─ 그러한 반응도 주의 깊게 관찰해 보세요.

부처님의 가르침에 따르면, 여러분이 가장 먼저 경험하는 '화살'은 고통이라는 신체적 감각입니다. 하지만 두 번째 화살은 고통에 대한 여러분의 태도입니다. 두 번째 화살은 여러분이 선택할 수 있습니다! 따라서 통증을 있는 그대로 바라보고 긍정적 태도를 가지도록 노력해야 합니다. 곧바로 자세를 바꾸지 말고, 통증을 있는 그대로 지켜보세요. "통증을 견디고 통증이 어떻게 커지고, 그 후에 어떤 일이 일어나는지 한번 지켜보자."라고 스스로에게 말해 보세요.

통증에 주의를 기울여 관찰하면 놀라운 것을 발견할 수 있습니다. 통증의 양과 강도가 점점 증가합니다. 이렇게 절정에 도달할 때까지 통증은 증가하다가, 어느 순간 줄어들고 심지어 사라지기도 합니다. 느낌이 없어지거나 약해지거나 희미해질 수 있습니다. 그러면 다시 호흡에 집중할 수 있습니다.

통증이 없는 상태가 유지되면 좋은 느낌으로 바뀝니다. 그 좋은 느낌을 바라보다가 아무런 느낌이 없는 상태가 되기도 하고, 다시 그 상태가 불쾌한 느낌으로 바뀔 수 있습니다. 명상을 하는 동안 이런 식의 순환이 계속됩니다. 명상하는 동안 나타나는 통증과 그에 대한 반응의 전체 주기를 잘 관찰해 보세요.

30분 정도 앉아 있다가 갑자기 심한 통증을 느끼기 시작했다고 가정해봅시다. 유익하고 긍정적인 태도로 5분 또는 10분 동안 통증을 참으면 통증이나 불편함이 느껴지지 않다가 기분 좋은 느낌으로 다시 바뀌는 것을 관찰할 수 있습니다. 그리고 한참 동안 불편했다가 다시 아무런 통증이 느껴지지 않기도 합니다. 이렇게 두 번째로 아무런 느낌이 없는 상태에 도달했다면 45분 동안 명상을 한 것입니다.

이러한 노력으로 고통과 불편함을 관찰하면, 그 불편함에서 벗어나고 싶은 즉각적인 욕구를 극복할 수 있습니다. 좌정하여 고통과 불편함의 주기적 변화에 마음이 어떻게 반응하는지 지켜보는 것은 매우 강력한 경험이 됩니다. 이를 통해 보다 깊은 수준의 명상에 도달할 수 있습니다.

문제는 상당수 사람들이 인내가 부족하거나 인내심을 충분히 함양하지 못한다는 것입니다. 이러한 유형의 어려움은 명상 수행 과정에서 항상 발생합니다. 저는 단지 고통을 견뎌내고, 고통과 불편함의 전체 변화 주기를 지켜보라고 조언할 뿐입니다.

물론 정말 필요하면 자세를 바꾸거나, 조용히 일어나 잠시 걷기 명상(행선)을 하다가 다시 좌정(좌선)할 수도 있습니다. 명상을 통해 통증과 불편함을 잘 관찰하면 마음이 어떻게 작동하는지에 대한 깊은 통찰을 얻을 수 있습니다.

오랫동안 정좌하는 방법을 배우면 몸이 이러한 자세에 익숙해져서 불편함이 큰 문제가 되지 않을 것입니다. 정좌하여 명상하고자 할 때 불편함이 느껴지더라도 낙심하지 마세요. 이것도 명상 수행 과정의 일부입니다. 고통과 불편함을 받아들이고 함께하십시오.

초심자

스님께서는 오랫동안 초심자를 지도하셨습니다. 스님은 불교에 처음으로 관심을 갖는 사람들에게 어떤 조언을 해 주십니까?

◉— 불교에 관심이 있는 사람들은 우선 올바른 경전, 특히 초기불교 경전을 읽는 것이 좋습니다. 누군가는 제가 상좌부불교 승려이기 때문에 어떤 편견을 갖고 있다고 생각할 수 있습니다. 물론 저는 편견을 갖고 있습니다. 그러나 제가 다른 종파를 비난하거나 다른 종파에는 훌륭한 가르침이 많지 않다고 말씀드리는 것은 아닙니다.

하지만 상좌부불교는 불교의 가장 오래된 종파이기 때문에 불교에 입문하고자 하는 분들은 우선 상좌부불교를 배우는 것이 필요합니다.

티베트의 유명한 큰스님에 대해 들었던 이야기를 들려드리고 싶습니다. 어느 추운 겨울 밤, 스님은 60~70명 정도 되는 제자들을 모두 사찰 마당으로 불렀습니다. 한밤중에 스님은 제자들을 깨웠고, 제자들은 모두 큰 법당에 추위에 떨며 앉아 있었습니다. 30분 정도 지난 후 큰스님께서 들어오셔서 좌정하셨고, 모두들 침묵으로 기다리고 있었습니다. 제자들은 진지한 마음으로 큰스님께서 심오한 말씀을 하실 것이라고 생각하고 기다렸습니다. 큰스님은 자리에 앉아서 15분을 더 침묵했습니다. 마침내 큰스님은 손가락 하나를 들어 보이며 이렇게 말씀하셨습니다. "상좌부불교를 잊지 마세요! 이제 가서 주무세요."

이 한마디를 하기 위해 그는 이 장면을 만들었습니다. 이 이야기는 대승불교 신자들도 상좌부불교의 중요성을 잘 알아야 한다는 것을 의미합니다. 그래서 저는 누군가 불교를 배우고자 한다면 먼저 상좌부불교 경전(『니까야』)과 부처님의 가르침을 잘 번역한 책을 선택해야 한다고 말씀드리고 싶습니다.

비구 보디$^{Bhikkhu\ Bodhi*}$가 번역한 『맛지마 니까야』, 『쌍윳따 니까야』, 『앙굿따라 니까야』, 『숫타니파타』 등 좋은 번역본이 많이 있습니다. 또한 『디가 니까야』에 관한 매우 훌륭한 책을 저술했으며, 『원음으로 듣는 부처님의 가르침$^{The\ Buddha's\ Teaching\ in\ His\ Own\ Words}$』이라는 제목의 책도 따로 출판했습니다. 수행의 배경과 근거에 대한 지식을 얻기 위해서는 이 책들 중 적어도 한 권은 먼저 읽어야 합니다.

그리고 명상에 관해서는 명상에 대한 명확한 지침을 제공하는 서적을 선택해야 합니다. 특정 책을 읽어야 한다고 말씀드리고 싶지는 않습니다. 하지만 지침에 따라 수행하기 쉬워야 합니다.

---

* 1944년 미국 뉴욕 출생으로 1972년 스리랑카로 건너가 불교 승려가 되었다. 4부 니까야와 그 주석서들의 번역을 포함한 상좌부불교에 관한 많은 글을 썼다.

둘째로는 명확하고 이해가 깊은 스승을 선택해야 합니다. 그 스승과의 교류를 통해 진지하게 배울 수 있습니다. 배우는 동안에도 수행을 계속해야 합니다. 수행하고, 수행하고, 수행하세요! 그러면 명상이 어떻게 잘 작동하는지 알게 되고, 이러한 경험을 통해 명상에 대한 깊은 이해를 갖게 될 것입니다.

명상의 궁극적 목적

명상 수행을 할 때 마음을 비우는 노력이 필요한가요? 명상의 궁극적인 목적은 무엇인가요?

◉── 어떤 사람들은 명상을 좌복에 앉아서 아무것도 하지 않는 것으로 생각합니다. 그렇지 않습니다. 명상은 마음을 비우는 것이 아니라 마음챙김하는 것입니다. 가만히 앉아 있는 것 이상입니다. 물론 현재 자신이 하고 있는 것에 온전하게 주의를 기울이지만 통찰을 얻지 못할 수도 있습니다. 고양이나 호랑이는 먹잇감에 완전히 집중하지만 어떤 것에 대해서도 통찰을 얻지 못합니다. 왜 그럴까요? 머릿속에 온통 먹잇감을 생각하는 단순한 집중만 가지고 있기 때문입니다.

통찰 명상에서는 마음챙김으로 온전하게 주의를 기울입니다. 탐욕, 증오, 망상 없는 가장 맑은 마음 상태에서 일어나는 모든 일을 바라볼 수 있는 능력을 키우는 것입니다.

하지만 이것은 일반적으로 사물에 주의를 기울이는 방식과는 다릅니다. 보통은 사물에 대한 탐욕, 욕망 또는 거부감으로 인해 대상에 집착하거나 주의가 산만해집니다. 현재 상태에 대해 짜증, 싫음, 불만을 느끼거나, 지금 있는 곳이 아닌 다른 곳에 머물고 싶어 합니다. 그래서 자신의 주변과 내면에서 실제로 무슨 일이 일어나고 있는지에 대해 알지 못합니다.

순간순간의 경험에 주의를 기울이기 시작하면 마음에 있는 불안과 산만함, 환상과 욕망을 보다 예리하게 관찰할 수 있습니다. 바로 이때에 놓아 주는 것이 중요합니다.

여러분은 "내려놓기"에 대해 자주 들으셨을 겁니다. 하지만 때때로 명상 수행하는 분들은 이 말에 혼란을 느끼기도 합니다. 우리는 그 의미를 기억해야 합니다. 우리는 수행에 해로운 것은 버리고 유익한 것은 간직하는 법을 배워야 합니다.

무엇이 우리를 해롭게 할까요? 탐욕이 우리를 해롭게 합니다. 증오, 질투, 두려움, 걱정, 혼란도 우리를 해롭게 합니다. 명상을 하는 사람은 유익한 상태를 함양하여 이러한 상태를 버리도록 스스로를 훈련해야 합니다.

마음챙김 성찰을 통해 우리는 무엇을 관찰하고 무엇을 얻을 수 있을까요? 우리가 얻는 것은 명확한 이해입니다. 부처님에 따르면 목적에 대한 명확하고 종합적 이해는 바로 자신의 목표를 이해하는 것을 의미합니다. 이것은 우리가 단지 약간의 휴식을 취하거나 일시적으로 기분이 좋아지기 위해 명상하는 것이 아니라는 것을 의미합니다. 물론 그러한 것도 수행을 통해 얻을 수 있는 괜찮은 부산물입니다. 하지만 수행의 궁극적인 목표는 존재의 정화입니다. 명상은 고통을 극복하고 해탈로 이어지는 길을 밟아 마침내 해탈에 도달하는 것을 목표로 합니다. 우리의 몸과 마음은 이러한 노력을 위한 실험실입니다.

부처님께서는 『사념처경四念處經 Foundations of Mindfulness the Buddha』에서 다음과 같은 말씀을 여러 번 반복하셨습니다. "이 몸은 집착의 대상이 아니다. 이 몸은 지식과 통찰을 얻기 위해 존재하는 것이다." 이것이 바로 명상 수행으로 우리가 해야 하는 일입니다. 그냥 비워두는 것이 아닙니다.

사마타와 위빠사나

스님께서는 호흡을 주요 명상 대상으로 하는 사마타samatha 수행이 위빠사나vipassana 수행을 위한 예비과정이라는 견해에 대해서 어떻게 생각하십니까? 위빠사나 수행에는 주된 명상 대상이 없으며, 모든 것이 명상 대상이 된다고 합니다. 명상 수행의 여정에서 주요 명상 대상에 집중하는 명상인 사마타 수행을 거쳐 삼법인三法印*의 지혜를 바르게 이해하고 깨닫는 수행의 단계로 나아가야 한다고 생각하시는지요?

◉── 질문에는 약간의 혼동이 있는 듯합니다. 우선 사마타 수행과 위빠사나 수행의 차이를 이해해야 합니다. 사마타 수행은 마음을 진정시키고 평화롭게 만들어 집중을 얻는 것을 의미합니다. 사마타 수행은 깊이 집중하기 위해 사용하는 명상시스템으로, 이를 통해 선정에 도달할 수 있습니다.

---

* 제행무상諸行無常, 제법무아諸法無我, 열반적정涅槃寂靜.

이러한 집중 상태를 얻으려면 마음을 집중하는 하나의 대상이 필요합니다. 집중을 얻기 위해 마음을 집중시킬 하나의 대상(일점 집중)을 선택하는 것이 사마타 수행입니다.

위빠사나 수행에서는 어떠한 명상 대상이든 허용됩니다. 몸, 감정, 지각, 소리, 시각, 미각 등 무엇이든 상관없습니다. 통찰을 얻기 위해 무엇이든 사용할 수 있습니다. 이를 마음챙김 수행이라고 합니다. 우리가 마음을 집중하는 모든 것에는 무상無常, 고苦, 무아無我라는 세 가지 특성이 분명하게 드러나 있습니다. 따라서 위빠사나 수행은 모든 것을 명상 대상으로 할 수 있지만, 사마타 수행은 한 번에 한 가지만 명상 대상으로 합니다.

그렇다면 이 두 가지 명상 중 어떤 것을 먼저 수행해야 할까요? 질문하신 분은 위빠사나 수행을 준비하는 과정으로 사마타 수행을 해야 한다고 말씀하셨습니다. 어느 정도는 사실입니다. 어떤 사람들은 집중하는 데 매우 능숙하고, 쉽게 집중할 수 있습니다. 하지만 어떤 사람들은 그렇게 쉽고 빠르게 집중하지 못합니다. 이런 분들은 위빠사나를 먼저 수행해야 합니다.

4가지 수행 방식이 있습니다. 사마타 수행을 먼저 한 다음 위빠사나 수행을 하는 방법, 위빠사나 수행을 먼저 수행한 다음 사마타 수행을 하는 방법, 두 가지를 병행하여 수행하는 방법, 마음을 내면으로 가라앉히는 것으로 사마타 수행과 위빠사나 수행을 하나로 결합하는 방법, 이렇게 네 가지입니다.

사마타 수행을 하면 마음이 차분하고 평화로우며 편안해집니다. 집중이 생기면 거기에서 멈추지 말고 위빠사나 수행을 통해 지혜와 깨달음을 깊게 합니다. 이 두 가지가 결합되면 사물을 보다 잘 관찰할 수 있습니다. 부처님의 가르침처럼 집중된 마음은 사물을 있는 그대로 정확하게 볼 수 있습니다.

집중력이 좋아서 평온 명상인 사마타 수행을 좋아하는 사람이 있다면 그것도 괜찮습니다. 하지만 거기서 멈추면 안 됩니다. 위빠사나 수행으로 나아가야 합니다.

좋은 명상과 나쁜 명상

좋은 명상과 나쁜 명상이 따로 있을까요? 있다면 그 차이는 무엇일까요?

◉— 마음챙김 수행을 한다면 사실상 차이는 없습니다. "좋은" 명상이나 "나쁜" 명상이란 존재하지 않습니다. 왜 그럴까요? 아무리 "나쁜" 명상이라고 해도, 바로 그때 그 나쁜 경험을 마음챙김 대상으로 사용할 수 있기 때문입니다.

왜 좋지 않은 명상이라는 생각이 드셨나요? 아마도 마음이 방황하고 있기 때문일 것입니다. 또는 걱정과 두려움으로 가득 차 있고, 분노, 긴장, 욕망, 불안으로 인해 주의가 산만하고 동요하기 때문일 수도 있습니다. 하지만 사실 이런 것들 모두, 우리가 명상할 때 사용해야 하는 실제 재료입니다. 이것을 정신적 명상 대상이라고 합니다.

수행 중에 불쾌한 감정이나 주의가 산만한 상태가 발생하면 그때그때 그 감정을 명상 대상으로 삼으세요. 배우자나 다른 어떤 사람에 대한 분노가 떠오르면 그것을 관찰하세요. 아무것도 하지 마세요. 분노에 휩쓸리지 않고 분노를 관찰하는 방법을 배워 보세요. 분노에 집착하지 마세요. 분노에 대해 냉정해지도록 노력하세요. 그 순간에 마음의 초점이 어디로 향하는지 주의하면서 "이것이 분노다. 분노란 이런 것이구나! 분노가 이런 일을 하는구나. 분노가 나의 평온을 방해한다. 심장이 더 빨리 뛰는 게 느껴진다."라고 지켜보도록 하세요.

마음속에 분노가 일어나면 곧바로 심장에게 "심장 박동수를 높여라! 혈압을 올려라!"라는 행진 명령이 내려집니다. 우리는 이러한 과정을 지켜볼 수 있고, 이런 일이 일어나는 것을 지켜볼 수 있습니다. 이렇게 계속 지켜보고 관찰합니다. 몇 초, 몇 분이 지나면 우리의 주의를 지배하던 분노, 두려움, 불안, 탐욕으로 가득 찼던 생각은 서서히 가라앉습니다. 아주 빨리 가라앉지 않을 수도 있습니다. 시간이 걸리기도 합니다. 하지만 처음부터 끝까지 지켜본다면 그렇게 될 것입니다. 명상 대상을 주의 깊게 관찰하는 이 과정은 명상하는 동안 우리가 하는 일의 일부이자 전부입니다. 그렇다면 어떻게 "나쁘다"라고 할 수 있을까요?

"좋은 명상"이라고 할 때 "좋은"이란 어떤 의미일까요? 아마도 여러분의 마음이 그렇게 번잡스럽지 않을 것입니다. 하지만 그런 좋은 명상은 여러분을 잠들게 할 수도 있습니다. 누군가는 "아, 이제야 좋은 명상이네요."라고 말할 수도 있겠지만, 그건 좋은 명상이 아니고 나쁜 명상입니다.

졸음이 오면 그 졸음도 그냥 지켜보세요. 그리고 열정을 깨우고 잠에서 깨어나 졸음을 쫓아내기 위해 무언가를 하세요. 심호흡을 세 번 하고 그 호흡을 유지하세요. 졸음을 깨우기 위해 서서 명상을 해 보세요. 이러한 상황도 주의 깊게 잘 다루면 나쁜 명상이 아닙니다.

따라서 좋은 명상과 나쁜 명상이 따로 있다고 말하기는 어렵습니다. 모두 우리가 매 순간을 어떻게 처리하느냐에 달려 있습니다. 순간순간을 주의 깊게 처리한다면 어떤 상황도 좋은 명상이 될 수 있습니다.

가부좌

반드시 가부좌跏趺坐 자세로 명상을 해야 하나요? 가부좌 자세가 정말 중요한가요?

◉── 명상 자세에 관해서 어느 하나가 더 중요하거나 더 좋다고 하면, 그런 자세를 취할 수 없는 다른 사람들은 기분 나쁠 수 있습니다. 하지만 질문을 주셨으니 굳이 말씀드리자면, 가부좌가 가장 좋은 자세입니다. 일단 가부좌 자세를 취하면 몸이 얼마나 안정적인지, 호흡이 얼마나 편한지, 집중이 얼마나 쉽게 향상되는지 알기 쉽습니다.

가부좌 자세가 불가능한 것은 아닙니다. 일단 가부좌 자세로 앉으면 오랫동안 편안함을 느낄 수 있기 때문에 요가 자세 또는 금강좌金剛座, 연화좌蓮華座라고도 불립니다. 연꽃은 꽃 중에서도 최고의 꽃으로 여겨집니다. 요가 수행자들은 이 자세로 몇 시간 동안 앉아 있을 수 있습니다. 전혀 움직이지 않고 이렇게 오래 앉아 있을 수 있는 다른 자세는 없습니다. 그래서 이 자세를 최고의 자세라고 합니다.

가부좌 자세가 어렵다면 차선책으로 반가부좌半跏趺坐를 선택할 수도 있습니다. 반가부좌도 어렵고, 의자에 앉는 것이 현재 자신의 몸이 감당할 수 있는 최선이라면 의자에 앉는 것도 괜찮습니다. 중요한 것은 규칙적으로 명상 수행을 시작하는 것입니다.

가부좌 자세에 대해 저의 경험을 말씀드리겠습니다. 저는 65살이 되어서야 가부좌 자세로 앉기로 결심했습니다. 그전에는 반가부좌만 했었습니다. 그러던 어느 날 "오랫동안 좌선 수행을 해왔으니, 이제는 가부좌도 해 보자."라고 생각했습니다. 그날 저는 5분 동안 가부좌 자세로 앉아 있었습니다. 죽는 줄 알았습니다! 너무나 고통스러웠습니다. 하지만 저는 스스로에게 "아니, 꼭 하고야 말겠어!"라고 말했습니다. 다음 날 저는 다시 가부좌로 앉았습니다. 그리고 그 다음날도, 그 다음날도 계속 했습니다. 매일 조금씩 시간을 늘렸습니다. 얼마 후 마침내 한 시간 이상 가부좌 자세로 아무 문제 없이 명상할 수 있었습니다.

이런 저의 경험에 비추어 볼 때, 가부좌가 불가능한 것은 아니라고 말씀드릴 수 있습니다. 저는 65살에 비로소 시작했습니다. 그러니 누구라도 할 수 있다고 말씀드릴 수 있습니다! 그 이후로 저는 계속 가부좌를 합니다.

고통 다루기

저는 만성 요통을 앓고 있으며, 고통이 더 심해지지 않기를 원합니다. 명상 수행을 하면서 이러한 고통을 어떻게 다뤄야 할까요?

◉── 만성 통증이 있으면 근육을 이완하고 호흡에 온전히 집중해 보세요. 호흡에 마음을 집중하는 동안에는 극심한 통증을 느끼지 않을 수 있습니다. 호흡에서 다른 곳으로 주의를 옮기면 다시 통증을 느낄 수 있습니다.

그리고 앉아서 하는 명상인 좌선과 걷는 명상인 행선을 번갈아 해 보세요. 좌선은 30분 이내로 하고 행선을 더 많이 하는 것도 괜찮습니다. 보다 편한 자세로 앉거나 의자에 앉아서 수행을 계속하는 것도 좋습니다.

푹신한 좌복은 허리 통증이 생길 수 있으니, 조금 딱딱한 좌복에서 명상하는 것도 도움이 될 수 있습니다. 이렇게 해도 통증이 계속된다면, 의사와 상담해 보도록 하세요. 의사는 다른 더 좋은 방법을 추천할 수도 있을 겁니다.

다른 명상 자세

서양에서는 대부분의 사람들이 명상이라고 하면 좌선을 떠올립니다. 부처님과 제자들은 어디든 걸어 다니셨다고 합니다. 걷기 명상은 어떨까요?

◉── 부처님께서는 명상 수행 시 좌선, 행선, 입선, 와선의 네 가지

자세를 모두 사용하셨습니다. 가장 쉽고 익숙한 자세는 좌선입니다. 대부분의 사람들이 사무실이나 집에서 앉아 있는 시간이 많기 때문입니다. 특히 집중을 높이기 위한 사마타 수행에서는 좌선 자세가 좋습니다. 하지만 위빠사나 수행에서는 네 가지 자세를 모두 사용할 수 있습니다.

걷기 명상에서는 발의 움직임과 호흡의 조화를 강조하는 사람들도 있습니다. 그들은 천천히 걸을 때의 움직임과 느낌을 주목합니다. 이 부분이 강조됩니다.

하지만 걷기 명상에는 또 다른 부분이 있습니다. 바로 마음입니다. 걷는 동안 우리는 몸의 모든 부분이 움직이고 있다는 것을 이해해야 합니다. 걷기 명상에는 우리의 몸, 감정, 지각, 생각과 의지, 의식 등 다섯 가지(五蘊)가 모두가 관여됩니다. 걸을 때 우리의 오온五蘊은 매 순간 변합니다.

걷기 명상은 좌선보다 역동적인 명상입니다. 좌선을 할 때 몸은 가만히 있지만 마음은 계속 움직입니다. 한편 걷기 명상에서는 몸과 마음이 서로 협력하여 작용합니다. 그들은 협력해야 합니다.

그래서 침묵 속에서 걸을 때 우리는 하나의 온蘊에만 집중하지 않고 모든 온이 동시에 함께 작동하는 것에 집중합니다. 모든 온의 동시적인 움직임, 모든 온의 변화하는 성질을 관찰하는 것이 좋은 명상입니다.

그래서 부처님께서는 이 네 가지 명상 자세를 사용하신 것입니다. 이는 자동차의 네 바퀴와 비슷합니다. 자동차의 균형을 잡을 때는 네 바퀴가 모두 균형이 맞아야 합니다. 따라서 좌선, 입선, 행선,

와선의 네 가지 자세는 위빠사나 명상에서 모두 동등하게 사용될 수 있습니다. 이러한 네 가지 자세에서 모두 똑같은 일이 일어나기 때문입니다.

야외에서의 명상

저는 야외에서 명상을 하곤 합니다. 자연 속에서 명상할 때 동물, 곤충과 같은 생명들이 자주 우리에게 다가오는 것이 느껴집니다. 자연 속에서의 명상에 어떤 장점이 있다고 생각하십니까?

◉── 자연 속에서 명상 수행을 하며 나무에게서 많은 산소를 얻을 수 있고, 자연과 하나되는 일체감을 느낄 수 있습니다. 여러분이 알고 있듯이, 부처님께서는 나무 아래에서 태어나 나무 아래에서 깨달음을 얻었으며 나무 아래에서 세상을 떠나셨습니다. 그리고 제자들과 대중들에게 명상에 대한 가르침을 주실 때마다 "비구들이여! 저기 나무가 있다. 그 아래에 좌정하여 명상하라!"라고 말씀하셨습니다.

　우리가 평화롭고 평온할 때 우리를 둘러싼 나무들은 — 나무가 우리와 같은 감정을 가지고 있지는 않지만 — 우리에게서 평화로운 떨림을 받고, 우리도 자연 속에서 평화로운 떨림을 느끼게 됩니다. 그러므로 대자연 속에서 수행하는 것은 매우 자애롭고 의미있는 수행 방법입니다.

명상에 대한 오해

불교 종파마다 서로 다른 방식으로 명상을 가르칩니다. 그리고 서양에는 일반인을 위한 마음챙김 명상이 있습니다. 이러한 여러 종류 명상법의 차이점에 대해 말씀해 주시겠습니까?

◉── 모든 종파에서 명상은 불교 가르침의 핵심입니다. 대승불교, 상좌부불교, 밀교 등 모든 종파에서 명상 수행을 강조합니다.

이제 명상은 매우 대중적인 주제가 되었습니다. 하지만 명상에 대한 오해 또한 많습니다. 명상을 지나치게 단순화하거나 실천이 매우 어렵다고 생각하기도 합니다.

단순화하면 너무 안일해져서, 정말 중요한 것을 놓칠 수 있습니다. 어떤 사람들은 주변에서 일어나는 일을 그대로 알아차리기만 하면 된다고 말합니다. 아무것도 할 필요 없이 그냥 있는 그대로 머무르고 흐름에 따르라고 합니다. "여유를 가지세요. 걱정하지 말고, 노력하지도 마세요! 그것이 여러분의 본성입니다. 걱정할 필요가 없습니다. 당신은 깨달았지만 단지 모를 뿐입니다."라고 말합니다. 물론 그것도 명상을 바라보는 한 가지 방식입니다.

하지만 경전에서 부처님께서 가르침을 주신 명상은 그런 것이 아닙니다. 어떤 분들은 사람들의 이목을 끌기 위해서 명상에 대하여 다양한 아이디어를 생각해내기도 합니다. 하지만 그것은 명상을 지나치게 단순화하는 것이라고 생각합니다.

명상을 바라보는 또 다른 시각이 있습니다. 이것은 따라잡기 어려울 수 있습니다. 분석하고, 분석하는 분석시스템입니다. 이러한 접근방식은 명상을 마치 미생물학처럼 아주 세세한 부분까지 세분화하여 분석합니다.

경전의 부처님 가르침에는 그러한 상세하고 번잡스러운 체계는 찾을 수 없습니다. 우리는 경전과 부처님의 말씀에서 지침을 찾아야 합니다.

하지만 안타깝게도 사람들은 경전을 잘 읽으려고 하지 않습니다! 그들은 부처님의 지침에는 관심 없고, 단지 명상을 하고 싶어 합니다. 이런 경우, 명상 수행을 하고자 해도 당황하고 혼란스러워져서 정작 자신이 무엇을 하고 있는지 모를 수 있습니다. 적지 않은 사람들이 그런 경험을 합니다. 그래서 저는 항상 경전에서 명상에 관한 부처님 말씀을 인용하고, 다른 분들께도 항상 그렇게 하기를 권합니다.

명상의 진전

자신의 명상이 진전되고 있다는 것을 어떻게 알 수 있나요?

◉── 상당수 사람들은 자신이 무엇을 하고 있으며 어떤 단계에 있는지 잘 모릅니다. 그래서 이것은 매우 흔한 질문입니다. 사람들은 이런 명상방법, 저런 명상방법, 이 스승의 지시, 저 스승의 지침을 따르곤 합니다.

그들은 좌복에 정좌하고 앉아서 몇 시간, 며칠, 몇 번을 명상했는지 헤아리기도 합니다. 명상센터를 옮겨다니며 명상을 잘하는 스승이 있다는 이야기를 들으면 "그곳으로 가자!"라고 말하고, 또 다른 스승이 있다는 소식을 들으면 다시 "저곳으로 가자!"라고 하기도 합니다.

그들은 계속 탐색합니다. 명상 쇼핑이라고 부를 수도 있겠지요. 하지만 그들의 내부를 들여다보면, 항상 같은 수준에 머물러 있고 아무것도 얻지 못합니다. 그들은 자신이 바라보아야 할 곳을 보지 않으며, 해야 할 일을 결코 하지 않습니다. 명상 수행을 위해 여러 곳을 찾아다닐 필요는 없습니다. 부처님께서 이미 어떻게 해야 하는지 알려 주셨지만, 사람들은 그저 그것을 무시합니다. 그들에게 부처님의 말씀으로 명상을 설명하려고 하면 그들은 "그런 것은 저와 상관없어요! 당신이 아는 것, 당신이 경험한 것을 말씀해 주세요!"라고 말합니다. 하지만 우리는 부처님께서 말씀하신 방법을 따라야만 경험한 것을 알 수 있습니다. 그 방법을 따르지 않으면 우리는 무엇을 경험했는지 알 수 없습니다.

부처님께서는 우리에게 우리 자신의 마음을 들여다보라고 하셨습니다. 하지만 그렇게 하지 않고 있습니다. 자신이 명상을 통해 얼마나 진전했는지 확인하고자 한다면, 자신의 마음을 살펴봐야 합니다.

심장의 소리 듣기

명상 수행을 하는 동안 심장 박동소리가 들리고, 이러한 심장 박동소리가 호흡과 상충하는 듯합니다. 어떻게 해야 이것을 극복할 수 있을까요?

●── 숨을 쉬는 동안 심장 박동이 들리거나 느껴지면 그냥 주의를

기울이면 됩니다. 호흡과 심장 박동 사이에서 주의를 분산시킬 필요가 없습니다. 호흡을 그냥 놓아두세요. 어차피 일어나고 있는 일이니 그냥 숨을 들이쉬고 내쉬는 대로 내버려두면 됩니다. 심장 박동이 느껴진다면, 그것은 평소에는 경험하지 못했던 것입니다. 하지만 그때에도 호흡은 계속되고 있습니다. 그러니 호흡이 자연스러운 리듬으로 계속되도록 놓아두세요. 그리고 심장 박동이 뛰면 다른 곳으로 주의를 돌리지 말고 심장 박동에 주의를 기울이세요.

심장 박동을 느끼지 못하면, 그때는 호흡이 두드러지게 느껴질 것입니다. 호흡 명상^{anapanasati}에서는 발생하는 모든 감각을 알아차리게 됩니다. 예를 들어, 기쁨을 느끼며 숨을 들이마시고 기쁨을 느끼며 숨을 내쉽니다. 그러면 숨을 들이마시고 기쁨을 느끼고, 숨을 내쉬면서 기쁨을 느낍니다. 관심은 기쁨에 집중하고, 호흡은 일정하게 들락날락합니다. 반복되는 것이므로 주의를 기울일 필요는 없습니다. 하지만 기쁨은 항상 계속되는 것이 아닙니다. 전에는 알아차리지 못했던 것입니다. 갑자기 경험하게 되는 것입니다.

새롭게 경험하는 것에 주의를 기울이세요. 명상의 장애물이 아니므로 극복하려고 애쓰지 마세요.

명상 중의 고통

좌선을 하면서 다리와 허리에 통증이 느껴지기도 합니다. 이러한 통증이 괴로움의 거룩한 진리(苦聖諦)를 이해하는 데 도움이 될까요?

●── 육체적 통증과 고통을 느끼는 것만으로는 괴로움^{dukkha} 혹은

불만족을 설명할 수 없습니다. 우리는 마음속에서 괴로움을 경험합니다. 깨달음을 얻는다 해도 육체적 감각은 사라지지 않습니다. 아라한에게도 고통이 있고 부처님께서도 고통을 경험했습니다. 그러나 그분들은 고통 때문에 괴로워하지는 않습니다. 고통은 심리적 정신 상태이며, 그것은 우리가 없애고 싶은 것이고, 또 없앨 수 있는 것입니다!

명상의 초점

위빠사나 수행을 할 때 무엇에 집중해야 하나요?

●── 위빠사나 명상을 제대로 한다면 무상無常 anicca, 고苦 dukkha, 무아無我 anatta를 아주 분명하게 볼 수 있어야 합니다. 그 외의 것은 모두 무시해야 합니다. 무상, 고, 무아를 알아차리는 데 집중하세요.

여러분은 호흡의 변화, 들숨과 날숨의 느낌, 들숨과 날숨에 대한 지각을 경험하게 됩니다. 호흡에 의도적으로 주의를 기울이고 호흡의 전체 과정과 관련된 느낌과 의식을 갖게 됩니다. 호흡의 딱딱함과 부드러움을 경험합니다. 호흡의 촉촉함과 건조함을 느낍니다. 호흡의 따뜻함과 시원함을 느낄 수 있습니다.

그렇게 함으로써 흙, 물, 불, 공기 등 네 가지 원소(四大)의 특성을 경험합니다. 여러분은 이러한 네 가지 요소가 매 순간 변화하는 것을 느낍니다. 바로 이것이 여러분이 경험하고 있는 무상함입니다. 또한 마음속에서 떠오르는 모든 생각이 변화하고 있음을 알 수 있습니다. 이것 또한 무상입니다.

우리 중 일부는 명상 중 희열을 경험하기도 합니다. 그러면 마음은 그것을 붙잡으려고 합니다. 우리 중 일부는 괴로움을 경험합니다. 그러면 마음은 그것을 거부하려고 합니다. 또한 우리 중 일부는 유쾌하지도 불쾌하지도 않은 경험을 하기도 합니다.

마음속에서 탐욕, 증오, 망상이 어떻게 일어나는지 주목해 보세요. 무엇이든 붙잡으려고 하는 시도는 결국 좌절이나 실망으로 끝납니다. 형태, 느낌, 지각, 생각, 의식 등이 무상한 것임을 파악하지 못하면 괴로움이 생깁니다. 이 모든 무상한 응집체를 괴로움의 응집체〔苦蘊〕dukkhakhandha라고 부릅니다. 이 진리를 보는 것을 '모든 것을 있는 그대로 보는 지식과 지각yathbhutananadassana'이라고 합니다.

수행을 제대로 한다면 무상, 고, 무아의 삼법인에 마음을 집중할 수 있어야 합니다. 무상, 고, 무아의 진리를 볼 때 탐욕, 증오, 망상을 버릴 수 있습니다.

마음 훈련

명상 수행 중 가끔씩 지나간 일 혹은 앞으로 닥칠 일, 해야 할 일이 생각나서 마음이 혼란스럽습니다. 호흡에 집중하여 극복하고자 하지만 최근에는 이렇게 마음을 다스리려고 하면 두통이 생깁니다. 어떤 좋은 방법이 있을까요?

◉── 마음이 갈피를 잡지 못하고 방황할 때는, 마음이 한 곳에 머무르도록 하는 훈련해야 합니다. 그럴 때는 이렇게 해 보세요. 숨을 들이쉬고 내쉬면서 하나부터 열까지 세어 보세요. 하나를 세고 숨

을 들이쉬고 내쉬고, 둘을 세며 숨을 들이쉬고 내쉬도록 하세요. 그리고 숨을 들이쉬고 내쉬며 셋을 셉니다. 이런 식으로 열까지 세고 멈추세요. 그런 다음 이번에는 반대로 열에서 하나로 내려갑니다. 숨을 들이쉬고 내쉬며 열을 세고, 숨을 들이쉬고 내쉬며 아홉을 세세요. 그렇게 계속해 보세요.

두 번째 호흡 순환에서는 하나에서 시작해서 아홉까지 올라가고, 다시 아홉에서 시작해서 하나로 내려옵니다. 세 번째 순환에서는 하나에서 여덟까지, 다시 여덟에서 하나까지 반복하다가 멈춥니다.

이런 식으로 여러 번 반복하다 보면 숫자를 세는 것이 지루해집니다! 그러다가 숫자를 잊어버리고 마음이 방황하기 시작하면 "내가 숫자를 세고 있었는데 무슨 일이 있었지? 몇까지 세고 있었지?"라고 생각하게 됩니다. 그러다가 여섯에서부터 마음이 방황하기 시작했다는 것을 기억하고 여섯에서 일곱으로 가야 할지, 여섯에서 다섯으로 가야 할지 혼란스러워집니다! 그러면 처음부터 다시 시작하세요.

이렇게 하면 마음이 매우 피곤해집니다. 마음이 피곤해지면 더 이상 방황할 수 없습니다. 호흡에 마음을 집중하기 시작하십시오. 물론 이 방법이 어떤 사람들에게는 효과가 있지만 다른 사람들에게는 효과가 없을 수도 있습니다. 하지만 시도해 보고 자신에게 효과가 있는지 확인해 보세요.

혼란스럽고 방황하는 마음을 다스리는 또 다른 방법은 "마음이 혼잡스러울 때는 집중할 수 있는 어떤 대상을 찾아 집중하겠다."라고 다짐하고, 자신의 몸의 32개 부위에 주의를 집중하는 것입니다. 32개 부위의 이름을 암기하고, 정수리부터 발끝까지 각각의 신체 부위에 마음을 집중하세요. 그리고 "내 몸의 머리카락은 영원하지 않고, 불만족스럽고, 내가 아니다. 내 몸의 털은 영원하지 않고, 불만족스럽고, 내가 아니다. 내 몸의 손톱은 영원하지 않고, 불만족스럽고, 내가 아니다."라고 말합니다.

또한 "이것은 내 것이 아니다, 이것은 내가 아니다, 이것은 나 자신이 아니다."라고 말합니다. 이러한 여섯 개의 문장을 사용하여 32개의 신체 부위 각각에 마음을 집중하세요. 그리고 어떤 일이 일어나는지 지켜보세요.

마음은 자주 동요하고 흥분하여 이리저리 방황합니다. 그러니 어떤 주제를 정하세요! 그러면 여러분은 어떤 의미있는 것을 배우게 됩니다. 자신의 몸에 대한 통찰을 얻습니다. 몸에 대한 모든 관념이 서서히 사라집니다. 이것이 바로 마음챙김 수행입니다. 각 신체 부위에 대하여 여섯 개의 문장을 말합니다. 예를 들어, "머리카락은 영원하지 않고, 불만족스럽고, 내가 아니다." 그리고 머리카락은 "내 것이 아니고, 내가 아니며, 나 자신이 아니다."라고 말합니다.

여러분은 머리카락을 자신의 것이라고 말할 수도 있습니다. 하지만 머리카락이 내 것이라면 머리카락을 자르고 감는 것 외에도 원하는 것은 무엇이든 할 수 있어야 합니다. 하지만 나이가 들면서 머리카락이 하얗게 변하고 빠지는 것을 막을 수 있을까요? 그렇지 못합니다.

그러므로 머리카락은 털, 치아, 손톱, 그리고 다른 신체 부위와 함께 여러분의 것이 아닙니다. 우리가 마음을 집중하는 신체 부위마다 부처님께서 설명하신 32가지 신체 부위를 분석하는 방법으로 이 여섯 개의 문장을 사용할 수 있습니다. 그러면 방황하던 마음은 무언가를 배울 것입니다. 좋은 명상법입니다.

매개체로서의 호흡

통찰 명상 지침은 산만한 마음이 생겨나는 것을 놓아두고, 오로지 호흡으로 의식을 되돌리는 것을 권장합니다. 호흡 이외의 산만하게 하는 것들을 놓아버리고, 온蘊과 행行*에 관한 통찰을 어떻게 얻을 수 있을까요?

◉── 진지하게 명상하는 사람은 호흡에 마음을 집중함으로써 통찰과 지혜를 얻습니다. 호흡은 명상 수행의 첫 단계에 사용됩니다. 호흡을 통해 자신의 몸과 마음에서 여러 가지 다양한 유형들을 알아차릴 수 있습니다. 호흡은 깊고도 심오한 명상 대상입니다. 그래서 종종 이에 대한 이야기를 시작하기가 망설여지기도 합니다. 쉽지 않은 이야기입니다.

그러나 우리는 호흡으로 시작하여 호흡을 통해 우리의 몸, 감정, 지각, 생각, 의식, 즉 오온五蘊은 영원하지 않고, 괴롭고, 나 자신이 아니다 라는 것을 관찰할 수 있습니다.

---

*   3장. '생각과 의도의 중요성'에서 저자가 직접 설명하고 있다.

호흡은 신체 조절장치라고도 합니다. 우리들은 숨을 들이쉬고 내쉼을 통해 혈액을 순환시켜 산소를 공급하며 세포를 살리고 신체 기능을 유지할 수 있습니다. 부처님께서는 - 시장에서 구입할 수 있는 여러 종류의 조절장치와 달리 - 우리의 삶을 조절하는 진짜 조절장치에 대해서 말씀하셨습니다. 바로 호흡입니다.

우리에게는 생각, 느낌, 지각, 의식이 있으며, 이 모든 것은 끊임없이 그리고 계속 변합니다. 호흡을 하면 호흡은 끊임없이 변화하면서 우리 몸의 오래된 공기를 새로운 산소로 대체합니다. 호흡은 이러한 변화의 징후를 보여줍니다.

모든 것은 항상 변합니다. 그래서 모든 것은 무상합니다. 우주의 모든 것은 무상하며, 무상하기 때문에 사물이 존재할 수 있습니다. 무상하지 않다면 아무것도 존재할 수 없습니다.

도반 여러분, 무상은 우리를 존재하게끔 하는 유일한 것입니다. 무상을 있는 그대로 이해한다면 우리는 영구적인 상태에 도달할 수 있습니다. 우리는 호흡을 통해 이것을 알 수 있습니다.

따라서 호흡을 매개체로 사용하며, 이로 인해 우리의 마음이 열려 무상함을 보고 집착에서 벗어날 수 있습니다. 통찰을 얻기 위해 우리는 호흡, 몸, 감정, 지각 등을 사용합니다.

명상 중에 나타나는 빛

스님께서는 오늘 강연에서 저절로 나타나는 빛이나 밝음을 보는 것은 위험하다고 말씀하셨습니다. 그 이유는 무엇인가요?

◉─ 그러한 빛은 명상하는 사람을 혼란스럽게 합니다. 이러한 빛을 보게 되면 명상하는 사람들은 "아! 내가 이제 선정에 도달하는구나!"라고 생각하게 됩니다. 좌정하여 10여 분이 지나고 밝은 빛이 나타나면 "아, 끝났다! 드디어 나는 선정에 도달했다!"라고 생각할 수 있습니다. 바로 그 빛이 당신을 혼란스럽게 할 수 있습니다.

그러나 마음의 진전을 통해, 집중을 얻기 직전에 장애물을 극복하여 빛이 일어났다면 그것은 위험하지 않습니다. 그것을 받아들일 준비가 되었기 때문입니다.

하지만 어떤 이유 없이 갑자기 나타나는 빛은 어디에서 어떻게 생겼는지 알지 못하므로 혼란스러울 수 있습니다. 이런 경우는 위험합니다.

명상 수행 중의 느낌

명상 수행 중 자주 눈썹 사이가 씰룩거리는 느낌이 듭니다. 고통스럽지는 않지만 호흡을 알아차리기 어렵게 합니다. 이렇게 씰룩거리는 느낌에 특별한 주의를 기울여야 할까요?

◉─ 눈썹 사이가 씰룩거리는 느낌이 들거나, 그 느낌이 아주 강하고 심하다면 주의를 기울이되 긴장을 풀어야 합니다. 당황하지 마세요. 그것은 두통이나 다른 이유일 수 있습니다. 다른 어떤 것을 시도하지 마시고, 마음을 편안하게 하세요. 그 감각을 두려워하지 말고 계속 주의를 기울이세요. 곧 사라질 것입니다.

희열과 행복 다루기

명상 중에 희열과 행복감이 떠오를 때, 이를 어떻게 다뤄야 할까요?

◉── 희열과 행복감이 느껴질 때는 다른 감정이나 느낌과 마찬가지로 그 느낌이 어떻게 일어나고, 어떻게 절정에 이르고 사라지는지 주의 깊게 살피세요. 느낌은 가만히 머물러 있지 않습니다. 느낌은 접촉으로 인해 생겨납니다. 감각과 감각 대상이 접촉할 때 느낌이 일어납니다. 접촉 없이 느낌이 저절로 생겨날 수는 없습니다. 그러니 어떤 느낌에 집착하지 말고, 감각이 오도록 놓아두세요.

애착은 결국 마음의 상태입니다. 그것 역시 왔다가 사라집니다. 느낌은 매우 빠르게 왔다가 사라집니다. 느낌을 붙잡으려고 하면 그 느낌은 어느새 사라져 버립니다. 이미 지나간 것입니다. 희열이나 행복감과 같은 기분 좋은 느낌과 상태가 떠오르면 그냥 알아차리세요. 그것들에 집착하려고 하면, 그것들은 당신의 손아귀에서 빠져나갈 것입니다. 좋아하는 느낌을 붙들고 붙잡으려는 계속적인 시도는 끝없는 좌절로 이어집니다. 이것이 바로 괴로움의 본질입니다.

다시 말해서, 괴로움은 바람직한 느낌을 계속 붙잡고 있을 수 없다고 느낄 때 발생합니다. 저는 이렇게 말씀드리고 싶습니다: "욕구와 욕망의 불만족은 괴로움입니다."

희열이나 행복감과 같은 기분 좋은 감정이라도 떠오르는 감정에 집착하지 마세요. 그러면 좌절에 빠지지 않을 수 있습니다. 느낌은 모두 무상합니다. 신뢰할 수 없습니다. 오로지 마음챙김을 유지하며 느낌이 왔다가 사라지는 것을 지켜보세요.

과도한 노력

깊은 명상을 할 때 몸이 뜨거워지는 걸 느끼게 되는 이유는 무엇인가요?

◉── 명상을 하면서 권장되지 않은 행동을 하고 있기 때문일 수도 있습니다. 일반적으로 깊은 명상을 할 때는 뜨거운 열감보다는 차분하고 편안하며 평화로운 정신 상태를 느끼게 됩니다. 어떤 압박감으로 인해 지나치게 노력하고 있는 까닭일지도 모릅니다. 명상할 때 다시 그런 느낌이 든다면 긴장을 풀고, 불필요한 노력을 기울이고 있는 건 아닌지 살펴보세요. 그런 다음 긴장을 풀고 강도를 낮추세요.

호흡 수 헤아리기

명상 중 안절부절 못하는 느낌이 들 때는 어떻게 대처해야 하나요? 호흡 수를 헤아리는 것이 괜찮을까요?

◉── 마음을 진정시키려면 호흡에 온전히 주의를 기울이고 조심스럽게 숨을 쉬어야 합니다. 불안과 걱정은 한 쌍입니다. 불안하면 걱정이 생기고, 걱정하면 불안해지기 때문입니다.

  불안과 걱정은 우리가 원숭이 마음*이라고 부르는 결과를 낳습

---

* 원숭이는 잠시도 가만히 있지 못한다. 불교 경전에서 마음이 조용히 가라

니다. 우리는 원숭이에서 진화했기 때문에 원숭이 마음을 가지고 태어났다고 할 수 있습니다. 우리는 여전히 그런 경향을 가지고 있습니다. 명상에 앞서 가장 먼저 해야 할 일은 자신을 진정시키고 마음을 평화롭게 만들기 위해 부처님의 고귀한 자질을 생각하는 것입니다.

불안한 마음을 다스리기 위해 호흡수를 세는 방법이 있습니다. 숨을 들이쉬고 내쉬면서 하나, 다시 숨을 들이쉬고 내쉬면서 둘, 다시 숨을 들이쉬고 내쉬면서 셋, 이런 식으로 열까지 셉니다. 그런 다음 다시 열에서 하나로 내려갑니다.

두 번째는 하나에서 아홉으로, 다시 아홉에서 하나로, 하나에서 여덟으로, 여덟에서 하나로, 하나에서 일곱으로, 일곱에서 하나로, 하나에서 여섯으로, 여섯에서 하나로, 하나에서 다섯으로, 다섯에서 하나로, 하나에서 넷으로, 넷에서 하나, 하나에서 셋, 셋에서 하나, 하나에서 둘, 둘에서 하나를 반복합니다. 그리고 멈춥니다.

이런 식으로 숫자를 헤아리는 동안 마음은 호흡에 머무르게 됩니다. 하지만 마음의 습관적 특성으로 인해 우리의 주의는 여전히 다른 곳으로 흘러가게 됩니다. 갑자기 마음이 달아나 남미 어느 곳에 있는 것처럼 말이죠.

갑자기 "아! 내가 숫자를 세고 있었는데, 어떻게 된 거지?"라는 생각이 들 수 있습니다. 그러면 어느 시점에서 마음이 산란해졌는

앉지 못하고 이랬다저랬다 하는 것을 원숭이의 마음과 같다고 비유하기도 한다.

지 기억하지 못하기도 합니다. 여섯? 일곱? 아니면 여덟? 그러다가 '여섯'이었다는 것을 기억합니다. 하지만 '여섯'에서 여섯부터 하나였는지, 하나부터 여섯이었는지 기억이 나지 않을 수도 있지요.

그러면 처음부터 다시 시작하세요. 마음은 자주 숫자를 세는 데 머물지 못합니다. 그러다가 "아! 또 호흡수를 세는 것을 놓쳤구나!"라고 깨닫게 됩니다. 그래서 처음부터 다시 시작합니다.

이렇게 여러 번 반복하면 방황하던 마음이 호흡에 머물게 됩니다. 그러면 불안하고 원숭이 같았던 마음을 극복하는 데 도움이 될 것입니다.

의심하는 수행자

명상 수행 중 떠오르는 의심에 어떻게 대처해야 하나요?

◉— 의심을 뜻하는 팔리어는 위찌낏차^{vicikiccha}입니다. 의심이라는 장애에 대한 치료법은 신뢰입니다. 가장 먼저 자신의 수행을 믿어야 합니다. 자신을 돌아보세요. 여러분은 불안과 걱정 같은 여러 장애물을 극복했습니다. 그러면 할 수 있다는 자신감이 생깁니다.

여러분은 절망적이지 않고 무력하지도 않습니다. 여러분은 무언가를 할 수 있는 사람입니다. 여러분이 명상을 하러 이곳에 오셨다는 것 자체가 여러분이 훌륭한 의도를 가지고 있다는 것을 나타냅니다. 이러한 의도는 명상을 통해 무언가를 성취했다는 힘을 줍니다. 여러분 자신의 개인적인 경험이 여러분에게 신뢰감을 제공합니다.

그러면 여러분은 수행에 이르게 한 것이 바로 이 법^{Dhamma}이기 때문에 법을 신뢰하기 시작합니다. 그것은 여러분에게 자신감을 줍니다. 그리고 법을 설하신 부처님에 대해 더 깊은 신뢰를 갖게 되고 의심은 점차 사라집니다.

명상과 만트라

스님께서는 만트라를 사용하지 말라고 말씀하셨습니다. 하지만 어떤 상좌부불교 스님들은 들숨과 날숨에 '붓도^{Buddho}'를* 암송하라고 권장하기도 합니다. 이에 대해 어떻게 생각하시나요?

◉ — '붓도^{Buddho}'라는 단어를 암송하는 것 자체로는 충분하지 않습니다. 그 의미를 깊이 이해해야 합니다. "붓도, 붓도, 붓도"라는 단어를 반복한다고 해서 이해가 깊어지지는 않습니다.

부처님께서는 어떤 경지에 도달하기 위해 자신의 이름을 반복하라고 말씀하신 적이 없습니다. "붓도"라는 단어 그 자체가 우리의 마음을 열어 주지는 않습니다. 이러한 수행법이 수행 초기에 마음을 통제하고 산만함을 줄이고 마음을 집중하는 데에는 어느 정도 도움이 될 수도 있습니다. 하지만 이후에는 정말 진지한 수행에 참여해야 합니다. 저는 경전 어디에서도 깨달음의 단계에 도달하기

---

* 'Buddho'는 팔리어에서 유래한 단어로, '깨달은 자' 또는 '깨어난 자'를 의미한다. 상좌부불교 위빠사나 수행시 'Buddho'를 호흡 명상과 함께 사용하는 경우가 많다. 숨을 들이쉴 때 '붓', 내쉴 때 '도'라고 마음속으로 염송하면서 호흡에 대한 집중력을 높이고 마음을 안정시킨다고 한다.

위해 '부도'라는 단어를 언급한 것을 보지 못했습니다.

고독 속에서의 평화

명상 수행으로 인해 지나치게 많은 시간을 홀로 보내게 되는 것이 문제가 될까요?

◉── 진지한 명상가라면 누구나 고독을 좋아합니다. 고독 속에 있을 때 법에 대한 깊은 이해가 이루어집니다. 고독은 우리 자신을 잘 들여다볼 수 있는 충분한 시간을 제공합니다. 다른 사람들과 함께 있을 때 우리는 수많은 장애물에 주의를 기울이게 됩니다. 우리는 고독 속에서 보다 쉽게 평화를 경험할 수 있습니다. 이러한 이유로 부처님께서는 항상 홀로 있음을 칭찬하셨습니다.

혼자서 하는 명상 수행

가까운 곳에 사찰이 없고, 명상 선생님을 뵙거나 명상 수련회에 참여할 기회도 거의 없습니다. 그래서 저는 '혼자서' 명상 수행을 합니다. 집에서 개인적으로 명상 수행을 할 때, 아침에만 단단한 음식인 고형식을 먹는 것이 중요하거나 가치있는 일이 될까요?

◉── 혼자 명상하는 사람이 스스로 훈련을 통해 절제력을 기르고, 저녁에는 고형식을 섭취하지 않기로 결정했다면, 명상 수행 모임에 참석하는 사람만큼이나 좋은 결과를 얻을 수 있을 것이라고 생각합니다.

사실, 홀로 명상 수행을 하는 사람으로서, 저녁에 고형식을 섭취하지 않는 당신의 수행은 다른 사람의 지도나 격려 없이도 이를 달성했기 때문입니다. 당신 스스로 이 결단을 하였습니다. 그렇기에 당신의 수행은 훨씬 더 효과적일 것입니다. 이 수행을 과감히 계속하시길 권해드립니다.

2. 도덕성과 규율〔戒〕

계의 중요성

불교에서는 계戒^{sila}, 정定^{samadhi}, 혜慧^{panna}, 즉 도덕성, 집중, 지혜를 명상 수행의 핵심이라고 가르칩니다. 그리고 성공적 명상 수행을 위해서는 우선적으로 도덕적 삶을 유지해야 한다고 합니다. 조금 더 자세히 설명해 주실 수 있나요?

◉── 저는 실라^{sila}에 대한 번역으로 철학적 함의를 담은 '도덕성'이라는 단어 대신에 '규율〔戒〕' 또는 '절제'라는 단어를 사용할 것을 제안합니다. 그렇습니다. 실라를 실천해야 합니다. 일상생활에서 절제와 자제력을 가지고 행동하는 것은 좋은 명상 수행을 위한 필수적 토대입니다.

우리가 얼마나 규율을 잘 따르는가에 따라 수행이 성공할 수 있습니다. 규율을 지키지 않으면 수행은 어렵고, 마음챙김을 달성하거나 유지하기가 어려울 수 있습니다.

마음챙김에는 좋은 규율이 필요합니다. 종종 우리는 마음챙김을 해야 한다는 것을 잊거나 마음챙김을 하지 않습니다! 규율을 지키지 않거나 좋지 않은 행동에 연루되어 마음이 산만해지거나 번잡할 때는 마음챙김이 더 어려워집니다.

팔리어 '실라'는 영어의 "실란트^{sealan}"*를 떠올리게 합니다. 실란트는 틈새를 메울 때 사용합니다. 틈새를 메우면 물이 스며들지 않고 벌레가 들어오지 않으며 기초가 무너지지 않습니다. 그래서 집의 기초가 튼튼하고 견고하게 유지될 수 있습니다. 명상 수행에 있어서 실라가 바로 그것입니다. 이것이 명상 수행의 기초가 됩니다. 절제를 통해 그리고 일상생활에서의 건전한 행동과 의사결정을 통해 우리는 이러한 토대를 마련합니다.

명상 수행을 위한 좋은 토대를 쌓지 않으면 그 결과는 곧 드러납니다. 30분 또는 1시간씩 규칙적으로 명상을 하고자 하지만, 어느 날 갑자기 10분도 좌정하지 못하게 됩니다. 마음이 동요하고 계속 주의가 산만해지며 집중할 수 없습니다. 누군가에게 화를 내거나, 성적 일탈, 여러 가지 중독성 행동, 신체와 언어 그리고 정신에 불건전한 행동을 하면 그 경험은 여러분의 잠재의식 속 깊이 자리잡게 됩니다. 계속 떠오르면서 후회, 죄책감, 불안, 걱정이 가득합니다. 좌정하고 앉아 있지 못합니다!

그렇지만 모든 규율을 완벽하게 지킨 이후에야 명상 수행을 시

---

* '실란트'는 홈이나 간격을 메우기 위해 사용된다. 흔히 '실리콘'이라고 하지만, 정확하게는 실리콘이 실란트의 하위 개념이다.

작하겠다는 생각은 비현실적입니다. 실라를 완벽하게 지킬 수 있을 때까지 명상을 미룬다면, 우리는 결코 명상을 시작할 수 없을 것입니다! 우리의 도덕적 상황과 수준이 어떠하든, 우리는 시작해야 합니다.

우리는 불건전한 행동을 근절하고 생활 속에서 건전한 습관을 유지하기 위해 노력해야 합니다. 이는 실라를 지키고, 규율에서 벗어났다가도 매번 다시 돌아오는 데에 도움이 됩니다. "좋아, 이제부터 나는 명상 수행을 시작하고, 실라를 어기지 않을 거야."라고 다짐합니다. 그렇게 결심했다면 그 결과들로부터 교훈을 얻도록 하세요. 마음과 생활의 중압감을 느껴 보세요. 우리의 목표는 마음을 가볍게 하고 삶을 가볍게 만드는 것입니다. 궁극적으로 우리가 얻고자 하는 것은 깨달음입니다. 그렇지 않나요?

하지만 실라를 일종의 명령이나 율법으로 혼동해서는 안 됩니다. 실라는 스스로, 스스로의 의지에 따라 수행하는 것입니다. 정진하지 않거나 부도덕한 행동을 하면 그에 따른 결과가 나타나고 명상 수행에도 영향을 미칩니다. 정진하면 긍정적인 결과를 얻을 수 있습니다. 원인과 결과의 관계라고 할 수 있습니다.

우리는 자신감을 키우고 취약점을 극복하기 위해 실라를 수행합니다. 실라는 우리 스스로가 선택하는 행동방식입니다. 우리는 마음의 안정을 위해, 수행의 진전을 위해 스스로 실라를 수행합니다. 좋은 실라는 우리의 용기와 능력을 강화합니다. 실라는 우리의 명상 수행을 지원하고 심리적 힘을 제공합니다. 집중을 키우는 데 절대적으로 필요한 것은 바로 이러한 기초입니다.

후회도 없고 뉘우침도 없다

숙련된 행동이 집중 수행에 어떤 영향을 미치나요?

◉── 커다란 나무를 생각해 보세요. 나무에는 잎, 가지, 나무껍질이 있습니다. 하지만 나무 전체는 땅 속에 묻힌 뿌리로 인해 굳건하게 서 있습니다. 뿌리가 튼튼하고 깊고 강하다면, 나무는 튼튼하게 성장할 수 있습니다.

명상 수행의 깊은 뿌리는 윤리적, 도덕적 원칙 또는 건전한 영적 습관입니다. 어떤 습관은 아쿠살라 실라$^{akusala\ sila}$, 즉 불건전한 습관이라고 불립니다. 건전한 습관은 쿠살라 실라$^{kusala\ sila}$라고 합니다. 모든 것은 커다란 나무의 뿌리처럼 우리의 도덕적 원칙에 달려 있습니다.

계율을 지키면 마음이 흔들리지 않고 후회와 자책감에 휩싸이지 않을 것입니다. 잘 자고 잘 일어날 수 있습니다. 좋은 도덕성을 유지하므로 밤에 악몽을 꾸지 않을 것입니다.

하루를 어떻게 보냈는지 되돌아볼 때 후회가 없습니다. 그래서 다음 날은 기쁨으로 가득 차게 됩니다. 기쁨으로 일상을 살아가면서 도덕적, 윤리적 원칙을 준수합니다. 그러면 침착하고 편안하며 평온함이 찾아올 것입니다. 자연스럽게 그렇게 됩니다. 평온하고 편안해지려고 애쓸 필요도 없습니다.

이것이 바로 법의 본질입니다. 평온하고 편안하며 평화롭고 즐거운 상태가 되면 행복해집니다. 행복은 후회가 없는 마음으로부터 자연스럽게 생겨납니다.

행복과 열광은 다릅니다. 어떤 사람들은 두 가지를 동일시합니다. 흥분하고 열광하면 웃고 펄쩍펄쩍 뛰게 됩니다. 복권에 당첨되어 많은 돈을 얻게 되면 흥분하게 됩니다. 그리고 "나는 행복하다!"라고 말합니다. 하지만 그것은 행복이 아니라 열광, 흥분입니다.

하지만 도덕적, 윤리적이며 건전한 습관을 바탕으로 행복을 경험하면 마음은 차분하고 편안하며 평화로워집니다. 동요하거나 흥분할 일이 없습니다. 행복할 때는 집중력을 높이기 위해 노력할 필요가 없습니다. 부처님께서도 행복한 마음은 자연스럽게 집중을 키운다고 말씀하셨습니다.

이 모든 일은 아주 자연스럽게 일어납니다. 그렇게 되기를 바랄 필요도 없습니다. 첫 번째 단계, 즉 도덕적이고 윤리적이며 건전한 삶을 실천하는 것만 하면 됩니다.

명상의 토대

계율의 준수(持戒)와 도덕성은 명상 수행에 어떤 영향을 미치나요?

◉── 절제와 규율은 동전의 한 면일 뿐이라는 점을 이해하는 것이 중요합니다. 건전하게 행동하고 긍정적인 마음을 지키는 것은 동전의 또 다른 한 면입니다.

절제를 상와라^{samvara}, 준수를 락카나^{rakkhana}라고 합니다. 예를 들어 우리는 다른 생명을 해치지 않습니다. 훌륭한 일입니다. 도둑질 하지 않습니다. 멋진 일입니다. 우리는 관대함을 함양합니다. 거짓말을 하지 않고 진실을 말하기 위해 노력합니다. 술과 약물을 남용하지 않고 일상생활에서 안정적이고 평화로운 마음 상태를 유지하기 위해 최선을 다합니다.

이렇게 실라(Sīla, 戒)는 불건전한 행동이나 마음의 습관을 삼가는 것을 의미하지만, 다른 한편으로 건전하게 행동하고 좋은 마음을 갖는 것을 의미하기도 합니다. 한편으로는 절제하지만, 다른 한편으로는 긍정적이고 건전한 행동과 실천을 함양하는 것을 의미합니다.

이렇게 하면 일상생활에 대한 자신감이 생기고, 명상하고자 정좌하면 마음이 맑고 깨끗하며 안정되어 집중이 향상됩니다. 후회와 회한, 죄책감, 부끄러움이 없습니다.

그러므로 실라를 부담스러운 것으로 생각해서는 안 됩니다. 실라는 명상의 토대를 마련하고 집중의 발판이 됩니다. 그리고 집중은 지혜로 가는 발판이 됩니다. 이렇게 서로서로 연결되어 있습니다.

부처님께서는 "마음을 집중하면 사물을 있는 그대로 알아차릴 수 있다."라고 반복하여 말씀하셨습니다. 집중은 무언가에 스포트라이트를 비추는 것과 같습니다. 지혜와 통찰은 시력과 같습니다. 그리고 그 시력은 집중의 스포트라이트에 비춰진 것을 보고 이해합니다.

이 두 가지, 즉 집중[定]과 지혜[慧]는 강한 도덕적 기반이나 좋은 실라가 있을 때 강해집니다. 이렇게 계, 정, 혜는 불교의 세 가지 주요 기둥입니다. 사실 부처님의 가르침 전체는 계, 정, 혜 세 가지 범주에 모두 포함됩니다. 이 세 가지 요소는 삼각대와 같아서 한쪽 다리는 다른 두 다리 없이는 서 있을 수 없습니다.

그래서 저희는 명상 수행, 특히 고급 단계에서 이런 것들을 강조합니다. 정말로 충실하게 명상 수행을 하고자 한다면 반드시 이 약속을 해야 합니다. 자신의 삶을 어떻게 살 것인지에 대해서 전적으로 책임져야 합니다.

올바른 생계와 책임감

저희들 대부분은 도축장이나 무기제조업체 같은 곳에서는 일하지 않을 것입니다. 올바른 생계수단이 아니라고 생각하기 때문입니다. 하지만 건강에 좋지 않은 음료를 만드는 회사, 출산을 이유로 여성을 해고하는 회사에서 일해야 하기도 합니다. 그리고 광고회사에서 일하면서 제품과 서비스에 대한 소비를 충동질하는 광고를 만들어야 하기도 합니다. 이러한 일을 해도 될까요?

◉── 여러분은 기업에 노동력을 제공합니다. 그 기업이 수익을 창출하는 사업 방식에 대하여 여러분에게 직접적 책임이 있는 것은 아닙니다. 여러분은 누군가를 해칠 의도가 전혀 없고, 단지 주어진 일을 했을 뿐이기 때문입니다. 하지만 직업 선택에 있어서 가능하다면 "내가 하는 일이 세상 사람들에게 도움이 될 수 있도록 하자."라는 자애심^{metta}을 염두에 두는 것이 좋습니다.

계율의 중요성

불교 수행에 있어서 계율의 준수가 왜 중요한가요?

◉── 바바나소사이어티에서는 계를 되새기기 위해 불자로서 반드시 지켜야 하는 오계五戒 혹은 팔계八戒를 반복하여 암송합니다.

무언가를 잊지 않도록 하기 위해 자주, 때로는 매일 반복합니다. 무언가를 반복하면 머릿속에 남아 자동적으로 작동하게끔 하기 때문입니다. 그리고 그 사람은 특정 상황이 발생하면 그것을 기억하고, 계에 어긋나는 것이라면 자신이 암송했던 계를 떠올리며 그 행동에 관여하지 않을 것입니다.

이러한 이유로 계율을 계속해서 암송합니다.

재가자는 오계를 통해 살생을 삼가고, 남이 주지 않은 것을 취하지 않으며, 음행을 하지 않으며, 거짓말을 삼가고, 술과 약물에 취해 정신을 잃는 것을 삼가는 계를 지킵니다.

계는 또한 명상 수행에서 집중력의 기초를 제공합니다. 계를 지키면 마음이 평온해지고, 명상하기 위해 앉으면 집중이 빨리 향상됩니다. 계를 어기면 양심의 가책과 후회를 느끼게 되어 마음이 불안하고 초조해져 집중할 수 없게 됩니다.

따라서 자신감과 집중을 키우기 위해서는 이러한 계가 중요합니다.

팔계八戒

바바나소사이어티에서는 특히 거짓말, 분열을 조장하는 말, 거친 말, 험담이나 쓸데없는 말을 금지하는 것에 초점을 맞춘 여덟 가지 계율(八戒)을 준수하라고 합니다. 오계에 더하여 이렇게 확장된 계를 지키라고 하는 이유는 무엇인가요?

◉── 이 모든 것은 팔정도八正道에 대한 것입니다. 팔계는 팔정도에 보다 큰 관심을 기울이게 합니다.

올바른 말하기(正語)에는 네 가지 측면이 있습니다. 즉, 거짓말, 분열을 조장하는 말, 거친 말, 험담이나 쓸데없는 말을 삼가는 것입니다.

올바른 행동(正業)에는 살인, 도둑질, 성적 비행을 삼가는 것이 포함됩니다. 저는 "성적 비행"이라는 단어 대신 "감각적 비행"이라는 단어를 사용합니다. 왜냐하면 원래의 표현이 복수형으로 되어 있어서 눈, 귀, 코, 혀, 몸, 그리고 마음을 포함하기 때문입니다.

사람들은 습관적으로 TV, 영화 등 불필요한 것들을 너무 많이 보면서 감각을 남용합니다. 그리고 온갖 불필요한 소리를 들으며 귀를 학대합니다. 그리고 혀는 우리가 섭취하는 모든 것, 온갖 종류의 인스턴트 음식 등으로 인해 가장 많이 학대받는 신체기관 중 하나입니다.

또한 말을 통해 다른 사람들에게 잘못된 상처와 모욕을 줄 수도 있습니다. 팔계의 마지막은 부주의를 유발하는 음주와 약물 사용을 삼가는 것과 잘못된 생계 수단을 삼가는 것이 포함되어 있습니다. 잘못된 생계 수단에는 가축을 고기용으로 취급하는 것, 무기 판매 및 구매, 독극물 판매 및 구매, 계량 부정행위 등이 포함됩니다. 이것은 올바른 생계〔正命〕를 선택하는 것입니다.

　이러한 계율은 의지만 있다면 누구나 지킬 수 있습니다. 계율을 지킴으로써 팔정도의 세 가지인 정업正業, 정명正命, 정어正語를 따르는 것입니다. 그래서 바바나소사이어티에서는 팔계를 지키도록 권장하며, 재가 불자들로 하여금 아침 예불시간에 이를 암송하도록 합니다.

3. 불교의 교리와 수행

부처님의 가르침

왜 우리는 마음챙김에 힘쓰고 부처님의 가르침을 공부해야 하나요? 부처님의 가르침은 세상의 본질과 존재에 대하여 이야기하는 다른 철학체계와는 다른가요?

◉─ 부처님의 가르침은 현실의 본질에 대한 단순한 철학적 사변과는 큰 차이가 있습니다. 부처님의 가르침은 지식과 지적 호기심을 위해 공부하는 철학이 아닙니다. 부처님께서는 윤회, 즉 반복되는 탄생과 죽음의 순환에서 벗어날 수 있는 방법을 가르쳤습니다. 부처님께서는 삶에서 삶으로 반복되는 고통에 대한 해결책을 찾았습니다.

　이것은 사변적인 방법이 아니라 실용적이고 현실적인 방법입니다. 부처님의 도덕성에 대한 가르침은 마음을 수련하고 삶을 단순화하며 깨달음의 길을 닦는 체계적인 훈련입니다. 부처님의 계율에 대한 가르침은 세상을 대하는 데 있어 명확한 지침을 제시하고, 마음에 대한 가르침은 마음이 실제로 어떻게 작동하는지를 이해하는 데 도움이 됩니다.

부처님의 가르침은 단순히 흥미롭고 자극적인 정보가 아닙니다. 부처님의 가르침은 우리들에게 슬픔과 고통을 주는 마음과 행동의 습관을 끝낼 수 있는 방법을 제시합니다. 요컨대, 불교는 단순한 사상체계나 현실에 대한 흥미로운 통찰이 아니라 깨달음과 해탈을 위한 완전한 체계입니다.

물론 부처님의 통찰명상에 대한 가르침을 몰라도 사람들은 자신의 삶의 경험에서 지혜를 얻을 수 있습니다. 운이 좋거나 현명하다면 실수로부터 배우기도 합니다!

안타깝게도 세상에는 혼란스러운 가르침, 혼란스러운 사람들, 혼란스러운 영향력으로 가득합니다. 사람들은 이 모든 혼란스러운 생각과 가르침들로 인해 어지러움을 느낍니다. 사람들은 무엇을 받아들이고 무엇을 거부해야 하는지 구분하는 데 어려움을 겪을 수 있습니다.

그래서 부처님께서는 이 모든 혼란을 헤쳐 나갈 수 있는 길, 아주 확실한 방향을 제시합니다. 그 길은 계율(戒)을 기초로 합니다. 그리고 우리가 그 길에 집중할 수 있도록 하는 힘은 선정(定)입니다. 그리고 지혜(慧)는 그 길을 걷는 동안 우리가 따르도록 하는 길잡이 빛입니다. 그 길의 끝에는 깨달음과 해탈, 궁극적인 고통으로부터의 벗어남이 있습니다.

나쁘지 않은 거래입니다!

삼보

삼보三寶에 대해 설명을 부탁드립니다.

◉── 삼보는 불(佛, Buddha), 법(法, Dhamma), 승(僧, Sangha)입니다. 부처님은 지혜와 자애의 화신이자 완전히 깨달은 분입니다. 법, 담마는 부처님께서 자신의 수행을 통해 깨달은 진리입니다. 부처님은 법을 실현하기 위해 법을 수행하셨습니다. 법은 부처님 가르침이며 부처님의 가르침은 진리입니다. 승가는 여덟 가지 고귀한 사람들을 의미합니다. 깨달음의 흐름에 들어간 사람들─그 길에 있는 사람(預流向)과 그 결실을 맺은 사람(預流果)─입니다. 그리고 한 번 돌아온 사람들─그 길에 있는 사람(一來向)과 결실을 맺은 사람(一來果)─이 있습니다. 또 절대 돌아오지 않는 사람들─그 길에 있는 사람(不還向)과 결실을 맺은 사람(不還果)─입니다. 그리고 아라한이 있습니다. 아라한의 길에 있는 사람(阿羅漢向)과 그 결실을 맺은 사람(阿羅漢果)입니다.

이 여덟 사람들은 저와 같이 승복을 입거나 머리 깎고 수도원에서 금욕을 지키며 살 필요는 없습니다. 이 여덟 단계를 달성했다면, 그들은 세계 어느 곳에서나 어떤 사회에서든 누구나 비구, 비구니, 우바새, 우바이*가 될 수 있습니다.

이를 승가라고 합니다. 그리고 누구나 자격을 갖추면 승가의 구

---

* 불교 교단인 승가를 이루는 기본 집단. 출가 남녀 수행승인 비구·비구니와 재가의 남녀 신도인 우바새·우바이, 즉 사부대중을 말한다.

성원이 될 수 있습니다. 자격은 깨달음의 첫 번째 단계인 깨달음의 흐름에 들어가는 것입니다. 그런 다음 법의 열쇠를 받아 사다함, 아나함, 아라한으로 나아갈 수 있습니다.

"나"라는 환상

마음은 어떻게 영구적인 자아가 있다는 환상을 만들어낼까요?

◉── 그것은 단지 마음에 내장된 시스템일 뿐입니다. 우리는 무언가에 집착하며 그것이 영원하다고 생각합니다. 하지만 그것은 착각일 뿐입니다.

저는 모든 사람들이 자신의 마음을 들여다보고 '나(我)'라는 환상이 얼마나 올바른 것인지 살펴볼 것을 권합니다. 이 질문은 굳이 다른 사람에게 물어볼 필요가 없습니다. 그저 정직하고 진지하며 공정하게 자신을 바라보고 자신의 경험에 주의를 기울여 자아가 있다는 느낌과 생각이 얼마나 진실한지 살펴보도록 하세요.

생각과 의도의 중요성

오온의 네 번째인 생각 또는 정신적 의도(行)의 중요성을 설명해 주시겠습니까?

◉── 의도를 업業^{kamma}이라고도 하고 행行^{sankhara}라고도 합니다. 의도는 우리의 삶을 변화시킵니다. 우리를 행복하게 하기도 하고 불행하게 하기도 합니다. 우리를 건강하게도 하고 아프게도 합니다.

의지, 의도란 우리가 마음속에서 생성하는 생각을 말하며, 우리의 행동을 주도합니다. 우리의 의도가 탐욕, 증오, 망상과 같은 것이라면, 그것은 건전하지 못한 것입니다. 생각에 탐욕과 증오, 망상이 없다면 그것은 건전한 의도입니다.

우리는 이러한 의도적인 생각에 따라 말하고 행동합니다. 의지와 의도가 탐욕, 증오, 망상에 의한 것이라면, 그 결과는 고통스럽고 불쾌할 것입니다.

하지만 우리의 의도가 메타(metta) 또는 탐욕과 증오, 망상이 없는 마음에 의해 동기부여 받고 뒷받침된다면, 그것은 우리를 즐겁고 유쾌하며 행복하게 해 줄 것입니다. 따라서 의지와 의도는 매우 중요합니다.

창조주[神]

기독교 배경을 가진 많은 사람들이 불교에 대해 혼란스러워하는 것 중 하나는 창조주 개념이 없다는 것입니다. 불교의 우주론은 신과 더 높은 영역에 대해 이야기하지만, 이러한 신조차도 무상하다고 합니다.

◉── 창조주가 없다면 사람은 어떻게 세상에 존재할 수 있을까요? 창조주의 부모는 누구였나요? 부모가 없었다면 어떻게 혼자서 존재할 수 있을까요? 사람들은 일반적으로 신을 남성으로 묘사하지만, 여성 신에 대한 이야기는 거의 없습니다. 신은 성별이 없는 존재여야 합니다. 이 성별이 없는 존재는 분명 무언가로부터 왔을 것입니다. 소위 신이 존재하기 위해서는, 신은 이곳에 오기 위해 장소

를 바꿔야만 하고, 이곳에 오기 위해 변화하는 과정을 거쳐야만 합니다. 따라서 신조차도 모든 것을 통제할 수 있는 자율적인 권한을 가지고 있지 못합니다.

세상에는 좋지 않은 일이 자주 일어나고 있습니다. 얼마 전에는 고등학교에서 총격사건이 발생했습니다. 우리는 매주 뉴스를 통해 쓰나미, 지진, 태풍, 전염병에 대한 소식이 듣게 됩니다. 우리가 살고 있는 세상에는 기적을 일으킬 것 같은 과학과 경이로운 기술이 있습니다. 하지만 이것들도 이러한 모든 재앙이 일어나지 않도록 하는 기적을 만들지 못합니다.

이렇듯이 세상의 모든 것을 통제하는 존재는 없으며, 바람직하지 않은 많은 일들이 계속해서 일어나고 있습니다. 하지만 미국에서는 사람들에게 "나는 신을 믿지 않습니다!"라고 말하기가 매우 어렵습니다. 심지어 지폐에도 "하나님을 믿습니다$^{\text{In God We Trust}}$"라고 쓰여 있습니다.

모든 것을 통제할 수 있는 무언가가 있다면, 이를 신앙하는 것이 합리적일 것입니다. 하지만 그런 무언가는 없습니다. 불교에서는 원인과 조건의 연기에 대한 믿음이 있습니다. 특정 원인과 조건으로 인해 특정한 일이 일어납니다. 이것이 있으므로 저것이 일어납니다. 이것이 존재하지 않으면 저것도 존재하지 않습니다. 예를 들어 두 가지가 서로 접촉하면 느낌이 생깁니다. 이 두 가지가 접촉하지 않으면 느낌이 일어나지 않습니다.

비가 올까요? 상황에 따라 다릅니다. 무엇에 따라 달라지나요? 구름, 습기, 바람, 기압 등 많은 요소가 필요합니다. 오늘 비가 올지 궁금하신가요? 글쎄요. 상황에 따라 다릅니다.

그 자체로 존재하는 것은 없습니다. 모든 것은 다른 것에 의존합니다. 그리고 우주 전체는 움직입니다. 지구는 중력에 따라 태양 주위를 공전합니다. 달은 지구의 중력 때문에 지구 주위를 돌고 있습니다.

가장 작은 아원자*로부터 우주에서 가장 큰 물체에 이르기까지, 존재하는 모든 것은 항상 다른 무언가에 의존하고 있습니다. 불교도들은 그 법칙을 믿습니다. 이를 연기법緣起法 paṭicca samuppāda이라고 합니다.

일반인이 연기법을 완벽하게 이해하는 것은 거의 불가능합니다. 그래서 부처님께서는 심오하고 심오하다고 말씀하셨습니다. 이것이 우주의 법칙입니다. 그리고 편견 없이 세상이 작동하는 방식을 살펴보면 연기법의 원리가 실제로 작동하는 것을 보게 될 것입니다.

많은 과학자들은 편견 없이 실제로 존재하는 것이 무엇인지 알고 싶어 합니다. 불교를 진정한 과학자의 눈으로 바라본다면 부처님 말씀이 온전한 진실임을 알게 될 것입니다.

탐욕, 증오, 두려움, 망상 없이 공평하고 편견 없는 눈으로 바라보아야 합니다. 밝고 공정한 마음을 가진 사람은 부처님께서 실제로 가르친 내용을 살펴보고 신도 창조자도 없다는 이 가르침이 참

---

* 아원자 입자(subatomic particle)는 중성자, 양성자, 전자처럼 원자보다 작은 입자를 의미한다.

된다는 것을 알 수 있습니다.

부처님 본성〔佛性〕

대승불교와 다른 불교종파에서는 부처님의 본성에 대해 많이 언급합니다. 상좌부불교도 부처가 될 수 있는 인간의 잠재력을 중시하나요?

●── 저는 "부처님의 본성"〔佛性〕이라는 개념에 동의하지 않습니다. 우선 이 용어의 의미를 이해해야 합니다.

우리는 누구나 고통과 질병, 굶주림 등에서 벗어나 자유로워지기를 원하기 때문에 해탈을 얻을 수 있는 잠재력을 가지고 있다고 말합니다. 이것은 보편적 진실입니다. 그러므로 부처님의 본성이란 지혜의 본성입니다. 산스크리트어와 팔리어에서 붓다^{Buddha}라는 단어의 어근은 지혜를 뜻합니다. 지혜의 최고 경지에 도달한 사람을 붓다, 부처님이라고 부릅니다.

우리 모두는 이러한 본성을 가지고 있습니다. 불교 신자가 아니더라도 무슬림, 기독교인, 유대인, 심지어는 종교를 전혀 믿지 않는 사람들도 이러한 본성을 갖고 있습니다. 그것은 우리 모두에게 고통으로부터 해방될 수 있는 잠재력이 있다는 뜻입니다. 그래서 저는 이 용어에 이의를 제기하지는 않습니다. 하지만 저는 이 문구를 상좌부불교의 이해 방식으로 해석하려고 노력합니다.

빛나는 마음 [光明心]

"마음의 광채(광명심)"란 무엇을 의미하나요?

◉── 광명심이 온전한 순수함을 의미하지는 않습니다. 하지만 여러분은 마음의 광채에서 순수함의 잠재력을 볼 수 있습니다. 마음은 정화될 수 있습니다. 이러한 잠재력은 우리 안에 있으며, 그것이 바로 빛나는 상태, 즉 광명심입니다.

외부로부터의 더러운 것이 마음을 침범할 때 광채는 오염됩니다. 여기서 광채는 지나친 탐욕, 증오, 망상이 없는 마음을 의미합니다. 마음이 완전히 깨끗해지면 아라한이 되며, 이후에 다시 태어나지 않습니다. 마음이 완전히 깨끗하고 맑으면 그 무엇도 더럽힐 수 없습니다.

나머지 사람들에게도 정화의 잠재력이 있습니다.

의식의 속임수

의식이 어떻게 우리로 하여금 영원한 자아가 있다고 믿게 만드는지 좀 더 자세히 설명해 주시겠어요?

◉── 의식의 변화 속도는 너무나 빠릅니다. 그래서 오히려 전혀 변하지 않는다고 생각하게 됩니다. 어느 날 부처님께서 의식이 너무나 빠르게 변한다고 말씀하셨습니다. 누군가 부처님께 질문했습니다. "얼마나 빨리 변하는지요? 그 속도를 설명할 수 있나요?"

부처님께서는 너무나 빠르므로 그 변화의 속도를 측정할 수 있는 방법이 없다고 말씀하셨습니다. 제자들이 예를 들어 말씀해 주시길 요청하였습니다. 부처님께서는 거미줄 가까이 촛불을 가져가서 거미줄을 태운다고 생각해 보라고 하셨습니다. 거미줄 한 가닥을 태우는 데 얼마나 걸릴까요? 촛불을 가까이 가져가기도 전에 거미줄은 사라져버립니다. 부처님께서는 그 짧은 순간에도 마음은 수십만 번이나 바뀐다고 말씀하셨습니다. 수백만 번의 생각이 순간 생겨났다가 순간 사라집니다! 의식의 변화 속도는 이렇게 빠릅니다.

이렇게 의식은 너무 빠르게 변화하기 때문에 그 속도를 알 수 없습니다. 그것은 마치 수도관에서 물이 쏟아져 나오는 것과 같습니다. 그런데 처음부터 끝까지 쏟아져 나오는 물이 똑같은 물일까요? 그렇지 않습니다. 물은 아주 작은 물방울들이 워낙 긴밀하게 연결되어 있기 때문에 개별적인 물방울을 보지 못하는 것입니다. 그래서 수돗물은 그 수도관에서 나오는 하나의 원통형 물체처럼 보입니다. 강물이 또 다른 예입니다.

의식은 매우 빠르게 변화하기 때문에 한 순간의 의식을 다른 순간의 의식과 구별하는 것은 어렵습니다. 그렇기 때문에 의식은 그 속도로 인해 영구적이라고 믿도록 우리를 속입니다.

지배적인 생각

「소라고동소리경 Saṅkhadhamasutta」(『쌍윳따 니까야』)에서 부처님께서는 부도덕한 행동을 했던 사람이 그러한 행동을 멈추고 모든 사람들에게 자애심을 발산하는 깨달음을 얻게 된 이야기를 말씀하셨습니다. 이에 대해 자세히 설명해 주시겠습니까?

◉— 부처님께서는 그 경전에서 멋진 비유를 말씀하셨습니다. 어떤 사람이 동물을 죽이는 것과 같은 후회할 만한 행동을 했다고 가정해봅시다. 그 사람은 자신의 행동을 인식하고 있으며, 이후에 그 기억을 떠올립니다. 그래서 그 사람은 "이것은 내가 하지 말았어야 했어. 이제 끝내야겠다. 이제는 보다 많은 자애를 실천해야겠다."라고 생각하게 됩니다. 그래서 그 사람은 자애를 실천하고 또 실천하며 모든 생명에 대해 자애심을 갖게 됩니다. 그러면 그 사람의 마음속에는 살생이 아니라 자애심이 지배적인 생각이 됩니다.

그러나 누군가가 살생을 하고 — 다른 모든 건전한 행동에도 불구하고 — 그에 대한 생각을 몇 번이고 반복하면 살생이 그 사람의 지배적인 생각이 될 것입니다. 하지만 의도적으로 그 생각을 눌러 둘 수 있습니다. "내가 어떤 상황으로 인해 정신이 없었기 때문에 이런 일이 일어났다. 이제 나는 더 현명하고, 더 합리적이며, 더 현명해야겠다. 다시는 그런 행동을 하지 않고, 보다 신중하게 수행하고 자애심을 나누고자 한다."

그래서 이 사람은 계속해서 정직하게 수행하며 보다 건전하게 행동합니다. 그러면 그 사람의 마음은 건전한 생각으로 가득 차게 되고 건전하지 않은 생각은 사라질 것입니다.

그렇게 해야 합니다.

누군가가 평생 단 한 번만 나쁜 일을 저질렀는데, 이후에 평생 동안 그 일을 반복해서 생각하면, 죽는 순간에도 그 생각이 그 사람의 지배적인 생각이 됩니다. 그리고 그것이 그의 마지막 생각이 될 것입니다.

그러나 건전한 생각을 계속하고 좋은 행동으로 계속 마음을 되돌리면, 그것이 마음의 맨 앞에 떠오르는 생각이 될 것입니다.

삶의 목적

우리 삶의 목적은 무엇일까요?

◉— 어떤 사람들은 "우리는 우주적 사건이다."라고 말하기도 합니다. 다른 사람들은 "삶에는 어떠한 목적도 없다. 단지 부모님의 결정으로 이 세상에 태어나게 되었을 뿐이다."라고 합니다.

하지만 저는 삶에는 아주 분명한 목적이 있다고 말합니다. 우리 모두 그것을 알고 있습니다. 우리 모두 그것을 달성하기 위해 노력합니다. 그러나 우리는 그것을 손가락으로 가리키며 분명하게 "이 것이 내 삶의 목적이다."라고 말하지 못하는 경우가 많습니다. 사실 우리 모두는 한 가지 삶의 목적을 가지고 있습니다. 저는 오랫동안 많은 분들에게 '삶에서 원하는 것이 무엇인가요?'라고 묻곤 했습니다. 돈? 재산? 지위? 교육? 사랑? 다른 사람들의 평판? 그 외 다른 어떤 것?

그중 어느 것도 정답이 아닙니다.

우리 모두, 모든 생명체는 평화롭고 행복하게 살기를 원합니다. 그런데 평화롭고 행복할 때 자신을 미워할까요? 당연히 아닙니다. 자신을 미워할 때 행복할까요? 물론 전혀 그렇지 않습니다. 자신을 미워하는 바로 그 순간 고통 받기 때문입니다.

분노를 방어 메커니즘으로 사용하지 마세요. 그것은 당신을 비참하게 만듭니다. 자신의 방어를 위해 분노를 사용하면 행복은 멀어지게 됩니다. 자신을 미워하면 자신이 고통스러울 뿐 아니라 다른 사람에게도 고통을 주게 됩니다. 마찬가지로 자신을 사랑하면 다른 사람에게도 행복을 가져다줄 것입니다.

경건한 좋은 의도를 가지고 경전을 읽어 보세요. 자기 스스로를 돕겠다는 의도를 갖고 경전을 읽으세요. 그런 다음 자신이 갖게 된 법에 대한 지식으로 도움을 줄 수 있는 다른 사람들을 생각해 보세요. 사랑의 친절함의 마음으로 자신을 돕고 다른 사람을 도울 수 있는 기술을 배우세요. 어떤 일을 배우거나, 어떤 일을 할 때 금전에 대해서는 생각하지 않는 것이 좋습니다. 어떤 일을 하건 자신과 다른 사람을 도울 수 있는 사랑의 친절한 방법을 생각하세요.

마음을 사랑의 친절함으로 가득 채우고 그 느낌을 다른 사람들과 나누고자 하는 마음으로 말하세요. 탐욕은 필연적으로 고통으로 이어지므로 놓아버리세요.

욕망이나 탐욕은 고통의 주요 원인이라는 것을 기억하세요. 욕망 때문에 자신의 행동에 눈이 멀어 자신의 마음과 다른 사람들의 마음에 고통의 씨앗을 뿌리고 있다는 사실을 깨닫지 못하게 됩니다.

친절하게 대화할 때, 여러분은 자신의 마음과 다른 사람의 마음에 행복의 씨앗을 심는 것입니다. 삶의 목적이 있다면, 사랑의 친절함을 실천하세요. 자신과 타인에게 평화와 행복을 가져다주는 방식으로 살아가세요.

욕심을 떠남〔離欲〕

"이욕離欲 Virāga"과 "자애심"을 비교하여 설명해 주세요.

◉── 이욕은 어떤 사안에 대한 이해에서 나오며, 속박으로부터 벗어나게끔 합니다. 현실을 있는 그대로 본다는 뜻의 팔리어 닙비다 Nibbida는 이욕이라는 의미를 갖고 있습니다. 모든 것이 무상하다는 것을 깊이 이해하면 더 이상 어떤 것에 집착하지 않습니다. 집착하지 않는 것은 부정적인 것이 아니라 지금 일어나는 일을 온전하게 인식하는 것입니다.

마치 어린아이가 여러 종류의 장난감에 집착하지만, 어른이 되면 더 이상 장난감에 집착하지 않는 것과 같습니다. 장난감을 가지고 놀게 하는 것은 자녀가 장난감을 좋아하기 때문입니다. 어른들은 아이들이 장난감을 가지고 노는 모습을 보고 그들의 마음을 이해합니다. 그리고 장난감에 집착하지 않고 욕심을 갖지 않습니다. 사물을 바르게 이해하여, 어떤 것에 집착하지 않는 것을 이욕이라고 합니다.

여러분은 고통 받는 존재를 볼 때 자애심이 일어납니다. 마음에서 일어나는 건전한 감정입니다. 그러나 무관심은 부정적 감정으로, 또한 어떤 것에도 관심을 갖지 않고 돌보지 않는 것입니다. 이것은 부정적인 감정입니다.

지적 이해

불교의 가르침을 깊이 연구하는 것이 저의 영적 수행에 얼마나 중요한가요?

◉── 반드시 교리를 많이 배우지 않아도 깨달음을 얻을 수 있습니다. 스스로 공부하고 마음챙김과 집중을 수행하면 됩니다. 학문적 지식이 없어도 높은 영적 수준에 도달할 수 있습니다. 깨달음을 얻은 사람들이 모두 '깨달음' 연구로 박사 학위를 받는 것은 아니지요! 그들은 단지 진리를 찾고자 했을 뿐입니다. 어디에서 진리를 배웠을까요? 그들은 스스로의 내면에서 진리를 배웠습니다.

몸과 마음은 일종의 거대한 백과사전과도 같습니다. 꼼꼼하게 공부하고자 하는 경우 몸과 마음은 충분한 자료가 됩니다. 하지만 지침을 제시해 줄 누군가가 필요합니다. 자신의 몸과 마음에 대한 연구를 수행하는 방법에 대한 지침이 있어야 합니다. 이것이 바로 스승과 도반이 필요한 이유입니다.

영적 친구, 선우

누군가에게 "영적 친구"라는 표현을 사용한다는 것은 어떤 의미인가요?

◉── 선우善友, 도반道伴, 칼리아나 미타$^{kalyana\ mitta}$는 사랑과 우정, 연민으로 가득 찬 사람으로, 여러분의 영적 성장을 기꺼이 도와주는 사람을 말합니다. 영적 성장이란 평화롭고 조화롭게 성장하는 것을 의미합니다. 이러한 사람은 여러분의 몸과 마음을 조화롭게

발전시킬 수 있도록 도와줍니다.

선우는 대가를 바라지 않고 기꺼이 도와주는 스승, 친척, 친구일 수 있습니다. 그들은 여러분에게 필요한 것, 그리고 여러분의 성장 의지를 이해합니다. 여러분의 평화와 행복을 위해 자신의 편안함을 희생하기도 합니다.

선우는 여러분에게 커다란 인내와 헌신을 보여줍니다. 그들은 여러분에게 조언을 해 주고, 여러분의 말을 들어줄 수도 있습니다. 그들은 여러분을 외면하지 않을 것입니다. 그들은 좋은 경청자이자 훌륭한 의사소통자입니다. 그들은 여러분의 평화와 행복에 해가 되는 일을 권하지 않을 것입니다. 현재나 미래에 괴로움을 가져올 수 있는 불건전한 행동을 하도록 부추기지 않을 것입니다.

선우와 스승은 영적인 문제에서 두 가지 역할을 모두 수행하기 때문에 큰 차이가 없습니다. 괴로움으로부터 벗어나기 위해 노력하는 사람에게는 해탈에 이를 때까지 선우가 필요합니다.

선우는 "나는 내 역할을 다했습니다. 이제 당신 스스로 알아서 하세요."라고 말하지 않습니다. 오히려 선우는 여러분에게 "도움이 필요하면 언제든지 찾아오세요. 무엇이든 물어보세요. 언제든지 여러분에게 도움을 드릴 수 있습니다. 어려운 일이 생기면 도와드리기 위해 언제든지 기다리고 있다는 사실을 기억하세요. 혼자라고 생각하지 마세요. 여기 제가 있습니다."라고 말합니다.

선우는 안정감을 줍니다. 여러분은 누군가가 여러분의 영적 필요에 관심을 기울이고 있다고 느낍니다. 여러분은 도와줄 누군가가 있다고 느낍니다. 그들이 여러분을 무시한다고 느끼지 않을 것입니다. 선우는 여러분을 올바른 방향으로 인도해줄 것입니다.

다섯 가지 장애물[五蓋]과 열 가지 족쇄[十結]

불교는 마음챙김을 방해하는 '장애'과 '족쇄'에 대해 이야기합니다. 이 용어들은 무엇을 의미하며 수행에 어떤 의미가 있나요?

◉──장애는 당신이 앞으로 나아가는 길을 가로막는 정신적 장애물입니다. 그것은 마치 도로를 달리는데 갑자기 걸림돌이 나타나서 계속 나아갈 수 없는 것과 같습니다. 걸림돌을 치우고 다시 운전을 계속하면 또 다른 걸림돌이 나타나고, 다시 운전하다 보면 그 다음에 다시 또 다른 걸림돌이 나타납니다. 어딘가로 가고자 하는데 갈 수 없는 상황입니다. 장애물은 그런 것입니다.

부처님께서는 우리의 길을 가로막고 집중된 정신 상태에 도달하지 못하게 하고 사물을 명확하게 보지 못하게 하는 다섯 가지 장애물에 대해 말씀하셨습니다. 악의, 감각적 욕망, 나태하거나 게으른 정신 상태, 불안, 의심이 바로 그것입니다.

족쇄는 이러한 장애물이 자라나는 깊고 확고한 뿌리입니다. 방해요소는 마음속에서 반복적으로 나타났다 사라집니다. 우리는 그것들을 처리했다고 생각하지만, 그것들은 계속해서 다시 생겨납니다. 그 이유는 장애물을 싹틔우는 뿌리를 조치하지 못했기 때문입니다.

예를 들어, 직장 동료나 친구 또는 배우자에게 크게 화가 났다고 가정해봅시다. 상대방의 목을 조르고 싶을 수도 있습니다! 하지만 여러분은 진정하고자 노력합니다. 심호흡을 몇 번 하고 다른 일을 하며 분노를 다스렸다고 생각합니다. 그런데 다음 날 그 사람과 다시 마주치고, 그에게서 어떤 말을 듣고는 분노가 그 어느 때보다 뜨겁게 타오릅니다. 여러분은 그 사람을 미워합니다! 얼굴이 빨개지고 혈압이 치솟습니다. 나중에 "무슨 일이 있었지?"라고 자문하게 됩니다. 분노를 다스렸다고 생각했는데 말입니다.

표면적으로만 그랬던 것입니다. 싫어하거나 미워하는 감정의 근본적인 근원에 도달하지 못했던 것이지요. 그 뿌리를 파헤쳐서 제거하지 않았으니까요.

부처님께서는 우리를 계속 슬픔에 빠뜨리는 깊은 뿌리, 즉 족쇄를 열 가지로 구분했습니다. 이것들의 의미를 자세히 설명하려면 시간이 오래 걸리므로 여기서는 다루지 않겠습니다. 하지만 이러한 족쇄는 우리를 윤회와 반복되는 존재의 수레바퀴에 묶어 두는 것입니다. 이러한 족쇄는 영원한 자아에 대한 믿음, 회의적인 의심, 규칙과 의식에 대한 집착, 감각적 욕망, 악의, 물질적인 존재에 대한 갈망, 비물질적인 존재에 대한 갈망, 자만, 불안, 무지입니다.

따라서 장애물과 족쇄의 차이점은 족쇄는 뿌리가 단단하고 매우 강하다는 점입니다. 장애물은 이러한 깊은 뿌리에서 다시 솟아나오는 일시적인 것입니다. 이러한 족쇄를 궁극적으로 제거하면 더 이상 새로운 싹이 자라날 수 없습니다. 우리는 해탈과 깨달음을 얻음으로써 그 뿌리를 완전히 제거할 수 있습니다.

부처님께서는 두 가지 종류의 성찰, 즉 마음챙김 성찰과 마음챙김이 없는 성찰에 대해 말씀하셨습니다. 마음챙김 성찰은 튼튼하고 건강한 뿌리를 키우는 데 훌륭한 비료가 됩니다. 불건전한 마음 상태의 뿌리를 뽑고 싶다면 마음챙김을 함양해야 합니다.

한편으로 마음챙김이 없는 성찰은 불건전한 뿌리에 영양분을 공급합니다. 그래서 무지와 증오, 탐욕이 계속해서 생겨나는 것입니다.

장애물 제거

장애물의 본질에 대해 좀 더 자세히 설명해 주시겠어요?

◉── 족쇄를 뿌리 뽑아야 장애물을 제거할 수 있습니다. 족쇄는 장애물의 근원입니다. 그 뿌리는 얼마나 깊을까요? 한 가지 예를 들어 보겠습니다.

누군가 바바나소사이어티에 있는 저의 방 창가에 대나무를 심은 적이 있었습니다. 저는 "대나무가 너무 빨리 자라서 창밖의 시야를 가릴 테니 심지 마세요."라고 말했습니다. 하지만 그는 제 말을 듣지 않았습니다. 그는 "여기는 스리랑카가 아니라 미국입니다. 대나무는 그렇게 빨리 자라지 않을 겁니다."라고 말하며 대나무를 심었습니다.

하지만 제가 예상했던 대로 약 1년이 지나자 창문 밖이 대나무로 완전히 가려졌습니다. 그래서 저는 그에게 말했습니다. "제가 전에 말했잖아요. 이제 대나무를 제거해야겠어요." 그래서 그 사람은 땅을 파고 대나무를 제거했습니다. 하지만 6개월 정도 지나자 대나무가 다시 자라나기 시작했고, 그는 불도저를 가져와 대나무를 제거했습니다. 하지만 6~7개월이 지나자 대나무는 다시 자랐습니다.

그때 아주 끈기있는 어떤 여성분이 센터에 오셨습니다. 어느 날 아침 식사 후 그녀는 땅을 파기 시작했습니다. 그녀는 대나무 밭을 구석구석 파헤쳐 긴 뿌리를 찾아냈고, 그것을 제거했습니다. 그 후 대나무는 더 이상 자라지 않았습니다.

장애물은 이런 대나무 줄기와 잎이고, 족쇄는 땅속의 대나무 뿌리와 같습니다. 땅속에는 깊은 뿌리가 엉켜 있습니다. 거기에서 새 싹이 올라옵니다. 그렇게 올라오는 것이 장애물과 같습니다.

열 가지 족쇄가 있습니다. 영원한 자아에 대한 믿음, 의심, 규칙과 의식을 따름으로써 해탈을 얻을 수 있다고 믿는 것, 탐욕, 증오, 물질적인 형태로 존재하려는 욕망, 비물질적인 형태로 존재하려는 욕망, 불안, 자만, 무지가 그것입니다.

이 열 가지 족쇄가 존재하는 한 장애물이 생겨납니다. 다섯 가지 장애물은 감각적 욕망^{kamacchanda}, 악의^{vyapada}, 게으름과 나태$^{thina\text{-}middha}$, 불안과 걱정$^{uddhacca\text{-}kukkuca}$, 의심^{vicikiccha}입니다.

선정, 즉 깊은 몰입 상태에 도달함으로써 장애물이 줄어듭니다. 그러나 다시 자라납니다. 세간 선정$^{mundane\ jhanas}$에 들면 다섯 가지 장애물은 일시적으로 제거됩니다. 하지만 그것은 임시방편에 불과합니다. 뿌리를 제거하려면 진짜 수술을 해야 합니다. 그것이 바로 출세간 선정$^{supramundane\ jhanas}$입니다. 출세간 선정에 들면 뿌리가 제거됩니다. 그렇지 않으면 이러한 장애 요소를 완전히 제거할 수 없습니다.

감사하는 기쁨

감사하는 기쁨(喜), 무디타^{mudita}에 대해 설명해 주시겠어요?

◉— 다른 사람의 성공에 대하여 감사하는 마음을 가지고 있다면, 당신은 위대한 마음을 보여주는 것입니다. 마찬가지로 당신이 관대하고 커다란 마음을 갖고 있다면, 당신은 다른 사람들로부터 감사를 받게 될 것입니다. 이것을 감사하는 기쁨^{mudita}이라고 합니다.

누군가가 성공하면, 그 사람에게 그럴 자격이 있다고 생각하는 좋은 마음을 가져야 합니다. 그러면 이번 생과 다음 생에서 사람에게 좋은 평판을 얻을 것입니다. 당신의 선행으로 인해 당신을 좋아하는 사람들이 많을 것입니다. 부처님께서는 질투는 이번 생과 다음 생에서 사람들에게서 평판을 잃게 만들 수 있다고 말씀하셨습니다.

다른 사람이 커다란 성공을 거두면 감사하는 기쁨을 키우세요. 우리는 이 훌륭하고 건전한 마음가짐을 함양해야 합니다. 그것은 깨끗하고 순수한 마음으로 다른 사람들이 성취한 것에 감사하는 것입니다.

마라의 의미

깨달음을 얻은 후에도 부처님을 쫓아다니며 조롱하는 마라의 모습은 무엇을 상징하나요?

◉— 마라^{Mara}에는 여러 가지 뜻이 있습니다. 가장 중요한 뜻은 "건

전함을 죽이는 것"입니다. 마라는 죽음을 뜻합니다. 건전함을 죽이는 모든 것을 마라라고 합니다.

두번째로는 더러움을 의미합니다. 『법구경 Sutta Nipata』에서 부처님은 마라의 열 가지 군대를 열거했습니다. 첫째는 욕망, 둘째는 혐오, 셋째는 갈증과 배고픔, 넷째는 탐욕, 다섯째는 혼침과 졸음, 여섯째는 불안, 일곱째는 자만, 여덟째는 질투, 아홉째는 잘못된 방법으로 얻은 평판, 열 번째는 자기 자신을 칭찬하고 남을 폄하하는 것입니다.

그런데 부처님이 돌아가실 때까지 따라다닌 마라는 무엇이었을까요? 죽음입니다. 언젠가 죽는다는 것은 의심의 여지가 없습니다.

그래서 마라는 일종의 신화적 신으로서, 다른 사람들을 지배하는 죽음의 신으로 여겨집니다. 제가 언급한 이러한 마라의 여러 측면들은 누구나 경험할 수 있습니다.

어떤 경전을 읽을까요?

3주간의 명상 수행에 참가할 예정입니다. 수행에 참가하기 전에 마음챙김 수행에 관한 경전을 읽고 싶습니다. 『대념처경』과 『출입식념경』 중 어떤 경전을 읽어야 할까요?

◉── 천천히, 한 줄 한 줄 주의 깊게 읽으면 하나의 경전으로도 충분합니다. 『출입식념경 Ānāpāsati Sutta』은 잘 이해한다면 아주 좋은 경전입니다. 이해가 잘 안 된다면 호흡 수행에 대해 보다 자세히 설명하는 경전인 『대념처경 大念處經 Mahasatipatthana Sutta』으로 넘어가면 됩

니다.

편한 것을 선택하시면 됩니다. 그중 하나만 사용할 것을 추천합니다. 『대념처경』에는 『출입식념경』의 일부가 담겨져 있습니다. 『출입식념경』은 매우 심오하고 오묘한 담론입니다. 그러므로 보다 상세한 담론이 더 적합하다고 생각되면 『대념처경』을 읽으세요.

핵심 경전

시간을 많이 들여 읽으면 좋을 핵심 경전을 추천해 주세요.

●── 저는 『맛지마 니까야』에서 가르침의 핵심을 찾을 수 있다고 생각합니다. 『쌍윳따 니까야』, 『앙굿따라 니까야』에도 훌륭한 담론이 많이 있습니다. 『쌍윳따 니까야』에는 연기와 오온에 대한 가르침이 담겨 있습니다. 한편 『맛지마 니까야』에는 의미있고 실용적인 담론이 많이 있습니다.

나(我)는 어디에 있나?

우리의 지각, 생각, 의식에 '나(I)' 또는 '내 것(mine)'이 없다는 실제적인 사례를 들어 주시겠습니까?

●── 이렇게 말씀드려보겠습니다. 여러분은 직접 경도, 위도 혹은 적도를 보신 적이 있습니까? 물론 없으시죠. 하지만 이것들은 지도에서 위치를 나타내는 표시입니다. 모두 개념입니다. 매우 실용적인 개념입니다.

마찬가지로 '나(I)', '내 것(mine)'은 매우 중요한 실용적인 개념입니다. 과학, 수학, 물리학, 생물학 등 온갖 분야를 공부하고, 그 과정에서 습득한 모든 지식을 활용한다고 해도, '나'라는 존재가 있는지 알 수 있을까요?

혹시 찾았다면 저에게 보여주세요. 받아들이겠습니다. 혹시 당신이 저에게 "자아"가 이러저러하고, "마음"이 이러저러하고, "나"가 이러저러하다는 것을 찾았다고 증명하면 받아들이겠습니다. 저는 걱정하지 않습니다. 찾을 수 없을 테니까요.

무지와 갈애

무지나 갈애가 고통의 근원일까요?

●── 무지는 갈애 없이 저절로 작동하지 않습니다. 무지와 갈애는 모두 비슷한 특성을 가지고 있습니다. 갈애나 탐욕이 우리의 마음을 사로잡으면 우리의 마음은 어리석게 됩니다. 어떤 유형의 갈애에 집착하면, 우리는 한 가지 생각에 사로잡히게 됩니다. 마음이 무지에 묶여 있을 때도 같은 일이 일어납니다. 이들은 쌍둥이 형제와 같습니다.

그래서 부처님께서는 어떤 곳에서는 무지를 괴로움의 원인으로 말씀하셨고, 다른 곳에서는 갈애를 괴로움의 근원이라고 말씀하셨습니다.

존재의 세 가지 특성

명상 수행을 하면서 존재의 세 가지 특성(三法印)인 무상·고·무아를 어떻게 알 수 있을까요? 몇 가지 사례를 들어 주세요.

◉── 존재하는 모든 것에는 이러한 특징이 명확하게 드러나 있습니다. 우리가 이 세상에 어떤 모습으로 태어났는지 생각해 보세요. 여러분은 지금과 같은 모습으로 태어나지 않았습니다. 태아였을 때, 세상에 막 태어났을 때는 아주 작았습니다. 부모님들은 어린 우리를 양육하기 위해 먹이고 입히고 교육했습니다. 우리는 하나의 세포에서 시작하여 300조 개의 세포 결합체로 변했습니다. 그리고 이 세포들은 항상 닳아 없어지고 새로 생겨납니다.

우리는 일상에서 이러한 무상을 경험합니다. 오늘 아침에도 그렇게 느꼈습니다. 여러분은 오늘 아침과 지금이 같은 기분이신가요? 아니지요. 아마도 지금은 아침보다 피곤할 수 있습니다. 물을 마시면 갈증이 잠시 해소됩니다. 하지만 시간이 지나면 다시 갈증이 생깁니다. 우리는 매 순간 무상을 경험합니다.

우리가 매일 겪는 괴로움은 영원한 것을 바라는 마음 때문입니다. 우리는 이러한 무상한 몸과 감정, 생각, 감각에 집착합니다. 그러나 우리가 아무리 변하지 않기를 바라더라도 어차피 변화는 발생합니다. 마음은 특정 방식으로 생각하지만 몸은 다르게 작동합니다.

몸과 마음 사이의 긴장, 즉 어떤 것을 원하지만 그것을 얻지 못하고 다른 한편으로 원하지 않는 것을 갖게 되는 갈등이 존재합니다.

이것이 바로 우리가 매일 겪는 괴로움입니다.

우리는 몸과 마음에서 모든 것이 변화하는 것을 관찰합니다. 하지만 우리는 이 모든 변화를 통제하는 중심적인 주체가 없다는 것을 알 수 있습니다. 변하지 않는 중심 주체는 없습니다. 자아 개념은 자아가 모든 것을 통제할 수 있다고 가정합니다. 그러한 것이 없으므로 우리는 이를 무아라고 합니다.

만약 자아가 있다고 가정하면 그 자아가 모든 것을 통제할 수 있어야 합니다. 하지만 모든 것이 무상하기 때문에, 우리의 몸과 마음에는 그런 것이 존재하지 않습니다. 따라서 무상, 고, 무아가 존재의 세 가지 특징입니다. 명상 수행으로 우리는 이 세 가지를 모두 볼 수 있습니다. 우리는 사물이 변하고 변하는 것을 봅니다. 그리고 무상한 것에 집착하면 결국 실망하게 된다는 것을 알 수 있습니다.

이것이 수행, 특히 위빠사나 수행을 하면서 무상, 고, 무아를 관찰하는 방법입니다.

바른 노력 [正精進]

집착하거나 붙들리지 않고 정진하면서 무상을 깊이 이해하고 팔정도 수행을 지속하는 것에 대해 말씀해 주시겠습니까?

◉— 좋은 질문입니다. 하지만 긴 대답이 필요합니다. 짧게 말씀드리자면, 수행은 일상생활에서 즐거운 것에 집착하지도, 불쾌한 것을 거부하지도 않고 무상, 고, 무아를 보는 것이라고 말씀드릴 수 있습니다. 이러한 경험의 본질은 정정진正精進, 즉 팔정도를 따르기

위한 올바른 노력을 발전시키고 함양하는 것입니다.

불교에서 신앙과 믿음

불교 수행에서 신앙의 역할은 무엇인가요? 불교인들은 신앙에 대하여 믿지 않는다는 것이 일반적인 인식입니다.

◉── 많은 경우 부처님께서는 그 시대에 사용되던 개념을 자신만의 것으로 재해석하여 사용했습니다. 캄마^{kamma}나 담마^{dhamma}도 그렇습니다. 캄마는 베다 전통에서 사용된 오래된 단어로, 산스크리트어로는 카르마^{karma}입니다.

"믿음, 신앙"이라는 단어도 그렇습니다. 더 나은 용어가 없기 때문에 우리는 때때로 "신뢰"라고도 합니다. 그러나 신뢰는 "믿음"이라는 단어를 대체하기 어렵습니다. 다른 종교적 전통에서 사용되기 때문에 "믿음"이라는 단어를 사용할 때마다 사람들은 그 단어에 대한 이해가 있습니다. 그리고 우리는 우리 불교인들이 말하는 단어의 의미를 설명해야 합니다. 다른 종교 전통에서 믿음은 어떤 존재, 즉 창조주 신이나 신에 대한 믿음을 의미합니다.

'믿음'이라는 단어를 불교적 맥락으로 설명하려고 하다 보니, 불교를 '믿음 없는' 수행이라고 말하는 사람들도 있습니다. 미국의 어떤 정치인은 "신앙에 기반한 종교"를 지지하고 싶다고 발언한 적이 있습니다. 그 말은 아마도 종교의 유일한 기반, 가장 중요한 토대이자 힘은 각 종교의 신에 대한 믿음이라는 의미일 것입니다. 그런 정의에 따르면 불교에는 신앙이라는 개념이 없습니다. 반면 불교에서는 믿음이 하나의 요소입니다. 하지만 모든 초점이 믿음에 맞춰져 있지는 않습니다.

우리는 부처님께서 가르쳐주신 길을 믿습니다. 우리는 부처님의 모범을 믿습니다. 우리는 부처님의 가르침에서 영감을 받고 부처님의 말씀이 진실이며, 이를 따르면 될 것이라는 믿음을 가지고 있습니다. 깨달음은 가능하고, 괴로움의 종식이 가능하다는 것을 믿습니다.

하지만 부처님께서는 자신의 이야기를 그냥 받아들이지 말라고 말씀하셨습니다. 사실인지 아닌지 직접 확인해보세요. 부처님께서는 "방일하지 말고 해야 할 일을 성취하라.〔不放逸〕"는 유언을 남기셨습니다.

불교인에게 '믿음'이라는 단어는 그렇게 간단하지 않습니다!

영적 우정

칼리아나 미타$^{kalyana\ mitta}$ **또는 영적 친구는 무엇을 의미하나요?**

◉─ 보다 행복한 삶을 위해서는 좋은 친구가 있어야 합니다. 팔리어로는 칼리아나 미타라고 합니다. 칼리아나 미타는 단순히 좋은 친구가 아니라 훌륭한 친구입니다. 훌륭한 친구를 사귀려면 자신 또한 훌륭해야 합니다. 길거리를 지나가는 사람을 아무나 붙잡고 "이 사람은 내 좋은 친구야."라고 말할 수는 없죠. 그 훌륭한 친구는 영적인 삶뿐만 아니라 일상적인 삶에서도 중요합니다.

일을 하면서 문제가 생기거나 인생에 어려움이 있을 때, 비밀이 있을 때, 비밀을 지켜주고 격려해줄 수 있는 훌륭한 친구를 찾게 됩니다. 그들은 여러분을 지지하고 자신감을 유지하도록 도와줍니다. 그리고 여러분은 친구의 비밀을 지켜주고 친구가 어려움에 처했을 때 도와주려고 노력합니다.

훌륭한 친구인 칼리아나 미타는 두 가지 방식으로 작동합니다. 여러분이 그 사람의 칼리아나 미타가 되면 그 사람은 여러분의 훌륭한 친구가 됩니다. 상호 신뢰, 상호 이해, 상호 지원이 있어야 합니다. 그러면 여러분과 상대방 모두 행복해질 것입니다.

여러 사람들과 어울리다 보면 마침내 "아! 바로 이 친구다!"라는 깨달음을 얻고 좋은 친구를 찾게 됩니다. "이 사람이 바로 내게 필요한 친구야. 내가 지지하고 나를 지지해 줄 수 있는 사람이 바로 이 사람이야."라고 생각하게 됩니다.

모든 것은 여러분 자신의 마음으로부터 시작됩니다.

영혼의 정의

가톨릭 신자로 자란 저는 사람에게는 영혼이 있고, 사람이 죽으면 영혼은 육체에서 빠져나간다고 배웠습니다. 부처님께서는 그런 영혼이 없다고 말씀하셨습니다. 부처님께서 말씀하시는 영혼의 개념은 서양에서 말하는 영혼의 의미와는 다른가요?

◉— 부처님께서는 몸과 마음에 어떤 실체, 어떤 영구적인 것이 있다는 것을 부정하셨습니다. 우리는 모든 것이 무상하다는 것을 이해해야 합니다. 무상하지 않은 것이 하나라도 있을 수 있을까요?

이러한 진리에 따르면 우리는 영원한 어떤 것도 발견할 수 없습니다. 부처님께서는 "영혼"에 대하여 말씀하지 않습니다. 무언가를 정의하고자 하면 먼저 그 존재를 받아들여야 합니다. 말하자면 영혼이라는 것이 있다고 전제하고 그것을 가정해야 합니다. 이 모든 것을 완전히 거부하면 정의할 것이 아무것도 없습니다.

그래서 부처님께서는 영혼에 대하여 언급하지 않으셨습니다.

성차와 애착

남성과 여성은 서로 다른 것을 애착하는 경향이 있다고 합니다. 이것이 사실이라면 윤회에 있어서도 성차가 어떤 작용을 합니까? 성차는 고정되어 있습니까, 아닙니까? 그리고 이러한 것에 대한 이해가 애착을 버리는 데 도움이 될까요?

◉— 남성과 여성은 서로 다른 유형의 애착을 형성하는 경향이 있나요? 저는 모르겠습니다. 애착은 애착입니다. 대상은 다를 수 있지만 애착은 애착입니다.

하지만 서로 다른 애착의 대상은 구별할 수 있습니다. 예를 들어, 여성은 블라우스를 좋아하고 사리^{sari}*에 애착을 가질 수 있습니다. 한편 남자는 넥타이에 애착을 가질 수 있습니다. 대상은 다를 수 있지만 애착은 동일합니다. 애착은 애착이기 때문에 성별에 따라 애착을 구분할 수 없습니다.

---

* 인도 여성의 전통 의상.

부처님께서 애착에 대해 말씀하실 때, 오온五蘊을 언급하셨습니다. 남자는 자신의 몸, 느낌, 지각, 생각, 의식에 집착합니다. 여자도 자신의 몸, 느낌, 지각, 생각, 의식에 집착합니다. 따라서 애착에 관한 한 남성과 여성은 아무런 차이가 없습니다.

또한 윤회하는 세상에서 남성과 여성으로 존재하는 것 또한 가변적입니다. 예를 들어, 현생에서의 남자는 다음 생에서 여자가 될 수 있습니다. 그리고 현생에서의 여자는 다음 생에서 남자가 될 수 있습니다. 저는 애착에 있어서는 성별에 큰 차이가 없다고 생각합니다.

찬다의 의미

찬다^{chanda}란 무엇인가요?

◉── 찬다는 "의도", "관심" 또는 "행동하려는 욕구"로 번역됩니다. 이는 수반되는 정신적 요인에 따라 건전하거나 건전하지 않을 수 있습니다.

건전한 찬다는 정근正勤^{sammappadhana}, 바른 성취수단(如意足)^{iddhipada}, 정정진正精進$^{sammappadhana\ vayama}$을 말합니다. 건전하지 않은 찬다는 감각적 욕망$^{kama\ chanda}$, 잘못된 길을 따름$^{chanda\ agati}$, 애착과 탐욕$^{chanda\ raga}$ 등을 말합니다. 건전한 찬다는 해탈로 이어지고, 건전하지 않은 찬다는 고통으로 이어집니다.

찬다는 이 두 가지 모두의 근원입니다. 무지에 의해 주도되는 찬다는 불건전해져서 불건전한 생각, 말, 행동을 저지르게 됩니다. 바른 견해에 의해 인도되는 찬다는 건전한 생각과 말, 행동을 하도록 합니다.

불교와 경전

불교에 대한 이해가 없어도 통찰 명상을 성공적으로 수행할 수 있을까요?

◉── 부처님 시대에 깨달음을 얻은 많은 사람들은 교육을 받지 못한 사람들이었습니다. 경전 학습은 매우 흥미롭고, 공부를 시작하면 보다 자세히 알고 싶은 마음이 생길 것입니다. 그래서 적지 않은 사람들이 읽고 또 읽고 또 읽습니다. 부처님의 가르침은 수만 페이지에 달합니다. 주석과 부주석도 있습니다. 또한 최근에는 매주 불교서적이 쏟아져 나오고 온라인에는 불교에 관한 수많은 기사, 포럼, 영상이 있습니다. 정말 흥미롭습니다!

통찰이 깊어지면 통찰 자체가 법의 진리를 보여주기 때문에 불교 전체를 포괄적으로 이해할 수 있습니다. 특히 경전을 읽거나 불교 교리를 공부하지 않아도 알 수 있는 존재의 세 가지 특징인 무상·고·무아는 진리입니다. 이것은 부처님의 가르침에서 매우 자주 강조됩니다. 보다 깊은 내용은 나중에 불교서적을 읽으면서 채워나갈 수 있습니다.

경전 공부를 시작한다면 가장 좋은 방법은 팔리어를 배우는 것입니다. 조금 어렵지만 그렇게 하는 사람들이 있습니다. 쉬운 방법은 영어로 번역된 부처님의 가르침을 읽는 것입니다. 저는 비구 보디$^{\text{Bhikkhu Bodhi}}$가 훌륭하게 번역한 『쌍윳따 니까야』를 추천합니다.

『맛지마 니까야』의 번역본도 추천합니다. 세 번째는 모리스 월시$^{\text{Maurice Walsh}}$가 번역한 『디가 니까야』입니다. 그리고 『앙굿따라 니까야』, 마지막 다섯 번째는 『쿠다카 니까야』입니다.

모두 합치면 수천 페이지에 달합니다. 저는 첫 번째 책인 『쌍윳따 니까야』부터 시작하는 것을 추천합니다. 다양한 주제에 따라 여러 그룹으로 분류되어 있어 읽기 쉽습니다. 번역도 잘 되어 있습니다. 팔리어 사전의 경우, 팔리어를 영어로 번역한 『팔리경전협회사전$^{\text{Pali Text Society Dictionary}}$』이 있습니다. 그리고 A. P. 붓다닷타 마하테라$^{\text{Buddhadatta Mahathera}}$가 쓴 『영어-팔리어 사전』도 있습니다.

비밀스러운 가르침

불교 종파에는 밀교가 있고, 부처님 원음 외에 다른 경전을 추가하는 종파도 있습니다. 이러한 종파에 대한 상좌부불교의 견해는 무엇인가요?

●── 상좌부불교에 따르면 부처님은 어떤 비밀도 숨기지 않으셨습니다. 『대반열반경^{大般涅槃經}$^{\text{Mahaparinibbana Sutta}}$』(『디가 니까야』)에는 부처님께서 아프셨을 때의 이야기가 있습니다. 아난다 존자는 슬펐습니다. 부처님께서 회복하시자, 아난다는 부처님께 가서 "저는 존자님의 병환을 보고 너무 슬펐습니다. 이제 건강해지셔서 너무 기쁩니다. 병든 모습을 보았을 때 저는 너무 혼란스러워서 해와 달이 보이지 않고 모든 것이 어둡게 보였습니다. 세상이 끝났다고 생각했습니다."라고 이야기했습니다.

이에 부처님께서는 "아난다야, 내가 너에게 어떠한 비밀이 없이, 모든 것을 가르친 것을 기억하지 않느냐? 법은 거기에 있다. 내가 지금 죽어도 법은 그대로 있을 것이다."라고 말씀하셨습니다.

그래서 부처님께서는 "나는 아무런 비밀이 없다."라고 말씀하신 것입니다. 이것이 상좌부 전통의 가르침입니다. 그래서 담마 다사 Dhamma dasa, 즉 법을 거울로 삼아 부처님을 보라고 하는 것입니다. 법을 보면 부처님께서 그 안에, 담마 안에 계십니다. 말씀이 맑고 순수하고 강력하기 때문에 부처님께서 바로 우리 앞에 서 있는 것 같은 느낌을 줍니다. 부처님께서는 "담마를 보는 자는 나를 본다.Yo dhammam passati so mam passati"라고 말씀하셨습니다.

부처님과 담마 사이에는 차이가 없습니다. 이렇게 담마를 보는 사람은 바로 거기서 부처님을 봅니다. 비유적인 표현이지만 진실입니다. 담마를 분명하게 본다면, 마치 부처님께서 여러분 앞에 서서 여러분과 대화하는 것과 같습니다.

후세 사람들이 저술한 경전에서는 이러한 인상과 메시지를 찾아볼 수 없습니다. 미사여구를 사용하지만 거기에는 부처님의 메시지가 없습니다. 제가 대승의 가르침을 완전히 무시하는 것은 아닙니다. 그 안에도 가치있는 것들이 포함되어 있습니다. 특히 불·법·승에 대한 헌신과 존경을 제고하게끔 구성되어 있습니다. 대승 불교는 신앙의 측면이 매우 강합니다. 그 부분은 상당히 존경할 만합니다.

부처님 가르침의 보완

부처님 후대의 다른 사람들이 저술한 경전에 대해 어떻게 생각하십니까? 그것이 부처님의 원음을 보완, 확대한 것이라는 주장에 대해 어떻게 생각하십니까?

◉─여러분. 제가 꼭 말씀드리고 싶은 것은 이 세상에 부처님의 가르침을 능가할 수 있는 사람은 아무도 없다는 것입니다. 부처님의 가르침은 수시로 새롭고 개선된 버전이 나오는 MS워드나 인터넷 브라우저와는 다릅니다. 부처님의 가르침은 보완이 필요없습니다. 부처님께서는 법을 완성하고 세상에 내놓으셨습니다. 그것보다 더 좋은 것은 없습니다.

4. 불교와 몸

감각적 쾌락의 한계

감각적 쾌락이 문제가 되나요? 감각적 쾌락 그 자체가 나쁜 것은 아니지요?

◉── 우리는 시각, 후각, 미각, 청각, 촉각과 생각을 통해 감각적 쾌락을 경험합니다. 이러한 쾌락의 경험은 대상이나 지나가는 마음의 상태에 의존합니다. 그런데 이것들은 대부분 믿을 수 없습니다! 또한 이러한 쾌락은 항상 쉽게 얻을 수 있는 것도 아닙니다. 우리가 즐기고자 하지만 감각적 쾌락의 요건이 갖추어지지 못할 수 있습니다. 다른 한편으로 쾌락의 요건이 갖추어져 있지만 우리가 그것을 즐길 준비가 되어 있지 못할 수도 있습니다.

　감각적 쾌락을 얻어도, 그 뒤에는 애착이 따라옵니다. 그리고 감각적 쾌락에 대한 욕구를 충족시키기 위해서는 다른 많은 조건이 충족되어야 합니다. 그리고 이러한 쾌락이 지속적으로 존재하고 우리에게 즐거움을 영원히 제공한다는 보장도 없습니다.

어떤 물건은 어느 한 순간 우리에게 즐거움을 주지만, 다음 순간에는 똑 같은 경험을 주지 못합니다. 새 차를 사거나 최신 전자기기를 구입하면 마음이 들뜹니다. 그리고 한동안 그것들을 소유하는 것이 신나는 일이 될 것입니다. 하지만 1년 후, 차에 흠집이 생기고, 엔진이 고장 나고, 내부가 엉망이 됩니다. 컴퓨터도 속도가 느려지거나 여러 가지 기능상의 문제가 발생하곤 합니다.

이러한 물건들은 그 자체로 타고난 즐거움을 우리에게 주는 것일까요? 신뢰할 수 없으며, 때로는 우리를 배신하기도 합니다! 스마트폰이 인터넷에 연결되지 않을 수 있고, 맛있는 초콜릿이라도 너무 많이 먹으면 속이 불편해집니다.

외적 감각의 쾌락은 일상적으로 우리를 실망시킵니다. 우리는 같은 즐거움을 반복해서 경험함으로써 영속적인 평화와 쾌락의 상태를 찾고자 합니다. 하지만 모든 감각적 쾌락은 본질적으로 무상하기 때문에 영속적인 기쁨과 행복을 줄 수 없습니다.

즐거움이라는 마음 상태도 이와 비슷합니다. 예를 들어 무지개를 본다고 가정해 봅시다. 우리를 기쁘게 하거나 행복하게 하는 것은 무지개 그 자체가 아니라, 무지개가 만들어내는 마음 상태입니다. 똑같은 무지개라도 마음이 산만하거나 분노에 차 있으면 같은 즐거움과 기쁨을 느끼지 못할 것입니다. 무지개의 색깔이 달라진 것은 아닙니다. 하지만 우리 자신의 마음 상태에 따라 이전과 같은 즐거움을 느끼지 못할 수도 있습니다.

근본적으로 무상한 것들과 지나가는 마음의 상태에서는, 그 순간에는 아무리 즐거워 보일지라도 영원한 즐거움을 찾을 수 없습니다. 그러한 쾌락을 끊임없이 추구하기 위해 인생의 에너지를 소비한다면, 필연적으로 결핍을 느낄 수밖에 없습니다.

몸에 대한 알아차림

『대념처경』에 따르면 사념처四念處* 수행은 몸으로부터 시작합니다. 몸에 주의를 기울이는 것으로 수행을 시작한다는 것은 어떤 의미가 있습니까?

◉──사람들은 감정이나 마음보다 자신의 몸에 더 많은 관심을 기울입니다. 질병에 걸리기 쉽고 신체적 고통을 자주 느끼는 것도 몸입니다. 몸은 다른 것처럼 빠르게 변하지 않습니다. 사람들은 모든 것이 무상하다고 생각하지만, 매일 매일의 신체적 변화는 느끼지 못합니다.

하지만 수행을 시작할 때, 몸에 대한 마음 챙김은 시작하기 쉬운 곳입니다. 우리는 우리의 호흡, 걷기, 먹기, 마시기, 앉기, 눕기 등을 쉽게 알아차릴 수 있기 때문입니다.

이러한 모든 움직임으로부터 사람들은 자신의 몸의 움직임을 예리하게 인식하고 느낄 수 있습니다. 그리고 우리는 머리카락, 몸의

---

* '사념주四念住'라고도 한다. 몸과 감각과 마음과 법에 있어 마음을 모아 관찰하는 방법으로서, '신념처身念處, 수념처受念處, 심념처心念處, 법념처法念處'를 말한다.

털, 손톱, 치아, 피부 등 32가지 신체 부위를 대상으로 명상을 할 수 있습니다. 특히 우리는 앞의 다섯 가지 신체 부위의 변화는 아주 쉽게 관찰할 수 있습니다. 예를 들어, 우리는 예전에는 검고 굵고 풍성했던 머리카락이 나이가 들면서 은색으로 변하고 가늘어지고 부서지기 쉽게 변하는 것을 관찰합니다. 이렇듯 다섯 가지 신체 부위는 모두 눈에 띄기 때문에 변화를 쉽게 확인할 수 있습니다.

우리는 누구나 자신의 몸을 중요하게 생각하기 때문에 몸의 변화를 보고 무상함을 이해할 수 있습니다. 그리고 모든 명상 수행, 특히 위빠사나 수행에서 우리가 집중하는 주요 핵심이자 본질은 무상입니다.

몸에 대한 마음챙김

몸을 어떠한 마음챙김으로 바라봐야 할까요?

◉── 몸은 네 가지 마음챙김의 대상〔四念處〕에서 첫 번째 주제입니다. 자신의 몸을 마음챙김의 대상으로 할 때, 우리는 생물학자나 물리학자, 화학자처럼 신체를 바라보지는 않습니다. 우리는 신체를 다양한 방식으로 사용할 때 어떤 일이 일어나는지 이해하기 위해 몸을 바라봅니다. 몸을 수백 가지 서로 다른 방식으로 사용할 때 우리 마음속에는 어떤 일이 일어날까요?

부처님께서는 앞으로 나아갈 때 마음을 챙겨라 – 앞으로 나아가는 것에 대해 분명히 이해하라고 말씀하셨습니다. 무슨 뜻일까요? 그냥 발을 들어 올렸다 내려놓는 것인가요? 그것이 전부인가요?

그저 움직임에서 느껴지는 감각을 알아차리는 것일까요? 아닙니다. 몸을 움직일 때마다 마음에 어떤 일이 일어나는지 보기 위해 움직임을 사용해야 합니다. 한 걸음 앞으로 걸을 때 우리는 그 움직임의 변화와 그 움직임의 무상함을 인식해야 합니다. 이러한 무상에 대한 인식과 함께 우리는 "나(I)", "나를(me)", "나의 것(mine)"이 있다는 왜곡된 인식 또한 직시해야 합니다. 이것은 "나(I)"가 아니고, 이것은 "나 자신(my self)"이 아니며, 이것은 "내(I am)"가 아니라는 것을 이해해야 합니다.

'나'라는 개념은 사람들이 이해하기 매우 어려운 개념입니다. 한 걸음 앞으로 걷는 과정에서 이루어지는 움직임을 이해하면, '나'라는 개념은 사라질 것입니다. 우리가 보는 모든 것은 연기적으로 발생하는 현상입니다. 이를 통찰지*라고 합니다.

괴로움은 통증이 아니다

통증과 괴로움은 같은 것인가요, 아니면 다른 것인가요? 우리는 괴로움 없이 살아갈 수 있을까요?

◉—— 건강한 신경계를 가진 신체가 존재하는 한 통증은 존재할 수밖에 없습니다. 그러나 통증 그 자체는 괴로움이 아닙니다. 괴로움

---

* 상좌부에 따르면 관통적 통찰(penetrative insight)은 법의 가르침과 일치하는 개인적인 깨달음을 통해 얻은 심오한 이해를 말한다. 이러한 통찰은 현상의 발생과 소멸 과정을 포함하여 현상의 진정한 본질에 대한 깊은 이해를 갖게 한다.

은 마음에 있습니다. 마음이 모든 더러움, 즉 열 가지 족쇄로부터 완전히 자유로워지면 괴로움은 사라집니다.

이것은 인간의 몸으로 있는 동안 괴로움은 끝낼 수 있지만, 통증은 끝낼 수 없다는 뜻입니다. 하지만 지각과 느낌이 멈추는 멸진정滅盡定sannavedayita nirodha*에 도달하면 일시적으로 고통으로부터 자유로워질 수 있습니다. 제4선정을 성취한 이후에 이러한 상태를 발전시킬 수 있습니다.

명상적 통찰을 통해 우리는 통증과 괴로움의 관계를 이해할 수 있습니다. 이것이 바로 위빠사나 수행으로 우리가 하는 일입니다. 이를 통해 우리는 편견이나 가식 없이 정직하게 자신의 몸, 감정, 지각, 생각과 의도, 의식을 바라봅니다.

이렇게 우리는 무상, 고, 무아를 깨닫습니다. 이것이 위빠사나 수행입니다. 무상, 고, 무아의 완전한 깨달음 없이는 누구도 궁극적으로 괴로움에서 자유로워질 수 없습니다.

괴로움은 마음속에 있다

육체적 고통과 그것에 대한 우리의 정신적 혐오감 사이에는 어떤 관계가 있나요? 고통에 대한 반응으로 마음속에 괴로움dukkha을 형성하게 되는 것인가요?

---

* 멸진정滅盡定. 상수멸정想受滅定. 마음(心)과 마음작용(心所)을 소멸시켜 무심無心의 상태에 머무르게 하는 선정.

◉── 도반 여러분! 신체적 통증과 고통을 느끼는 것만으로는 괴로움을 설명할 수 없습니다.

진정한 괴로움은 마음속에 있습니다. 깨달음을 얻더라도 육체적 감각은 사라지지 않습니다. 아라한에게도 고통은 있습니다. 부처님께서도 고통을 경험하셨습니다. 그러나 그들은 고통으로 괴로워하지 않았습니다.

우리는 마음에서 괴로움을 느낍니다. 마음은 고통을 느끼며, 우리가 몸을 지니고 있는 한 그것은 지속될 것입니다. 그러나 괴로움은 분명히 심리적 정신 상태이며, 우리가 없애고 싶어 하는 것이며, 제거할 수 있습니다.

몸에 대한 혐오

팔리어 경전에는 비구들이 몸의 더러움에 대한 명상을 잘못 이해하고, 심지어 일부는 몸에 대한 혐오감으로 인해 자살에 이르렀다는 이야기가 있습니다. 부처님의 본래 뜻은 무엇이었을까요?

◉── 부처님께서 의도하신 것은 몸의 무상을 알아차리는 마음챙김을 수행하는 것이지, 몸에 대한 부정적인 감정 반응을 키우는 것이 아니었습니다.

마음챙김 수행은 몸에 대한 혐오감이나 증오심을 일으키지 않습니다. 마음챙김의 목적은 결코 부정적인 마음 상태를 만드는 것이 아닙니다. 몸을 혐오스럽다, 추하다, 역겹다고 생각하면 마음에는 어떤 감정이 생겨나게 될까요? 증오와 거부감입니다.

『맛지마 니까야』의 마지막 경인 「지각수행경知覺修行經 indriya bhavana sutta」에서, 부처님께서는 마음챙김 수행의 목적이 평온함을 기르는 것이라고 구체적으로 언급하고 있습니다. 평온은 부정적인 것이 아니라 가장 높은 수준의 이타적이고 정서적으로 균형 잡힌 마음의 상태입니다.

이것은 또한 신체에 대한 편견 없는 태도를 의미합니다. 예를 들어 우리는 별 생각 없이 자신의 멋진 머리카락을 좋아합니다. 머리카락이 건강하고, 단백질이 풍부하며, 젊어 보이는 머리카락을 가졌을 때 그것을 좋아합니다. 우리는 머리에 머리카락이 있을 때 자랑스럽게 생각합니다. 하지만 그 머리카락이 자신의 머리에 있을 때만 그렇습니다. 식사 중에 머리카락 하나가 국그릇에 떨어지면 어떤가요? 조금 전까지만 해도 거울을 보며 사랑스럽게 바라보던 머리카락이지만, 그 머리카락이 음식에 빠졌다면 국을 버리기도 합니다. 왜 그렇게 할까요?

마음챙김 없이 머리카락을 바라보기 때문입니다. 마음챙김으로 머리카락을 바라본다면 머리카락이 머리에 있든, 국그릇에 있든 상관없습니다. 당신의 태도도 똑같이 평온한 태도를 유지할 것입니다. 머리카락은 그저 머리카락일 뿐이라는 것을 이해합니다. 머리카락이 머리에 있을 때나 음식 그릇에 있을 때나 다르지 않습니다. 그냥 머리카락일 뿐입니다.

그러므로 과도한 불쾌함 또는 과도한 집착으로 몸을 바라보는 것이 아니라, 있는 그대로의 몸을 바라봐야 합니다.

삿된 음행

불교 계율에서는 "삿된 음행을 삼가라!"고 합니다. 이 용어를 좀 더 구체적으로 정의해 주시겠습니까?

◉━━ 이 계율은 성적인 비행뿐만 아니라 감각적 비행에 대한 것이기도 합니다. 많은 경우 이 계율을 성적 비행으로만 이해합니다. 그러나 이 계율은 복수형인 카메수 미차카라 kamesu michacara입니다. 그래서 이 계율은 성적 비행과 함께 감각을 남용하는 감각적 비행도 포함합니다. 저는 『행복으로 가는 마음챙김 8단계 Eight Mindful Steps to Happiness』에서 성적 비행과 감각적 비행에 어떠한 것들이 있는지 그 목록을 제시한 바 있습니다.

구체적으로 말하면 성적 비행은 당사자의 의사에 반하거나 서약을 위반하여 다른 사람과 성적 관계를 갖는 것을 말합니다. 여기에는 부모, 후견인 또는 배우자의 보호를 받는 사람도 포함됩니다.

감각적 비행은 감각을 남용하는 것으로, 무엇이든 과도하게 하는 것을 말합니다. 보고, 듣고, 냄새 맡고, 맛보고, 만지는 모든 것이 과도하게 이루어질 수 있습니다.

제가 아는 어떤 사람은 뉴스를 놓치고 싶지 않아 하루 24시간 내내 라디오를 틀어놓는다고 합니다. 뉴스에는 전 세계의 탐욕, 증오, 망상에 대한 이야기 투성입니다. 그런 사람이 어떻게 마음의 평화를 가질 수 있을까요? 그래서 그 사람은 자신의 청각 기능을 남용하고 있다고 할 수 있습니다.

따라서 계율은 성적 비행보다 더 넓은 의미를 담고 있습니다.

욕망과 갈애

모든 욕망은 문제가 되나요? 사람들이 갖는 일반적인 욕망과 괴로움의 근원인 갈애 사이에는 어떤 차이가 있을까요?

◉— 욕망에는 건전한 욕망과 불건전한 탐욕, 두 가지가 있습니다. 불건전한 탐욕은 욕망을 영속화하고 욕망을 증가시키려는 탐욕, 즉 갈애입니다. 건전한 욕망은 탐욕이 없이 어떠한 것이 되고자 하는 바람입니다.

그래서 우리는 탐욕이 없는 건전한 소망을 키워야 합니다. 이것은 매우 점진적인 과정입니다. 하루아침에 탐욕을 없앨 수는 없습니다. 탐욕을 없애는 데는 수년, 심지어 평생이 걸릴 수도 있습니다.

애착의 위험

욕망이 그렇게 잘못된 것일까요? 욕망은 아주 자연스러운 것 아닌가요?

◉— 우리는 스스로에게 "이 욕망이 나에게 기쁨이나 즐거움을 가져다주는가? 애착이 나에게 행복을 가져다주는가?"라고 물어봐야 합니다. 솔직하게 스스로에게 물어보세요. 저에게 말씀하지 않으셔도 됩니다. 이 질문은 온전히 정직하게 스스로에게 물어봐야 하는 것이기 때문입니다. 자신의 대답을 찾으십시오.

그 이유는 괴로움을 이해하지 못하기 때문입니다. 그래서 여러분은 항상 자신에게 유리한 방식으로만 대답합니다. 여러분은 결코 "이것은 내가 원하는 것이 아니다. 나는 평화를 원한다. 누가 나에게 평화를 줄 수 있는가? 무엇이 나에게 평화를 줄 수 있는가? 내가 스스로에게 평화를 줄 수 있을까?"라고 말하지 않습니다.

그보다는 "이러저러한 것 없이 어떻게 살 수 있을까?"와 같은 질문들을 수없이 던집니다. 이러한 질문들은 모두 괴로움을 이해하지 못하기 때문에 생겨납니다.

쾌락이 생기면 마음은 그 쾌락에 완전히 집착하여 위험을 철저히 무시합니다. 위험을 무시하는 것을 무지라고 합니다. 우리는 쾌락에 집착합니다. 우리는 아디나와^{adinava}, 즉 위험을 잊어버립니다. 애착의 위험도 잊고 집착의 위험도 잊습니다. 우리는 괴로움의 위험을 잊고 이해하지 못합니다.

이것이 바로 무지의 소치입니다.

욕망이 생기면 바로 그 순간, 마음에는 '이 욕망이 나에게 즐거움을 주는가?'라는 질문을 던질 여유가 없습니다. 마음에는 그럴 여지가 없습니다. 왜 그럴까요? 욕망이 마음을 완전히 장악했기 때문입니다. 마음은 완전히 사로잡혀 있습니다. 다른 모든 것이 차단되고, 질문조차 할 수 없습니다. 휩쓸리고 진실을 회피하려고 합니다.

진실을 회피하려는 것은 무지입니다. 따라서 무지는 사소한 문제가 아닙니다.

5. 윤회

윤회에 대한 이해

윤회輪廻란 무엇인가요?

◉── 죽으면 육체와 분리되어 다른 곳으로 향하는 자아 또는 영혼이라는 영원한 것이 있다고 생각하는 사람들이 있습니다. 하지만 부처님께서는 전혀 다른 것을 가르쳐주셨습니다. 윤회는 '다시 됨rebecome'이라는 뜻의 팔리어 뿌나바와punabbhava에 아주 가깝게 번역한 말입니다. 우리가 '됨become'이라는 단어를 사용할 때, 무엇인가가 되기 위해서는 원인과 조건이 함께 있어야 합니다. 조건과 원인이 있고, 그 조건과 원인이 합쳐지면 무언가가 나타납니다.

사람이 죽으면 똑같은 방식으로도, 완전히 같은 사람으로도 다시 태어나는 것이 아닙니다. 그렇다고 완전하게 다른 사람으로 다시 태어나는 것도 아닙니다. 현생의 업業으로 인해 다른 생이 나타납니다. 그 삶은 현생에서의 우리의 업kamma을 반영합니다. 이것을 우리는 윤회라고 부릅니다. 윤회는 우리의 탐욕, 갈망, 무지, 즉 우리가 만들어내는 업의 힘에 따라 달라집니다. 이러한 힘으로 다양한 형태의 삶이 계속 반복됩니다.

여기 바바나소사이어티에서 우리 모두는 수행하며 좋은 업을 짓고 있습니다. 수행은 마음을 정화하고 탐욕, 증오, 망상 등 정신적 자극을 씻어내기 위해 진지하게 노력하고 마음을 정화하는 것입니다. 그래서 우리는 마음을 깨끗하게 합니다.

그러나 이러한 정신적 자극으로부터 완전히 벗어나지 않고 현생에서 모든 괴로움으로부터 벗어나지 않는다면, 다시 태어날 것입니다. 그것은 인간, 신, 또는 우리가 명상을 계속할 수 있는 다른 어떤 형태의 삶일 수 있습니다. 이것은 마음이 모든 더러움으로부터 완전히 해방되고 우리가 모든 고통으로부터 해방될 때까지 계속될 것입니다.

일단 모든 정신적 자극 요인에서 벗어나 해탈하면, 윤회라고 부르는 이러한 출생과 죽음이 반복되는 과정이 끝납니다. 윤회의 고리에서 벗어나는 것입니다. 그때 우리는 괴로움으로부터 최종적인 해방을 얻게 됩니다.

윤회의 증거

불교의 원칙은 증거에 기반합니다. 윤회, 그리고 다른 생이 있다는 증거가 있습니까?

◉── 직접적인 증거가 아닌 추론적 증거가 있습니다. 그리고 우리

의 느낌이 제공하는 증거도 있습니다. 누군가를 만났을 때 "이 사람은 내가 아는 사람이다."라고 느낀 적이 있는지 모르겠습니다. 그 사람을 한 번도 본 적이 없을 텐데도 말입니다. 하지만 왠지 모르게 그 사람에게 호감을 느끼게 됩니다. 아마도 이것은 이 사람과 함께했던 전생의 기억일지도 모른다는 추론적 결론에 도달하게 됩니다.

그리고 누군가를 처음 만났는데 그 사람이 싫을 때가 있습니다. 집에 돌아와서 "나는 왜 그 사람이 싫지? 오늘 처음 그 사람을 봤고, 나에게 아무런 잘못도 하지 않았는데. 왠지 모를 혐오감이 느껴져!"라고 생각할 수 있습니다. 이유는 모르지만 가끔 그런 일이 일어나기도 합니다. 이것은 우리가 윤회의 증거로 삼을 수 있는 또 다른 추론입니다.

그리고 높은 교육을 받은 성인도 할 수 없는 능력을 발휘하는 어린아이의 사례가 있습니다. 어떤 아이들은 태어날 때부터 천재입니다. 가족사를 추적해 봐도, 가족 중에는 그 아이가 가진 자질을 보였던 사람이 아무도 없습니다. 어떤 아이들은 뛰어난 노래실력을 보이고, 다른 아이는 수학에서 탁월한 능력을 발휘합니다. 하지만 우리는 그 이유를 알지 못합니다.

이런 것들은 전생의 교육에서 비롯된 것이라고 생각할 수 있습니다. 이 모든 것을 유전자로 인한 것이라고 생각하지 않습니다. 우리는 이러한 것들을 윤회의 증거로 사용할 수 있습니다.

이것들만이 우리가 찾을 수 있는 유일한 것들입니다.

영구적인 자아는 없다 〔無我〕

윤회를 하게끔 하는 것은 무엇입니까?

●── 우리에게는 현생과 내생을 연결하는 어떤 영구적인 자아가 없습니다. 모든 것은 항상 변합니다. "모든 것이 변한다"는 말은, 말 그대로 모든 것이 변한다는 뜻입니다. 윤회는 오직 영원한 자아가 없기 때문에 가능합니다. 모든 것이 무상하고 항상 변화하기 때문에 우리는 정신적 자극으로부터 벗어나고 괴로움으로부터 자유로워질 수 있다는 희망을 가지고 있습니다.

영구적인 것이 있다면 우리는 갇혀 있는 것입니다. 윤회의 고리에서 벗어날 수 있는 방법은 없습니다. 계속해서 존재의 회전목마에서 빙글빙글 돌 뿐입니다. 그리고 항상 즐겁지만은 않을 것입니다.

윤회는 가능하지만, 윤회의 방식은 설명하기 어렵습니다. 이를 설명하기 위해 저는 가끔 팩스 전송을 사례로 말씀드립니다. 팩스를 통해서 여기에서 저기로 무엇이 전달되나요? 팩스로 보낸 메시지나 문서 전체는 모두 팩스에 남아 있습니다. 하지만 그 문자 전체, 구두점 하나하나가 다른 곳에 나타납니다. 말하자면 사본이 되는 것입니다.

윤회할 때 실제로 여기에서 저기로 가는 것은 영구적이고 영원한 자아가 아닙니다. 그것은 하나의 상황이 다른 상황으로 변화하는 것입니다. 새로운 삶은 이전의 삶과 완전히 다르지도 않고 완전히 동일하지도 않습니다. 그것은 전생에서 수집된 정보에 의해 촉

진된 변화입니다. 따라서 새로운 삶은 전생에서의 정체성을 어느 정도 지니게 됩니다.

저는 예전에 바바나소사이어티에서 49살의 남자를 수계한 적이 있습니다. 그가 겨우 두 살 반이었을 때, 많은 팔리어 경전을 암송했습니다. 저는 아직도 그 녹음테이프를 가지고 있습니다. 그리고 그의 팔리어 발음은 흠잡을 데가 없었습니다. 성인도 그렇게 팔리어를 제대로 발음할 수 있는 사람은 많지 않습니다. 하지만 이 아이는 겨우 3살로 아직 말을 제대로 하지 못하는 나이였습니다.

하지만 그 아이는 가부좌 자세로 앉아서 불경을 암송했고, 그의 아버지는 그것을 녹음했습니다. 그 아이는 자신이 원할 때 경전을 암송했고, 누군가가 암송을 요청하면 도망치곤 했습니다. 저는 그를 오랫동안 알고 지냈습니다. 저는 그가 어렸을 때 팔리어 경전을 암송할 수 있었던 것은 전생에 팔리어를 사용했다는 증거라고 생각합니다. 이처럼 우리는 전생에서 특별한 능력이나 기술을 물려받거나 현생으로 가져올 수 있습니다.

환생과 부활

스님께서는 "환생"이라는 단어를 사용하지 않고, "윤회"라는 단어를 더 선호한다고 말씀하셨습니다. 그 이유는 무엇인가요? 차이점은 무엇인가요?

●— 환생은 불교와는 거리가 먼 개념입니다. 불교에서는 이 용어를 사용하지 않습니다. 환생(reincarnation)이라는 말에서 카르네

Carne는 "육체", 인카르네^{incarne}는 "육체 속으로 들어간다. 즉 육화肉化한다."를 의미합니다. 디카르네^{discarne}는 육체에서 분리되는 것, 환생^{reincarne}은 다시 육체로 들어가는 것을 말합니다. 즉 무언가가 먼저 육체 안으로 들어간 다음, 육체 밖으로 나왔다가 다시 육체로 들어간다는 뜻입니다. 이것은 부처님의 가르침과 모순됩니다. 환생은 자아 또는 영혼이라고 부르는 영구적이고 영원한 실체가 있다는 것을 의미하는데, 불교에서는 이를 절대적으로 부정합니다.

우리는 다른 의미의 용어를 사용합니다. "윤회"입니다. "윤회"라는 말은 어떤 것이 무언가에서 나와서 다시 무언가로 들어가는 것을 의미하지 않습니다.

사람들은 자아나 영혼이 없는데 어떻게 윤회가 가능하냐고 묻곤 합니다. 윤회는 이것도 저것도 아닌 것으로 설명됩니다. 즉, 새로운 삶은 이전의 삶과 완전히 같지도 않고 완전히 다르지도 않습니다. 어떤 것들 때문에 어떤 것들이 존재한다는 의미입니다.

윤회는 무지, 탐욕, 번뇌라는 3가지 요소〔三毒〕의 결과입니다. 이 중 어느 것도 물질적인 것은 아닙니다. 살과 피를 가진 사람이 이 모든 것을 저지르고 만들어내지만, 남은 것은 탐욕의 에너지, 무지의 에너지, 증오의 에너지인 힘 또는 업業의 힘입니다. 이런 것들이 결합하여 다음 생에 자신의 모습을 재생산합니다.

우리가 죽을 때 이것은 현생을 떠나는 힘이며, 다음 생의 시작을 알리는 일종의 출발점입니다. 그것은 전생에서 떠난 삶과 완전히 같지는 않을 것입니다. 그러므로 여기서 나온 것이 저기로 갔다고 말할 수 없습니다. 또한 다음 생이 시작되기 위해 이번 생에서 무언가가 일어나지 않았다고 말할 수도 없습니다.

따라서 "환생"이라는 용어를 – 한 삶에서 다른 삶으로 이동하는 변하지 않고 불변하며 영구적인 실체가 있다는 것을 의미하기 때문에 – 불교에서는 사용하지 않습니다. "윤회"에는 그런 의미가 없습니다.

하지만 명상 수행을 통해, 깊은 통찰과 지혜를 통해 존재의 전체 과정을 제대로 이해하기 전까지는 이러한 특별한 진리를 이해하는 것이 매우 어렵다는 것을 말씀드리고 싶습니다. 부처님 자신도 업^{kamma}을 완전히 이해하기 위해서는 명확한 통찰과 순수한 마음이 필요하고, 그래서 설명하기 어려운 것 중 하나라고 말씀하셨습니다.

사람으로의 윤회

인간의 상태가 깨달음을 얻는 데 가장 좋은 상태라고 합니다. 사람으로 다시 태어나기 위해서는 어떻게 살아야 할까요?

◉── 다나^{dana}, 즉 보시(베풂)를 실천하고, 실라^{sila}, 즉 계를 지키세요. 그리고 수행을 하세요. 매일 마음을 깨끗하게 유지하고, 평범하고 정직한 삶을 살면서 항상 마음을 맑게 유지하세요.

그러면 죽음의 순간에 여러분에게 항상 잘 해 주었고 여러분 또한 잘해준 좋은 자녀, 좋은 부모, 좋은 친구들을 기억할 것입니다. 마지막 순간에 당신은 좋은 사람이 되고 싶다는 생각을 합니다. 그리고 다음 생에서도 이러한 좋은 친구 중 하나가 되기를 바랍니다.

환생이 아닌 윤회

저는 부처님께서 환생에 관해 실제로 말씀하신 것과는 다른 견해를 읽은 적이 있습니다. 저는 매일 아침 다시 태어난다고 믿고, 새로운 삶을 시작할 수 있으며, 불교의 원칙에 따라 충실히 살기 위해 노력할 수 있다고 믿습니다. 하지만 사후의 삶, 그리고 그것이 왜 중요한지 이해하기 어렵습니다. 그리고 저는 전생을 기억하지도 못하는데, 현생에서의 저의 행위와 업이 더 좋은 다음 생을 가져다준다는 것이 정말 중요할까요?

◉── 환생에 대해서는 전혀 신경 쓰지 않아도 됩니다. 환생은 불교적 개념이 아닙니다. 불교에서는 윤회라고 합니다. 하지만 저는 이 단어를 기술적으로 해석하고 싶지 않습니다. 정직하고 성실하게 양심에 따라 행동한다면 아무것도 걱정할 필요가 없습니다.

부처님께서는 「깔라마경」(『앙굿따라 니까야』)에서 다음과 같이 네 가지 마음의 평온에 대하여 말씀하셨습니다. "만약 다음 생이 없고, 악하고, 사악하고, 불건전하고, 잘못된 일을 했다면, 나는 현생에서 법이나 양심에 따라 괴로움을 당할 것이다. 만약 다음 생이 있다면 나는 두 번의 괴로움을 당할 것이다. 혹은 만약 다음 생이 없고, 내가 모든 일을 올바르고 정직하게 양심에 따라 했다면, 내 삶을 생각할 때마다 윤회가 없더라도 나는 매우 행복할 것이다. 그러나 윤회가 있다면 나는 다시 행복할 것이다. 어느 쪽이든 나는 행복하다."

부처님께서는 과거에 대해 걱정하지 말고 미래에 대해서도 걱정하지 말라고 말씀하셨습니다. 걱정하지 말고 인간으로서 마땅히

해야 할 일을 하라고 하십니다. 살생, 절도, 음행, 거짓말, 비방, 험담, 알코올 혹은 약물 중독에 빠지지 마세요. 그러한 일은 하지 마세요!

"나는 오늘 하루를 정직하고 성실하게 보냈다."라고 생각하며 잠자리에 들고, 다음 날 아침 일어나서 "오늘도 나쁜 일은 하지 않겠어. 오늘도 어제와 같이 나쁜 일을 하지 않고 살겠어!"라고 다짐하세요.

이것이 전부입니다. 그래서 우리는 부처님께 경의를 표합니다. 부처님을 생각할 때마다 부처님께서 우리의 문제에 대해 완벽한 해답을 주셨다는 것을 깨닫습니다. 만약 환생과 윤회에 대해 의심이 들어도 건전한 방식으로 살고 있다면 걱정할 필요가 없습니다.

파종과 수확

사리풋타와 목갈라나 같은 부처님의 위대한 제자들에 대한 이야기를 읽었습니다. 그들의 소망은 부처님의 제자가 되는 것이었고, 수많은 생을 통해 이것을 이루었다는 것을 알았습니다. 저희들도 살아가면서 여러 종류의 소망을 품고 살아갑니다. 복권 당첨을 바라기도 하고 유명하게 되는 것을 원하기도 합니다. 스님께서는 이런 소망에 대하여 어떻게 생각하시는지 궁금합니다. 사리풋타와 목갈라나처럼 의미있는 소망을 품으려면 어떻게 해야 할까요? 무엇이 다른가요?

◉─네. 차이가 있습니다. 의미있는 소원을 빌면 원하는 것을 얻을 수 있습니다. 그렇지 않은 것을 빌면 그렇지 않은 것을 이루게 됩

니다.

『맛지마 니까야』에는 아름다운 이야기가 있습니다. 두 사람이 있었습니다. 한 사람은 개처럼 먹고, 개처럼 짖고, 바닥에서 자는 등 개의 행동을 따라했습니다. 다른 한 남자는 소처럼 행동했습니다. 두 사람 모두 부처님을 뵈러 갔습니다.

풀을 먹는 등 소처럼 행동하던 사람이 부처님께 "세존이시여, 제 친구는 개처럼 행동합니다. 죽은 후에 그 친구는 어디로 가게 될까요?"라고 여쭈었습니다. 부처님은 "내게 묻지 말라."고 말씀하셨습니다.

하지만 "아닙니다. 말씀해 주세요."라고 남자가 말했습니다. 마침내 부처님께서는 "어떤 사람이 평생 개처럼 생각하고, 개처럼 먹고, 개처럼 행동한다면 죽은 후에는 어떻게 될 것 같은가? 그는 개가 될 것이다."

그러자 개처럼 행동하던 남자는 울기 시작했습니다. 부처님께서는 "그래서 그 질문을 하지 말라고 한 것이다."라고 말씀하셨습니다. 다른 사람이 "소처럼 행동하는 사람은 어떻게 됩니까?"라고 물었습니다. 부처님께서는 "그러면 너는 소가 될 것이다."라고 똑같이 말씀하셨습니다.

이것이 잘못된 의도입니다. 그들은 이런 잘못된 의도의 소원을 빌었던 것입니다. 부처님은 믿음^{saddha}, 인내^{viriya}, 마음챙김^{sati}, 집중^{samadhi}, 지혜^{panna}는 모두 고귀한 자질이라고 말씀하셨습니다. 여러분은 이러한 고귀한 자질을 갖고 수행을 해야 합니다. 아무런 대가를 바라지 않고 보시를 베풀고 가난한 사람들을 돌보며 지역사회와 국가를 위해 봉사하세요.

여러분은 순수한 마음으로 이런 일을 해야 합니다. 그런 다음 "이러한 공덕의 힘으로 신성한 존재로 다시 태어나기를 바랍니다."라고 기원하세요. 마음이 순수하고 깨끗하기 때문에 신성한 존재로 다시 태어날 수 있습니다.

여러분은 모든 생에서 그렇게 살면서, "브라흐마^{brahma}로 다시 태어나게 해달라"고 소원할 수도 있습니다. 선정을 수행한 다음 브라흐마로 다시 태어나는 것은 그 열망을 위해 준비했기 때문입니다. 성취를 위해서는 그에 걸맞은 준비가 있어야 합니다.

사리풋타와 목갈라나는 고귀한 사람이 되기 위해 평생 동안 이 모든 고귀한 자질을 실천했습니다. 그래서 그들은 고귀한 제자가 되었습니다. 이것이 바로 업의 본질입니다. 뿌린 대로 거둡니다. 성경도 그렇게 말합니다. 불교도, 힌두교도, 무슬림도, 기독교도, 유대인을 비롯한 모든 사람은 자신이 저지른 업에 따라 그 결과를 거두게 됩니다.

6. 수행과 일상생활

바쁜 일상 속 명상

많은 사람들이 명상센터에 명상을 하러 옵니다. 그곳에서 명상하는 것은 어렵지 않습니다. 하지만 바쁜 일상으로 돌아가면 마음챙김과 평온함은 쉽지 않습니다. 명상의 혜택을 일상생활로 가져오기 위해서는 어떻게 해야 합니까?

◉── 삶의 속도를 늦추는 것은 마음챙김의 뿌리에 영양을 공급하는 방법입니다. 우리는 사찰뿐만 아니라, 명상센터, 가정, 직장 등 어디서나 마음챙김 수행을 할 수 있습니다. 우리들은 세계평화에 대하여 이야기합니다. 하지만 우선 자신의 마음을 건강하고 평온하게 만드는 정신적 평화에 관심을 가져야 합니다. 그리고 건강한 마음은 마음챙김에서 비롯됩니다.

직장에 있을 때나 조용한 장소에서 좌정할 수 없을 때도 잠시 마음챙김 수행을 할 수 있습니다. 하루 중 한 시간마다 1분씩 마음챙김 시간을 갖도록 하세요. 59분 동안 열심히 일한 다음, 1분간 휴식을 취하고 호흡에 온전히 집중하세요.

가능하면 눈을 감으세요. 또는 사무실 책상에 앉아 있다면 정면의 한 곳을 바라보며 눈을 뜨세요. 조용히 평화롭게 15번 숨을 쉽니다. 약 1분 정도 걸립니다. 그 1분 동안은 앞으로의 일도 생각하지 말고, 다른 어떤 생각도 하지 마세요. 모든 것으로부터 마음을 완전히 해방하세요.

그렇게 하면 여러분의 마음은 조금 더 명료해집니다. 남은 59분 동안 일을 계속할 수 있는 힘이 생겼을 것입니다. 그런 다음 한 시간이 더 지나면 다시 1분 동안 마음챙김 휴식을 취하겠다고 스스로에게 다짐합니다.

식탁이나 사무실 책상에서도 이러한 짧은 수행을 할 수 있습니다. 차를 주차하고 시동을 끈 후에 수행할 수 있으며, 화장실 휴식 시간에도 할 수 있습니다. 이렇게 하면 8시간의 업무가 끝날 때까지 8분간의 명상을 한 셈이 됩니다. 그렇게 하루를 마무리하면 덜 신경질적이 되고, 덜 긴장되고, 피로가 덜할 것입니다. 또한 정신적, 육체적으로 보다 생산적이고 건강한 하루를 보낼 수 있습니다.

자신의 마음을 다스리는 것은 각자의 몫입니다. 우리 각자는 속도를 늦추는 방법을 배워야 합니다. 아시다시피, 대부분의 사람들은 마음의 여유를 갖고 있지 못합니다. 그냥 방치한다면, 여러분도 쉽게 그럴 수 있습니다. 이런 함정에 빠지지 않도록 하세요!

집에서, 휴양지에서, 차 안에서, 마트에서 줄을 서서 기다리면서, 어디에 있든 마음챙김은 여러분을 스트레스와 고통스러운 마음상태에서 벗어날 수 있게 할 수 있습니다. 저는 마음챙김을 응급 키트라고 부르고 싶습니다. 칼로 베이거나 화상을 당했을 때, 즉시 구급상자에서 꺼내 상처를 치료하는 것과 같은 이치입니다. 마음도 마찬가지입니다. 마음이 아플 때, 마음이 불안하고 산만할 때, 정신적으로 고통스러울 때 정신 건강을 되찾기 위해서는 응급처치가 필요합니다.

하지만 고통스러운 정신상태를 제때 돌보지 않으면 상처처럼 더 악화될 수 있습니다. 최악의 경우 우울증이나 신경쇠약에 빠지기도 합니다. 그리고 정신적 고통은 위궤양부터 심장병에 이르기까지 여러 가지 종류의 질병으로 나타날 수 있습니다. 마음속에는 정말 많은 일이 일어나고 있습니다! 그렇지만 대부분은 무언가 고장이 나서 심각한 질병을 유발할 때에서야 비로소 삶을 혼란스럽게 만들었던 시간들을 되돌아보기 시작합니다.

어디에 있든 항상 마음챙김하세요. 정기적인 명상 수행과 함께 일상생활에서 1분 명상과 같은 수행을 함께 해보세요. 외부로부터 정신적 자극이 발생하면 바로 멈추고 짧은 명상을 한 후 하루의 다른 활동을 계속하도록 하세요.

명상과 잠

왜 긴 시간 동안 명상을 하면 잠을 적게 자게 되는 걸까요? 저의 경우, 오랜 시간 명상 수행을 하고 나면, 잠자고 있을 때에도 마치 깨어 있는 것과 같았습니다.

◉— 장시간 명상을 하면 신경세포는 충분한 휴식을 취하게 됩니다. 이는 수면 상태와 동일합니다. 차이점은, 수면 상태에서는 자각하지 못하지만 명상 상태에서는 자각을 하고 있다는 것입니다. 그래서 명상을 하는 동안 충분한 휴식을 취할 수 있으며 많은 수면이 필요하지 않습니다.

부처님께서도 밤에 깨어 있고 정신을 바짝 차리는 훈련을 하라고 권하셨습니다. 일반적으로 사람들은 8시간 잠을 자야 합니다. 하지만 명상을 하면 8시간의 수면이 필요하지 않습니다. 명상을 하면 수면에서 얻는 휴식을 명상으로 대체할 수 있습니다.

그러니 걱정하지 마세요. 이것은 매우 흔한 일입니다. 수면을 통해 우리 몸의 모든 것을 회복할 수 있도록, 명상 중에 뇌가 그것을 회복할 것이고, 여러분은 상쾌함을 느낄 것입니다.

항우울제와 명상

우울증, 불안증, 주의력 결핍 장애와 같은 증후군이 있는 사람이 명상 수행을 하는 동안 항우울제, 항불안제 또는 각성제를 사용해도 될까요? 중독성 있는 약물을 사용하지 말라는 오계五戒를 위반하는 것일까요?

◉— 그런 약물이 정신적 문제 해결에 도움이 되고, 다른 부작용 없이 마음을 안정되고 평온하게 유지할 수 있게 한다면, 사용할 수 있다고 생각합니다. 자신의 건강을 돌봐야 하기 때문에 계율에 위배되지 않습니다.

명상 수행을 위해서는 신체적, 정신적 건강이 절대적으로 필요합니다. 명상만으로 태어날 때부터 가지고 있는 모든 정신적 문제를 해결할 수 없습니다. 이러한 문제를 해결해야 일상으로 돌아와 명상을 실천할 수 있습니다.

타인에 대한 존중

다른 사람을 존중하는 것이 중요하다고 하셨습니다. 그 이유는 무엇인가요?

●── 다른 사람을 존중할 때 얻을 수 있는 것은 바로 자신에 대한 존중입니다. 다른 사람을 존중하지 않는다면, 여러분도 존중받지 못합니다. 다른 사람을 존중하는 사람, 존중받을 자격이 있는 사람은 겸손합니다. 그리고 사람들은 다른 사람을 존중하는 사람들을 사랑합니다.

현생에서 다른 사람을 존중하면 모든 사람들이 그를 높게 평가합니다. 그러면 죽은 후에도 다른 사람들로부터 존경을 받을 수 있는 상태로 태어날 것입니다. 다음 생에서 그 사람은 현생에서 다른 사람들을 존중했기 때문에 다른 사람들로부터 존경을 받게 될 것입니다.

그러므로 서로를 존중하는 것은 매우 훌륭한 수행입니다. 우리는 아무것도 잃지 않으며, 항상 영적으로 무언가를 얻을 수 있습니다. 그래서 부처님께서는 이 수행에 대한 조언을 주셨습니다. 매우 실용적인 조언입니다.

세상의 증오와 폭력

세상은 증오와 폭력, 고통으로 가득 차 있습니다. 행복을 추구하면서, 동시에 그러한 잔인한 일을 저지르는 사람들에게 연민을 가지는 것이 가능할까요?

◉── 인간이 얼마나 잔인해질 수 있는지 상상하기는 매우 어렵습니다. 야생 짐승도 인간이 저지르는 것 같은 극악무도한 범죄를 저지르지는 않습니다. 그래서 '짐승 같은'이라고 말할 수도 없습니다. 야생 짐승이 사람을 죽이는 것은 먹기 위해서입니다. 배가 부른데도 다른 동물을 죽이거나 하지 않습니다. 그런 점에서 종종 짐승은 인간보다 훨씬 낫습니다.

다행히도 모든 인간이 폭력적이고 잔인하지는 않습니다. 친절하고 동정심이 충만하고 선량한 사람들도 많습니다. 사실 그런 사람들이 대다수라고 생각하면 됩니다. 하지만 잔인하고 폭력적인 행동으로 전 세계를 뒤흔드는 극소수 사람들이 뉴스를 장식합니다.

그러므로 우리는 다른 모든 사람들과 함께 그들을 위해 사랑의 친절함, 자애심을 키워야 합니다. 그들은 스스로 고통을 겪고 있기 때문에 범죄를 저지르고, 그 결과 완전히 혼란에 빠집니다. 올바른 생각을 가진 사람이라면, 제대로 생각하고 분별력 있는 사람이라면 그런 폭력을 저지르지 않을 것입니다. 우리는 그들을 포기해서는 안 되며, 그들과 사랑, 우정을 나누고자 노력해야 합니다. 그들에게는 많은 자애심이 필요합니다.

물론 우리가 자애를 보낸다고 해서, 그들이 갑자기 변하지는 않을 것입니다. 때때로 어떤 사람들은 나쁜 업이 너무 강해서 자신이 다른 사람에게 주는 고통을 보지 못하거나 신경 쓰지 않기도 합니다. 그래서 그들은 더 나쁜 업을 짓고 더 많은 고통을 받습니다.

우리는 적어도 그들에 대한 자애심을 가질 수 있습니다. 그들이 그렇게 폭력적이고 다른 사람들의 삶에 무관심하게 변하기까지 얼마나 고통스러웠을지 이해하려고 노력할 수 있습니다.

자신에 대하여 자애심을 갖고 범죄자, 범죄 피해자, 유가족 등 모두에게 자애심을 나눠주세요. 모두는 우리의 자애심을 받을 자격이 있습니다. 모두가 평화롭고 조화롭게 사는 법을 배우길 바랍니다.

발우 뒤집기

나쁜 일을 하고 사람들을 해치는 정부나 정치인이 승가에 와서 보시하고자 하면 어떻게 해야 합니까? 올바른 대응은 무엇인가요?

◉──어떤 나라에서는 정부 지도자가 국민을 억압하고 온갖 잘못된 일을 하는 것에 대한 항의 표시로, 그 지도자에게 교훈을 주기 위해 그의 집 앞에 가서 발우를 거꾸로 뒤집어〔覆鉢〕놓기도 합니다. 재가자가 매우 심각하게 잘못을 저지른 경우, 재가자에게도 그렇게 할 수 있습니다.

불교와 서양심리학

불교는 서양심리학과 양립할 수 있나요?

◉── 불교의 특정 측면은 서양심리학과 충돌하지 않습니다. 물론 서양심리학으로 업이나 윤회와 같은 개념은 설명하기 쉽지 않을 것입니다. 하지만 일반적으로 불교는 괴로움의 문제에 대한 접근 방식에서 서양심리학과 모순된다고 생각하지 않습니다.

분명하고 반박할 수 없는 문제는 괴로움입니다. 이러한 괴로움과 문제에는 원인이 있습니다. 치료되고 괴로움에서 벗어나려면 원인을 해결해야 합니다. 근본 원인이 남아 있는 한 환자를 치료할 수 없습니다. 우리 모두는 이를 잘 알고 있습니다.

이러한 괴로움에서 벗어나려면 방법, 체계, 처방전이 있어야 합니다. 그러한 지침이 주어지고 특정한 처방들이 제시됩니다. 이것이 바로 불교가 따르는 체계입니다. 서양심리학은 과거가 현재의 정신상태에 어떤 영향을 미치는지, 마음을 치유함으로써 어떻게 보다 건전하고 행복한 삶을 만들 수 있는지에 대한 통찰을 제공합니다. 이것은 불교의 가르침과 매우 흡사합니다.

그러나 서양심리학은 이러한 고통을 신경학적으로 치료하는, 즉 의학을 통해 뇌의 화학 작용을 다루는 데 기반을 두고 있습니다. 불교는 물질적인 것뿐만 아니라 정신적인 상태와도 직접적으로 관련이 있습니다.

마음에는 물리적 기반이 있지만 마음은 단순히 물리적인 것을 넘어섭니다. 서양심리학도 우리 자신의 고통의 근원을 더 잘 이해하고 대처할 수 있는 방법에 대한 지침을 제공합니다. 그러나 불교는 이러한 접근방식을 훨씬 더 깊고 체계적으로 다룹니다. 사성제는 괴로움의 최종적인 소멸에 이르는 방법과 경로를 제시합니다.

중도

불교는 양극단 사이의 중도를 이야기합니다. 이것은 술을 마시거나 항상 진실을 말하는 것에도 적용될 수 있지 않을까요?

◉── 부처님께서는 중도를 금욕주의와 쾌락주의, 수행과 방종, 양극단적 행동 사이의 길이라고 말씀하셨습니다. 그러나 사람들은 '중도'라는 개념을 잘못 번역하거나 오용하여 불건전한 행동과 건전한 행동, 선과 악 사이의 타협을 정당화하는 데 사용하기도 합니다.

누군가 거짓말하는 것을 듣고 "거짓말하는 것은 옳지 않아."라고 말할 수 있습니다. 그런데 그 사람은 "하얀 거짓말은 괜찮습니다. 극단으로 가지 않으면 됩니다. 그것이 중도입니다."라고 정당화할 수도 있습니다. 술을 마시는 사람에게 술을 마시지 말라고 충고하면, 그 사람은 "저는 술에 관해서는 중도를 따릅니다."라고 말할 수 있습니다. 이런 이유로 우리는 때때로 "중도"라는 말을 애매한 의미로 사용하는 것을 주저합니다.

평온의 유지

'평온'은 불교 교리에서 훌륭한 덕목 덕목으로 여겨집니다. 그러나 자극과 흥분, 열정을 중시하는 서양에서는 통상의 가치체계에 대한 급진적 비판으로 여겨집니다. 이 차분하고 평온함은 서양문화와 배치되는 듯합니다. 동의하시나요?

◉── 흥분하고 들뜬 상태에서는 자신이 대하고 있는 대상을 파괴할 수 있습니다. 평온하고 평화로워야 다른 사람들에게 평화를 가져다줄 수 있습니다. 조용하고 침착하며 평화롭게 움직일 때 커다란 힘을 얻을 수 있습니다.

큰 홍수가 나서 물이 급속도로 밀려 내려온다면, 그 시간은 얼마나 될까요? 아주 짧은 시간 동안입니다. 그러나 물이 천천히, 완만하게, 오랜 시간 동안 흐른다면, 산도 뚫을 수 있습니다. 왜냐하면 천천히 그리고 멈추지 않고 꾸준히 움직이기 때문입니다.

부처님께서는 승려와 비구니들에게 부처님, 법, 승가에 대한 믿음이 없는 사람들에게는 믿음을 불러일으키는 방식으로 행동하고, 이미 삼보에 대한 믿음을 가진 사람들에게는 믿음을 키우게끔 하라고 말씀하셨습니다. 다음 두 가지 이야기는 평온하고 차분한 행동이 신심 깊은 사람들에게 어떤 영향을 미치는지 보여줍니다.

아사지 존자는 부처님의 다섯 제자 중 한 명이었습니다. 깨달음을 얻은 지 얼마 지나지 않은 아사지 존자는 어느 날 라자가하(王舍城)에서 탁발하고 있었습니다. 그때 우파티사^{Upatissa}는 깨달음을 얻은 스승을 찾아 여행 중이었습니다. 그는 차분하고 고요하며 침착한 아사지 존자를 보고 이렇게 생각했습니다. "이런 수행자는 처음이다. 분명히 아라한을 성취했거나 아라한으로 가는 길을 밟고 있는 사람임에 틀림없다. 그에게 '존자님, 무엇을 위해 출가하셨습니까? 스승은 누구입니까? 어떤 교리를 믿습니까?'라고 물어보자."

우파티사는 아사지 존자가 탁발을 마칠 때까지 기다렸습니다. 아사지 존자가 식사를 위해 자리에 앉자 우파티사는 그에게 물을 제공했습니다. 아사지 존자가 손을 씻은 후, 우파티사는 스승이 누구냐고 물었습니다. 그는 자신의 스승은 부처님이라고 대답했습니다. 우파티사는 그에게 무엇을 배웠느냐고 물었습니다. 아사지 존자는 매우 겸손한 아라한이었으므로 "형제여, 저는 아직 초심자이므로, 법에 대해서 자세하게 설명하지 못합니다."라고 대답했습니다.

이에, 우파티사는 "존자님, 존자님 능력에 따라, 많게든 적게든 말씀해 주셔도 됩니다. 존자님 말씀을 이해하는 것은 저에게 맡겨 주세요."

아사지 존자는 이렇게 이야기했습니다.

원인으로부터 진행되는 것들
그들의 원인은 부처님이 말씀하셨고,
그들의 소멸도 말씀하셨다.
위대한 고행자가 이렇게 가르치신다.

이 말을 듣고 우파티사는 깨달음의 흐름인 예류과預流果를 성취했습니다.

또 다른 때, 부왕이 수행자들에게 보시하던 관행을 유지했던 아소카 왕은 얼마 지나지 않아 그 수행자들에게 실망했습니다. 왕은 새로운 성자를 찾기 시작했습니다. 이때 니그로다^{Nigrodha}라고 알려진 젊은 승려가 궁전 옆을 차분하고 천천히, 그리고 신중하게 걷고 있었습니다. 그는 매우 평화롭고 고요하며 침착했습니다. 젊은 수행자를 단번에 알아본 아소카 왕은 그를 궁전으로 초대했습니다. 왕은 그에게 자신의 자리를 내어주고 설법을 부탁했습니다.

니그로다는 왕에게 마음챙김에 대한 설법을 했고 왕은 크게 기뻐했습니다. 왕은 곧바로 부처님, 불법, 승가를 따르기 시작했고 많은 재산을 보시했습니다. 왕은 그 재산을 사용하여 법을 전파하고 승가 공동체를 지원하도록 니그로다에게 요청했습니다. 또한 왕은 그에게 매일 승복을 보냈습니다. 니그로다는 이 승복을 다른 승려들에게 나누어주었습니다.

우리는 이러한 이야기들을 통해 평온한 태도가 현명한 것임을 잘 알 수 있습니다.

여러분. 서두르지 말고 천천히 하세요. 하지만 정진을 계속 하세요.

언젠가 저는 부탄을 방문하여 아주 가파른 산을 올랐던 적이 있습니다. 방문객들은 큰 짐을 들고 도착합니다. 부탄 사람들은 체격이 작지만, 그 작은 체구로 관광객의 짐을 나릅니다.

방문객들은 신발과 양말, 장갑, 외투와 모자 등을 착용합니다. 하지만 주민들은 샌들 한 켤레만 신고 옷도 가볍게 입습니다. 모자도 쓰지 않습니다. 그들은 그 모든 짐을 들고 정상에 도착할 때까지 천천히, 그리고 꾸준히 걷고 또 걷습니다.

하지만 방문객들은 아주 열성적이어서 빠르게 등정하다가 숨이 막혀 멈춥니다. 원주민과 방문객이 함께 출발했지만 관광객이 아주 빠르게 올라가므로 이들이 원주민보다 먼저 정상에 오를 것이라고 생각할 수 있습니다. 하지만 원주민은 한 걸음 한 걸음 천천히 걸어서 관광객보다 한 시간 정도 빨리 정상에 도착합니다. 그들은 알고 있습니다! 그들은 경험으로, 처음부터 너무 서두르고 빠르게 오르면 멀리까지 갈 수 없다는 지혜를 가지고 있습니다. 그들은 에너지를 절약하고 몸을 휴식하도록 합니다.

그들의 서두르지 않는 평온함은 현대인의 삶과 대비됩니다.

스님들도 설법을 할 때 속도를 늦추는 것이 좋습니다! 부처님께서는 설법을 할 때 서두르지 말라고 말씀하셨습니다. 빠르게 말하면 피곤해지고 혼란스러워질 수 있으니 서두르지 말라고 하셨습니다.

평온한 태도로 일을 처리하는 이러한 접근방식은 여러 측면에서 더 오래 지속되고 더 효과적일 수 있습니다.

무상과 애도

저는 저의 사랑스러운 강아지를 포함하여 제가 사랑하는 사람들에게 아주 크고 커다란 애착을 갖고 있습니다. 그리고 고마워하는 마음과 함께 그들이 영원하지 않음을 알고 있습니다. 그래서 더욱 현재에 머물고자 노력합니다. 하지만 아끼는 가족 중 한 명이나 반려동물이 아프거나 죽으면 크게 상심하게 됩니다. 어떻게 해야 할까요?

●── 저희는 오랫동안 바바나소사이어티에서 멋진 개를 키웠습니다. 우리 모두는 그 개가 얼마나 멋지고 사람을 잘 따르고 충실한지 잘 알고 있었습니다. 이곳 모든 사람들에게 훌륭한 개였습니다. 하지만 그 개는 17년 동안 이곳에서 머물다 죽었습니다. 너무나 슬펐고, 그래서 다시는 개를 키우지 않기로 결심했습니다. 반려동물이나 사랑하는 사람이 사망하거나 병에 걸렸을 때 느끼는 슬픔이나 애도는 완전한 깨달음을 얻을 때까지 계속될 것입니다.

무상에 대한 마음챙김 수행은 좋은 해결책이 될 수 있습니다. 우리는 매일 우리 자신과 친구, 친척, 사랑스럽고 친근한 강아지나 고양이를 포함한 주변의 모든 것의 무상함을 알아차리는 마음챙김을 수행해야 합니다. 모든 것은 무상합니다.

계속 수행하고 수행하면 마음이 강해질 것입니다. 그럼에도 사랑하는 반려동물이 죽거나 가까운 사람이 사망하면 여전히 슬픔을 느끼기도 합니다. 저도 동생이 사망했을 때, 부모님께서 돌아가셨을 때 그랬습니다. 저는 오랜 명상 수행과 법에 대한 이해에도 불구하고, 매우 슬펐고 심지어 울기까지 했습니다. 최근에는 그렇지 않습니다. 지금은 그런 일이 생겨도 감정을 조절할 수 있습니다. 하지만 그 당시에는 그렇지 못했습니다. 울었습니다.

이런 일은 누구에게나 일어납니다. 우리가 성장하고 성숙하고 무상을 보다 잘 이해하게 되면 슬픔과 비통함은 서서히 사라집니다.

내려놓기

때로는 아름다운 옷을 입고 아름다운 곳에 앉아 있는 아름다운 사람들로 가득 찬 모습이 실린 잡지 광고를 보면서, 우리 중 많은 사람들이 아름답고 완벽한 삶을 살지 못하고 있다는 생각이 듭니다. 가끔 그런 멋진 삶이 부러울 때가 있습니다.

●── 그것이 바로 마케팅의 작동방식입니다. 같은 광고를 몇 번이고 반복해서 보여줍니다. 그러다 어느 날 "그래. 나도 한 번 해 보자."라고 생각하며, 결국 광고에 완전히 빠져들게 됩니다.

현명하고 사려 깊은 사람이라면 "광고에서 나오는 이 모든 것들이 나에게 꼭 필요한가? 일상생활에서 실제로 사용하는 물건은 몇 개나 될까?"라는 생각을 해야 합니다. 광고에 나오는 제품과 서비스 중 당장 사용하고 필요로 하는 것들도 있지만, 실제로 꼭 필요한 것은 몇 개에 불과합니다.

팔정도의 두 번째 단계인 정사유正思惟, 삼마 상까빠samma sankappa, 즉 바른 생각과 마음가짐 수행에서 가장 중요한 것은 놓아버리는 것입니다. 어쩌면 거창하고 왠지 모르게 압도적으로 들릴 수도 있습니다!

하지만 "무엇을 먼저 포기하고 내려놓아야 할까?"라는 질문을 스스로에게 던져야 합니다. 우리는 살면서 소유하는 것이 너무 많습니다. 사람들은 살면서 엄청난 양의 물건을 수집합니다. 하지만 그것들을 어떻게 사용하고 있나요? 사람들은 유리 진열장을 사면서 "이건 한국에서, 저건 남아공에서, 이건 러시아에서, 저건 중국에서 온 것입니다."라고 말합니다. 하지만 그것은 단지 여러분의 자존심을 높이고 탐욕을 키우는 것일 뿐입니다. 물론 자신이 소중하게 여기는 것을 포기하는 것은 쉽지 않습니다. 하지만 우리는 불필요한 것들을 버리는 법을 배워야 합니다.

그런 다음 자신이 가진 물건들을 살펴보고 사용하지 않는 물건들을 확인합니다. 옷장에 10년 동안 입지 않았던 옷이 있나요? 버리세요! 5년 동안 사용하지 않은 물건이 또 있나요? 버리세요! 그런 것부터 먼저 버려야 합니다.

우리는 매일 사용하는 데 필요한, 최소한의 물건만 남을 때까지 줄이고 또 줄여야 합니다.

자신을 돌아보세요

어떻게 하면—다른 사람에게서 행복을 찾거나 의존하는 것이 아니라—자기 안에서 행복을 이끌어낼 수 있을까요?

●— 수행은 스스로 혼자서 해야 합니다. 배가 고플 때, 다른 사람이 먹고 있는 것을 생각한다거나, 여러분 대신 다른 사람이 먹는다고 해서 여러분의 배고픔이 없어지나요? 졸리면 잠을 자야하고, 목이 마르면 물을 마셔야 합니다.

마찬가지로 진정으로 행복을 찾고 싶다면 스스로를 돌아봐야 합니다. 부모님이나 그 어떤 친척이나 친구도 자신의 잘 다스려진 마음만큼 여러분에게 좋은 영향을 줄 수는 없습니다.

행복은 스스로 부지런히 정진하는 수행에서 비롯됩니다. 계속 다음과 같이 생각하세요. "행복해지기 위해서는 수행을 해야 한다." 물론 다른 사람들, 좋은 도반이 수행에 몇 가지 도움을 줄 수도 있습니다. 하지만 결국 수행은 스스로 해야 합니다.

재가자의 영적 수행

부처님 법이 너무나 심오해서 출가해서 승려가 되어야겠다는 생각이 들때가 있습니다. 하지만 솔직히 말해서, 저로서는 재가 생활을 하면서 팔정도를 따르고 싶습니다. 하지만 재가 생활로는 끝없는 윤회에 머무르게 될까 걱정됩니다. 재가자도 열반에 도달하는 방법이 있을까요?

◉── 부처님 시대에도 부처님을 따르는 모든 사람이 비구나 비구니가 된 것은 아니었습니다. 수행을 통해 완전한 깨달음을 얻은 사람들 중에는 재가자들도 많았습니다. 하지만 재가자의 삶을 살면서도 매우 진지해야 합니다. 팔정도를 수행하기 위해서는 조금 더 정진해야 합니다.

재가자나 출가자 모두 수행의 길에 들어서서, 그 길을 진지하게 받아들이고 꾸준히 수행하면 깨달음의 첫 단계인 예류자預流者 Sotapanna에 도달할 수 있습니다. 부처님 시대에도 재가자로서 수행하여 이러한 깨달음을 얻은 사람들이 많이 있었습니다.

그러니 망설이지 마세요. 수행하지 않으면 끝없는 윤회samsara에 대한 두려움이 생길 것입니다. 수행을 하면 윤회를 두려워할 이유가 없습니다. 출가자이든 재가자이든 우리는 같은 길을 걷고 있습니다.

출가자에게는 더 많은 규칙과 엄격한 규정이 있습니다. 재가자에게는 그렇게 많지 않습니다. 출가자들은 특별한 계율을 지켜야 하기 때문에 보다 엄격합니다. 재가자들은 계율이 많지 않기 때문에 어떤 면에서는 수행이 보다 쉽습니다.

그러나 재가자와 출가자 모두 부지런하고 성실하게 팔정도를 수행해야 합니다.

건전한 방향

『행복으로 가는 마음챙김 8단계Eight Mindful Steps to Happiness』라는 책에서, 스님은 사랑의 친절함에 대하여 말씀하셨습니다. 메타, 즉 사랑의 친절함이란 일반적으로 생각하는 사랑이 아니며, 사람의 행동이나 자질에 의해 좌우되지도 않는다고 하셨습니다. 사랑의 친절함은 모든 사람을 친절하게 대하도록 동기부여를 합니다. 그런데 부처님께서는 개인 간의 사랑에 대해서는 어떻게 말씀하셨나요? 우리가 이해하는 개인적인 사랑의 관계와 충실함이 영적인 삶에서 어떤 가치가 있을까요? 깨달음에 보다 가까이 다가가는 데 도움이 될까요?

◉— 부처님은 개인적인 사랑에 대해 어떻게 말씀하셨을까요? 물론 개인적인 사랑은 사람들의 관계에서 중요합니다. 우리는 사랑하는 사람과 함께 있고, 정서적으로 서로를 지지하며, 안정감을 유지하고 우리들의 삶을 조화롭게 만들기를 원합니다.

개인적 사랑은 중요합니다. 사람들이 서로에게 완전히 정직하고 성실하며 충실한 삶을 산다면 그것이 바로 재가자의 이상적인 삶입니다. 때로 이런 이상적인 삶은 가능하며, 어떤 사람들은 그렇게 살아갑니다.

하지만 문제는 항상 마찰, 오해, 불신, 불성실, 배은망덕, 분노, 증오, 질투, 두려움, 경쟁심 등이 있을 때 발생합니다. 이러한 것들이 작용하면 관계가 아주 어려워질 수 있습니다.

부처님께서는 「싱갈라를 가르치신 경$^{Sigalovada\ Sutta}$」(『디가 니까야』)에서 재가자들에게 특별한 설법을 하셨습니다. 부처님은 배우자, 파트너, 자녀, 부모, 형제, 자매, 교사, 학생, 스승과 노동자, 지배자와 피지배자 등이 함께 살아가는 방법에 대한 지침을 주셨습니다. 서로에 맡겨진 의무와 책임에 대한 긴 목록도 있습니다. 이 전체 담론을 재가자 계율이라고 합니다.

이 외에도 『디가 니까야』, 『맛지마 니까야』, 『쌍윳따 니까야』, 『앙굿따라 니까야』 등 부처님께서 재가자들에게 가정생활을 어떻게 해야 하는지에 대해 말씀하신 많은 다른 경전들이 있습니다. 부처님께서는 항상 부부 사이의 선하고 고귀한 관계를 칭찬하셨습니다. 오계를 지키며 그와 같은 삶을 산다면 완전한 깨달음을 얻을 수 있습니다.

그러므로 균형 잡힌 재가 생활을 하는 방법을 배워야 합니다. 온전하게 정직하고 성실한 사람들이 많습니다. 그분들은 깨달음을 충분히 얻을 수 있습니다.

성실성은 정직과 함께 가장 중요한 요건입니다. 자신과 타인에게 정직해야 마음이 안정되고 깨끗하게 유지됩니다. 그런 사람들이 명상 수행을 하고자 좌정하면 빠르게 집중이 향상됩니다. 정직하고 성실하기 때문입니다.

예를 들어, 어떤 부유한 사람이 자신의 부를 정직하고 건전한 방법으로 얻었다는 것에 안심한다고 가정해 봅시다. 그런 깨달음은 행복의 원천이 됩니다. 이런 경우 부는 축복입니다.

삶은 그 자체로 좋지도 나쁘지도 않습니다. 돈 역시 그 자체로 선하지도 악하지도 않습니다. 또한 몸을 갖는 것도 그 자체로는 좋지도 나쁘지도 않습니다. 그 몸과 그 돈을 어떻게 사용하느냐에 따라 모든 것이 달라집니다.

따라서 모든 것은 자신의 몸과 마음을 어떻게 사용하느냐에 달려 있습니다. 몸 그 자체는 도덕적인 것도 부도덕한 것도 아닙니다. 이것을 이해하고 정직하고 성실하게 살아간다면 인간관계, 재산 등이 우리를 건전한 방향으로 이끌 것입니다.

집착과 관계

집착하는 관계와 진정으로 친밀한 관계를 어떻게 구분할 수 있나요?

◉― 집착하는 관계는 많은 괴로움과 아픔을 가져옵니다. 건강하고 친밀한 관계는 그렇지 않습니다. 하지만 집착하는 관계든 집착하지 않는 관계든 모든 관계는 무상하다는 사실을 이해해야 합니다. 이 무상의 법칙은 어떤 것에도 예외가 없습니다. 즉 모든 것에 적용됩니다.

출산에 대한 축복

스님께서는 출산을 앞둔 여성에게 어떤 축복이나 지혜를 전하고 싶으신가요?

◉── 「앙굴리말라경」(『맛지마 니까야』)에 나오는 특별한 축복에 대한 이야기가 있습니다. 앙굴리말라는 악명 높은 범죄자였습니다. 이 경전은 그의 이름을 따서 명명되었습니다. 경전에 따르면 그는 999명의 사람을 죽였습니다. 앙굴리말라가 부처님을 살해하려 할 때, 부처님께서는 그를 개심시켰습니다. 그는 출가하여 승려가 되었으며, 얼마 지나지 않아 완전한 깨달음을 얻었습니다.

어느 날 탁발하던 앙굴리말라는 어떤 여성이 출산의 진통으로 울부짖는 소리를 들었고, 앙굴리말라의 마음이 연민으로 가득했습니다. 그가 부처님을 만나기 전에는 자애심이 전혀 없었고 살생을 일삼았습니다. 하지만 지금 그는 연민으로 가득 찼습니다. 그는 부처님께 가서 출산으로 고통스러워하는 여인의 울부짖음을 들었다고 이야기했습니다. 부처님은 "앙굴리말라여! 그 여인에게 가서 '나는 태어나서 지금까지 단 한 번도 생명을 죽인 적이 없다'고 이야기하고, '진리의 힘으로 고통 없이 아기를 출산하기 기원합니다.'라고 축복해라."고 말씀하셨습니다.

이에 앙굴리말라가 말했습니다. "하지만 존자님, 그렇게 말할 수 없습니다. 저는 999명이나 죽였습니다. 이제 와서 거짓말을 할 수는 없습니다."

그러자 부처님께서는 "앙굴리말라여! 너는 출가승이 되어 깨달음을 얻은 이후 단 한 번도 생명을 죽인 적이 없다는 점을 기억하여라. 그리고 그 진리의 힘으로 그 여인에게 축복을 베풀어라."라고 말씀하셨습니다.

부처님의 말씀에 힘을 얻은 앙굴리말라는 그 여인의 집으로 되돌아가 문밖에 서서 "저는 아리얀족에서 태어나 비구가 된 이후 단 한 번도 중생을 죽인 적이 없습니다. 이 진리의 힘으로 무사히 출산하기를 기원합니다."라고 말했습니다.

이러한 축복이 끝나자마자 여인은 무사히 아기를 낳았습니다. 그 이후로 「앙굴리말라경」은 임산부들이 출산 직전에 암송하는 경전이 되었습니다. 어떤 이유에서인지 효과가 있는 듯합니다. 그래서 많은 여성들이 이것을 암송합니다.

가족에 대한 가르침

불교에는 가족에 대한 가르침이 있나요? 자녀를 갖는 것은 신성한 의무인가요, 아니면 이기적인 행동인가요?

◉— 불교는 모든 생명체가 타고난 번식 욕구를 가지고 있다고 믿기 때문에 번식에 대해 이야기하지 않습니다. 따라서 이를 위해 특별한 가르침이 필요하지 않습니다.

불교에서는 사람이 태어나면 가족생활과 관련하여 해야 할 일, 즉 부처님께서 권장하신 일들이 있다고 말합니다. 재가자 계율이라고도 알려진 「싱갈라를 가르치신 경 Sigalovada Sutta」(『디가 니까야』)은 가족의 책임과 의무에 대하여 포괄적으로 설명하고 있습니다.

그 외에도 재가자들이 따라야 할 것에 대한 담론은 많습니다. 하지만 성생활이나 출산 등에 대한 이야기는 없습니다. 물론 아이들에게서 자신의 모습을 보고자 하는 것은 분명히 이기적이고 자기중심적인 것입니다. 그래서 "내 아들이다! 내 딸이다! 내 아들은 이렇고 저렇고!"라는 말을 합니다. 제가 이런 말을 한다고 해서 기분 나쁘게 생각하지는 마세요.

명상과 트라우마

명상이 트라우마를 치유할 수 있다고 생각하십니까? 예를 들어 명상이 외상성 트라우마와 경험의 기억을 치유할 수 있을까요?

●── 명상을 해본 적이 없는 사람이 있다고 가정해 봅시다. 트라우마를 경험한 후 트라우마를 극복하기 위해 명상을 하려고 해도 쉽지 않을 것입니다.

하지만 명상을 해온 사람이 명상 중에 트라우마를 겪게 되면, 명상 경험을 통해 트라우마를 극복하거나 트라우마를 견디며 살아갈 수 있습니다.

범죄와 연민

무차별적으로 사람을 죽이는 폭탄 테러와 같은 잔혹한 행위에 어떻게 대응해야 할까요?

●── 우리는 당연히 연민에서 비롯된 슬픔을 느낍니다. 근본적인

원칙은 어떻게 해야 행복을 가져올 것인가 하는 것입니다. 우리는 이러한 일들을 용납할 수 없습니다. 그렇다면 어떻게 도울 수 있을까요? 피해자뿐만 아니라 범죄자에게도 도움이 필요합니다. 우리는 피해자를 돕습니다. 하지만 잔혹한 범죄를 저지른 사람 역시 심리적 문제로 고통 받습니다. 그들까지도 도울 수 있는 방법을 찾아야 합니다.

물론 우리는 종종 이러한 잔혹한 범죄에 대한 소식을 듣고 무력감을 느끼기도 합니다. 하지만 우리의 대응은 모든 사람에게 행복을 가져다주는 것이어야 합니다. 때때로 우리는 슬프고 분노합니다. 그들이 다른 사람의 행복, 건강, 생명을 빼앗았기 때문입니다.

하지만 "왜 그들이 그런 행동을 했을까?"라는 생각도 해봐야 합니다. 그들 스스로에게 문제가 있기 때문입니다. 우리가 모든 문제를 해결할 수는 없습니다. 하지만 문제를 일으킨 사람들을 어떻게 도울 수 있을지 고민해야 합니다. 따라서 내면적으로 우리가 진정으로 가져야 하는 것은 연민과 진정한 평화와 행복을 주고자 하는 의도입니다.

우리가 세상의 모든 문제를 해결할 수는 없습니다. 하지만 우리는 아이들이 평화롭고 조화롭게 살 수 있도록 노력할 수 있습니다. 물론 이미 일어난 일에 대해서는 아무것도 할 수 없습니다. 하지만 우리는 현재와 미래에 평화와 화합을 북돋을 수 있는 방법을 고민하고 배워야 합니다.

선의의 거짓말

부모가 자녀에게 사소한 선의의 거짓말을 해도 괜찮을까요? 예를 들어, 자녀가 '아기가 어떻게 태어나는가'라고 묻는다면 어떻게 대답해야 할까요?

◉── 모든 부모들은 자녀들에게 하얀 거짓말이 아닌 진실을 말하도록 스스로를 훈련해야 합니다. 아이들은 스펀지와 같아서 모든 걸 흡수합니다. "엄마가 이랬어요!"라고 말하며, 아이들은 부모의 이야기를 권위 있는 것으로 생각하고 따릅니다. 그러므로 부모는 항상 진실을 말해야 한다는 원칙을 가져야 합니다.

한 번은 8살 소녀가 부모님, 조부모님과 함께 저희를 찾아온 적이 있습니다. 저희들은 웨스트버지니아 사찰 입구에 앉아 있었습니다. 어린 소녀는 우리 모두 앞에서 "반테 스님, 우리 어린이들은 살인, 도둑질, 음란한 행위, 거짓말을 전혀 하지 않고, 술도 마시지 않아요. 그런데 우리 부모님은 이런 것들을 잘 지키지 않아요."라고 말했습니다. 소녀의 부모님, 조부모님들은 얼굴을 붉히며 부끄럽고 민망해했습니다. 아이들의 관찰 방식을 보셨죠?

아이들을 과소평가하지 마세요. 아이들은 항상 관찰하고 있습니다. 그러므로 부모들은 아이들에게 진실을 말하는 법을 배워야 합니다.

그런데 자녀가 종종 자기가 어디에서 왔는지, 어떻게 태어나는지 묻는다면 어떻게 대답해야 할까요? "애야, 넌 아직 너무 어려서 이해하지 못할 수 있어. 조금 더 크면 알려줄게."라고 대답해 주세요.

"다리 밑에서 주워 왔어."와 같은 거짓말을 하는 것보다는 낫습니다. 그런 거짓말은 딸을 더욱 혼란스럽게 만들 뿐입니다. "네가 준비되면 말해줄게. 넌 너무 어려서 이해하지 못해."라고 말한다면, 그것은 진실입니다.

명상에 적응하기

재가자들이 바쁜 일상에 명상을 어떻게 접목할 수 있을까요?

◉— 저는 아침과 저녁에 한 번씩, 하루에 두 번 이상 명상 시간을 마련하여 수행할 것을 권합니다. 그런 다음 가능하면 명상수련회에 참여할 수도 있습니다.

집안일 중에도 명상을 할 수 있도록 하루 일과를 짜십시오. 적절하게 일정을 조정하면 누구나 집에서 명상 수행을 할 수 있습니다. 그렇게 하면 일상생활에 마음챙김을 접목할 수 있습니다.

게다가 우리는 모든 것, 모든 시간에 무상함을 알기 위해 노력합니다. 가정이나 명상센터 어디서든, 먹고 마시며 이야기하는 모든 시간에 수행할 수 있습니다. 언제든 우리는 적어도 상황이 어떻게 변하는지 알아차릴 수 있습니다.

감정, 지각, 생각, 사고는 모두 변합니다. 낮이든 밤이든 어디에 있든 항상 이러한 변화에 주의를 기울이세요.

격한 감정 상태

명상 수행 중 불안과 두려움 같은 격한 감정에 직면하기도 합니다. 이러한 감정을 어떻게 다뤄야 할까요?

◉── 감정의 종류에 따라 다릅니다. 저는 감정을 촉발한 일을 생각하지 말라고 조언하고 싶습니다. 그냥 놓아두세요. 물론 쉽지 않습니다. 하지만 감정을 다루는 실용적인 방법입니다.

부처님께서는 기억하지 말아야 할 것은 기억하지 말라고 말씀하셨습니다! 그런 것들을 생각하면 관련된 다른 많은 오염된 것들이 마음속에 떠오르고 마음이 산란해지기 때문입니다. 이것을 개념적 증식, 사량확산思量擴散*, 또는 빠빤차papanca라고 합니다. 한 가지를 생각하기 시작하면 다른 많은 것들이 함께 떠오르게 됩니다.

마음챙김에 대한 부처님의 가르침을 떠올리는 것이 도움이 됩니다. 가장 중요한 것은 애초에 두려움이나 동요 상태가 마음에 나타나지 않도록 하는 것입니다. 일단 그러한 상태가 되면 그 상태의 원인이 사라졌음을 염두에 두어야 합니다. 이러한 개념, 기억, 느낌에는 실체가 없습니다. 이것들은 지금 어떤 것에도 도움이 되지 않습니다. 더 중요한 것은 지금 일어나고 있는 일입니다.

부처님께서는 그런 생각이 없는 사람은 구름이 한 점 없는 달처

---

* '빠빤차(papañca)'는 마음이 끝없이 개념을 만들어내고, 그것을 확장하고, 서로 연결하며 복잡하게 얽어내는 작용을 의미한다. 이를 사량분별思量分別의 증식이라고 할 수 있으며, 결과적으로 희론戲論에 빠지게 된다.

럼 빛난다고 말씀하셨습니다. 그러한 생각이 떠올라 마음을 흐리게 하지 마세요. 그리고 그러한 상태가 마음에서 일어나면 무상을 염두에 두어야 합니다. 이러한 상태는 모두 원인과 조건에 따라 나타나고 사라집니다. 원인과 조건은 더 이상 존재하지 않으므로 이것은 단순한 기억일 뿐입니다.

따라서 긍정적이고 건전한 생각을 반복해서 생각하면 부정적인 생각은 서서히 마음에서 사라질 것입니다.

부처님의 소금에 대한 비유가 있습니다. 작은 물컵에 소금 한 덩어리를 넣으면 물은 짠 맛을 냅니다. 하지만 같은 크기의 소금 덩어리를 큰 강물에 넣으면 강은 짜지지 않을 것입니다.

마찬가지로 건전한 생각을 계속해서 키우면 종종 건전하지 않은 생각이 떠올라도 마음에 영향을 미치지 않습니다. 건전한 생각을 반복하므로 마음은 건전한 생각으로 가득 차게 됩니다. 그러면 마음속에 불건전한 것이 생길 여지가 없습니다. 이것이 소금 결정 비유의 의미입니다.

부처님께서 말씀하신 또 다른 비유는 「소라고동 소리 경 Saṅkhadhamasutta」(『쌍윳따 니까야』)의 소라고동의 비유입니다. 나팔 부는 사람은 자애를 개발하고 배양합니다. 그는 마음에 자애를 충전합니다. 어떤 방향으로 마음을 집중하든, 그 방향으로 자애를 보낼 수 있습니다.

북쪽, 북동쪽, 동쪽, 남동쪽 등 시방十方의 모두에게 자애심을 보낼 수 있습니다. 그러면 그 사람은 모든 방향으로 자애심을 나누는 수행 속에서 자신을 잊게 됩니다. 결국 마음속의 모든 부정적인 것들은 그 자애 수행의 결과로 사라지게 됩니다.

이러한 것들이 명상 중 또는 일상생활에서 감정적이거나 어려운 상태가 발생할 때 기억해야 할 사항입니다.

산들바람 통찰

수행에서 태도의 역할은 무엇입니까? 야외로 가면 산들바람의 상쾌함을 느끼고, 바람, 온도, 변화하는 자연을 느낍니다. 바람이 차가우면 그 바람을 피하고 싶어집니다. 태양이 비치면 산들바람이 기분 좋게 느껴지고, 무더운 낮에는 산들바람을 갈망합니다. 이런 차이는 바람이 아니라 바람을 대하는 태도에 달려 있습니다. 이러한 태도 중 어느 하나를 붙잡고 있으면 고통스럽습니다. 이러한 태도에 집착하지 않으면 산들바람이 불든 그렇지 않든 고통스럽지 않을 듯합니다.

◉── 그렇습니다. 건강한 태도, 평온한 마음가짐이 있으면 평정심을 유지할 수 있습니다. 다른 조건은 중요하지 않습니다.

햇볕이 내리쬐든 서늘한 곳에 있든 바람은 그냥 바람일 뿐입니다. 찬바람이 불면 추위를 느끼지만 그 바람을 싫어하지는 않습니다. 우리는 그것을 받아들이고 그 느낌을 알아차립니다.

채식주의

저의 가장 큰 소망은 자애심을 갖고, 다른 생명에게 고통을 주지 않는 것입니다. 하지만 갈등이 있습니다. 또한 저는 건강을 유지하고 몸에 좋은 음식을 먹고 싶습니다. 육식에 대하여 법은 어떻게 이야기합니까? 저는 채식주의자가 되는 것에 대해 고민하고 있습니다. 하지만 건강을 유지하려면 육류를 섭취해야 한다는 이야기를 듣기도 합니다.

◉―멋진 소망입니다. 저는 메타를 "사랑의 친절함"이라고 번역하곤 합니다. 많은 사람들이 이를 사랑의 친절이라고 부릅니다. 우리는 모든 생명에 대해 사랑의 친절함을 실천하고자 합니다. 우리는 네 가지 거룩한 마음가짐* 중 두 번째인 동정심, 카루나karuna를 실천하기 위해 노력해야 합니다. 자애로운 삶이란 생각과 말과 행동으로 어떤 생명도 해치지 않는 것입니다.

그래서 우리는 마음챙김과 사랑의 친절함, 연민을 가지고 행동해야 합니다. 우리는 이러한 태도로 생각하고 말하고 행동해야 합니다. 이러한 태도로 행동하기 위해서는 먹고 마시는 것과 같은 일상생활에서도 항상 이를 염두에 두어야 합니다.

육식은 간접적으로 살생에 참여하는 것이라고 생각할 수 있으므로, 채식주의자가 되는 것, 동물 처우에 대해 양심의 가책을 느끼는 것은 의미있고 건전한 실천입니다. 하지만 논란의 여지는 있습니다.

육식을 자제한다고 해서 저절로 자애심이 생기는 것은 아니기 때문입니다. 육식을 하지 않는다고 하여 저절로 동정심을 갖게 되는 것은 아닙니다. 히틀러를 보세요. 그는 채식주의자였습니다. 채식주의자라는 것 자체가 자애심의 실천이라는 보장은 없습니다.

---

* 자慈, 비悲, 희喜, 사捨의 사무량심四無量心.

우리에게 자애심을 갖게끔 하는 것은 무엇을 먹느냐가 아니라 어떻게 생각하고, 행동하고, 말하는가에 달려 있습니다. 스님들도 발우를 들고 집집마다 돌아다니며 음식을 공양받기 때문에 채식주의자가 될 수 없습니다. 스님은 사람들이 제공하는 것을 받아들여야 합니다. 그가 그것을 먹느냐 안 먹느냐는 다른 문제입니다.

따라서 비건이나 채식주의자가 되는 것이 자애로운 사람이 되기 위한 필수조건은 아닙니다. 살생에 직접 관여하거나 살생을 지지하거나 살생을 조장하지 말아야 합니다. 생각과 말, 행동으로 자애심을 실천하면서 그 모든 것을 멀리해야 합니다.

조력 자살

불치병으로 인해 고통 받고 생을 마감하려는 사람이 있다면 조력 자살은 허용되는 사랑의 행위인가요? 아니면 살인인가요?

●── 법(dhamma)의 관점에서 보면 그것은 살인입니다. 조력자살 사건에 연루된 사람이 있었습니다. 그는 결국 법정으로 넘어갔고 무죄 판결을 받았습니다. 판사가 법률을 해석하는 방식일 수도 있지만, 이것은 세속적인 상황입니다.

누군가가 불치병으로 고통 받는다면, 우리는 인간으로서 그 사람의 고통을 줄이기 위해 할 수 있는 모든 것을 해야 합니다. 그러나 우리는 다른 사람의 생명을 빼앗거나 자살을 돕거나 조언할 권리는 없습니다.

동물 실험

인간의 건강을 개선하고 의약품과 기타 제품을 생산한다는 명목으로 실험용으로 희생되는 많은 동물들에 대해 마음이 아픕니다. 불교 철학이 이러한 현실의 문제를 개선할 수 있는 대안을 제시할 수 있을까요?

◉── 사실 어떤 목적으로든 어떤 형태로든 동물을 해치는 것은 자애 수행과 양립할 수 없습니다. 사람들은 인간의 생명이 동물의 생명보다 더 소중하니 인간의 이익을 위해 동물을 이용하자고 주장합니다. 하지만 우리 시대는 기술이 기적을 만들어낼 수도 있습니다. 유익한 기술을 통해 과학자들은 동물을 사용하지 않고도 실험을 수행할 수 있습니다. 이것이 저의 개인적인 신념입니다.

불교와 정치

불교는 세속적 정치에 관여하지 않는 것으로 알려져 있습니다. 하지만 불교를 신봉하는 정부와 승려들이 적대감을 부추기고 폭력행위에 가담하는 사례는 분명히 있습니다. 이러한 행동에 대해 어떻게 생각하시나요?

◉── 불교의 역사를 살펴보면 사람들이 지나치게 자민족 중심주의가 될 때마다 광신주의의 위험이 있었습니다. 그들은 종교를 잊고, 법도 잊습니다. 어떤 나라가 불교 국가가 될 수는 있습니다. 하지만 불교도가 아닌 사람들을 죽이고 쫓아내고 인권을 박탈하는 것은 불교의 실천이 아닙니다. 그들은 단순히 광신도일 뿐입니다. 힌두

교와 이슬람교, 그리고 모든 종류의 종교에서 이런 일들이 벌어지고 있습니다.

자민족 중심주의는 종교의 기본적 근본 진리나 원칙을 잊게 할 수 있습니다. 불교는 지혜와 자애의 종교입니다. 사람에 대한 차별에는 지혜가 없습니다. 차별에는 자애심이 없습니다.

우리에게 권력이 있다면 어떻게 할까요? 비불교도들과 평화롭게 살고자 할 것입니다. 범죄를 저지르면 다른 사람들과 똑같은 대우를 받을 것입니다. 그래서 범죄를 저지르지 않을 것입니다. 여러분은 자신의 원칙, 자신의 종교를 따를 수 있습니다. 그것을 바꾸지는 않을 것입니다. 하지만 어떤 이유로도 범죄를 저지르지 마세요. 그리고 범죄에 대처하는 매우 평화로운 방법도 있습니다.

승려와 불교 지도자들이 국민을 차별하는 것은 나쁜 일입니다. 저는 그러한 행동을 전적으로 반대합니다. 절대 지지하지 않습니다. 절대로 그렇습니다.

그것은 불교가 아닙니다! 그것은 불교가 아닙니다. 만약 그들이 진실되게 불교를 실천한다면, 모든 차이에도 불구하고, 자애심 또는 사랑의 친절함을 실천해야 합니다.

7. 깨달음

깨달음의 가능성

이번 생에서 깨달음이 가능하다는 믿음을 어떻게 가질 수 있을까요?

◉— 법을 이해해야 합니다. 그러면 법이 제시하는 길은 분명합니다. 그러므로 깨달음의 실현 가능성에 대한 강한 믿음을 가질 수 있습니다.

법을 이해하고 수행 정진에 쏟는 시간에 따라 이러한 성취를 이룰 수 있습니다. 주저함과 두려움, 의심 없이 정진하고 성실하게 법을 수행하면 깨달음에 도달할 수 있습니다.

저는 여러분 모두가 현생에서 깨달음의 모든 단계까지는 아니라도, 적어도 깨달음의 한 단계는 성취할 수 있다는 신심을 가질 것을 진심으로 권합니다.

왜 열반인가?

모든 것이 무상하다면, 굳이 깨달음을 성취하려고 노력하는 것이 무슨 의미가 있을까요?

◉── 깨달음을 얻으려고 노력하는 것이 바로 열반^{Nibbana}입니다. 그렇기 때문에 우리는 그 상태를 얻기 위해 열심히 노력하는 것입니다. 우리는 이 모든 무상한 것들을 넘어 영원한 상태에 도달하여야 합니다.

유일한 영구적인 상태

열반^{Nibbana}은 영구적인가요?

◉── 그렇습니다. 그것만이 유일한 영원한 상태입니다. 그래서 지혜로써 조건지어진 모든 것이 무상하다는 것을 알면 그것을 해탈의 길이라고 합니다. 이것은 우리가 생각할 수 있는 모든 것, 생각하거나 지각할 수 있는 모든 것, 우주에 존재하는 모든 것이 무상하다는 것을 의미합니다.

열반은 사물처럼 존재하는 것이 아닙니다. 그것은 우리의 마음이 완전히 순수하고 모든 더러움으로부터 깨끗하고 건전한 상태일 때 우리 자신의 마음에서 일어납니다. 그때 나타나는 것이 열반입니다. 열반은 무상하지 않습니다. 유일한 영구적인 상태입니다. 우리는 열반을 얻기 위해 노력해야 합니다.

영적 성취

자신이 영적인 성취를 했다고 선언하는 것이 부처님 가르침에서 허용되나요?

◉— 부처님께서는 성스러운 사람의 일곱 가지 자질에 대해 말씀하셨습니다. 그것은 살생, 도둑질, 성적 비행, 거짓말, 분열을 일으키는 말, 거친 말, 쓸모없는 말을 삼가는 것입니다. 그리고 네 가지 바람직한 상태로서 부처님에 대한 믿음, 법에 대한 믿음, 승가에 대한 믿음, 계율을 준수하거나 높은 도덕적 수준을 지니는 것을 말씀하셨습니다.

성스러운 제자들이 이러한 일곱 가지 좋은 자질과 네 가지 바람직한 상태를 갖추고 깨달음의 첫 번째 단계, 깨달음의 흐름에 들어가면, "나는 지옥, 아귀, 축생, 아수라 4악처四惡處에 들어가지 않는다. 나는 예류자에 도달했다. 더 이상 땅 아래의 세계에 얽매이지 않고, 운명에 묶여 있지 않으며, 깨달음을 목적지로 삼는 흐름에 들어선 사람이다."라고 선언할 수 있습니다.

수다원

무엇이 수다원인가요?

◉— 수다원須陀洹^{Sotapanna}은 깨달음의 첫 단계에 도달한 사람으로, 깨달음의 흐름에 들어온 사람, 즉 예류자預流者 또는 입류자入流者라고도 합니다. 한번은 부처님께서 사리풋타 존자에게 말씀하셨습

니다.

"사리풋타여, 이것을 '시냇물, 흐름'이라고 한다. 사리풋타여, 무엇이 흐름인가?"

이에 사리풋타는 "존자시여! 팔정도를 간직하고 깨달음의 흐름에 들어온 사람을 예류자라고 합니다. 팔정도가 바로 시냇물, 흐름입니다. 즉, 올바른 견해〔定見〕, 올바른 의도〔正思惟〕, 올바른 말〔正語〕, 올바른 행동〔正業〕, 올바른 생계〔正命〕, 올바른 노력〔正精進〕, 올바른 마음챙김〔正念〕, 올바른 집중〔正定精進〕입니다."라고 대답했습니다.

그러자 부처님께서는 "좋다. 잘 이야기했구나. 사리풋타여! 팔정도가 바로 시냇물, 흐름이다."라고 말씀하셨습니다.

예류자의 자질

깨달음의 첫 단계인 예류자豫流者를 성취하면 어떤 느낌인지 알고 싶습니다. 어떤 것이 떠오르고 무엇이 보이나요? 그 후에는 어떤 자질을 갖게 되나요?

●── 예류자 단계에 들어가면 지옥, 아귀, 축생, 아수라의 4악처〔四惡處〕와 같은 낮은 존재 영역으로 윤회하는 것에 대한 두려움이 사라집니다. 또한 예류자의 바람직한 네 가지 자질을 갖추게 됩니다. 이것은 불·법·승에 대한 흔들리지 않는 믿음과 고귀한 이들에게 걸맞는 계율의 준수입니다.

예류자를 성취하지 않고도 강한 기쁨이 일어날 수 있습니다. 선정을 성취하면 기쁨과 행복을 얻게 됩니다. 마음에서 모든 더러움이 완전히 사라지면 마음에서 매우 밝은 빛이 일어납니다. 이것이 부처님께서 완전한 깨달음을 얻었을 때 일어난 일입니다. 부처님께서는 "내 안에 빛이 일어났다. $^{aloko\ udapadi}$"라고 말씀하셨습니다.

어떻게 하면 열반에 이를 수 있는가?

깨달음을 얻기 위해 해야 할 일, 지켜야 할 것들이 너무 많습니다. 포기하고 싶은 마음이 들기도 합니다. 어떻게 해야 열반을 성취할 수 있을까요? 불가능한 목표처럼 느껴지기도 합니다!

◉── 깨달음을 얻는 가장 간단한 방법은 탐욕, 증오, 망상을 없애는 것입니다. 그것이 전부입니다! 다른 어떤 것도 할 필요가 없습니다!

깨달음이 매우 어려운 것처럼 보이는 것이 사실입니다. 하지만 이 질문은 우리의 기본적인 무지에서 비롯된 것이라고 말씀드리고 싶습니다. "무지"라는 단어를 사용했다고 기분 나쁘게 생각하지 마세요. 우리 모두는 무지를 가지고 있습니다. 어떤 사람은 더 많이, 어떤 사람은 덜 가지고 있을 뿐입니다. 무지를 근절하지 않는 한 깨달음은 불가능합니다. 무지를 근절하는 방법을 배우면 깨달음은 점점 더 가능해질 것입니다.

종종 "깨달음"이라는 말은 이해하기 어렵고 멀고 불가능한 것처럼 들릴 때가 있습니다. "내 삶에는 문제가 너무 많아. 결점도 너무 많아. 열반을 성취하기는커녕, 매달의 살림살이를 걱정해야 하는 실정이야!"라고 생각할 수도 있습니다.

"깨달음이란 동양인에게만 해당되는 것 같아! 깨달음은 동양에만 있는 것 같아."라고 생각하는 서양인도 있습니다. 그래서 그들은 "동양에 가서 깨달음을 얻자!"라고 결심하기도 합니다.

서양인들은 여러 가지 좋은 이야기가 담긴 불교 서적을 많이 읽습니다. 열반에 대해서 읽고, 열반을 너무나 평화롭고 차분하고 조용한 것으로 생각합니다. 그래서 동양에는 수많은 비구와 비구니, 재가자들이 모두 숲속 나무 아래 앉아 명상하며, 모두 열반을 성취하는 것으로 믿고 동양을 찾아가기도 합니다. 동양 사람들은 일하지 않고 명상만 하기 때문에 가난할 수밖에 없다고 생각하기도 합니다.

하지만 동양을 가면 도로변에서 버스를 기다리며 앉아 있는 사람들 외에는 어느 곳에서도 명상하는 사람들을 발견하지 못합니다. 완전히 잘못된 생각입니다! 깨달음은 그곳에 있지 않습니다. 사실 깨달음은 우리가 있는 곳 어디에나 있습니다.

이 모든 것은 마음수행 방식에서 시작됩니다. 지금 당장 깨달음에 대해 걱정하지 마세요. 우리가 해야 할 일은, 우선적으로 해야 할 일을 먼저 하는 것입니다. 한 번에 한 걸음씩 내딛어야 합니다. 지금 당장 시작하세요.

안타깝게도 지름길은 없습니다. 그 과정에 전념하고 꾸준히 노력해야 합니다. 수행과 경험이 깊어지면 부처님께서 깨달음의 일곱 가지 요소〔七覺支〕라고* 말씀하셨던 것들이 구체화되는 것을 보게 될 것입니다. 알아차림, 분별, 정진, 기쁨, 편안함, 집중, 평온이 그것입니다.

이러한 깨달음의 각 요소는 다음의 요소와 서로 연결되어 있습니다. 마음챙김으로 시작하여 분별로 이어지고, 분별에서 정진으로, 정진에서 기쁨으로, 기쁨에서 평안함으로, 평안함에서 집중으로, 평정심으로 이어집니다.

진정으로 명상 수행을 정진하면 이 모든 것들을 볼 수 있습니다. 명상 수행이 깊어지면 이해도 깊어집니다. 중요한 것은 일단 시작하고 꾸준히 계속하는 것입니다.

희귀 상품

부처님 시대에는 지금보다 깨달음을 얻기가 더 쉬웠을 것 같은 생각이 듭니다. 당시에는 승단의 계율이 지금보다 적었으니까요.

◉─그렇습니다. 부처님께서 생존하셨던 시대에는 계율과 규정이 적었지만 더 많은 사람들이 깨달음을 얻었습니다. 지금은 그때보다 계율과 규정이 훨씬 많지만, 깨달음을 얻는 사람은 더 적습니다.

부처님 시대에 가정생활을 포기하고 승가에 들어온 사람들은 마치 물이 없는 메마른 사막과 같았습니다. 사막은 물이 부족하고 땅이 메마르고 갈라졌으므로, 비가 오면 한 방울 한 방울이 모두 그

---

* 4념처를 의미하는 염각지, 온갖 현상을 구별하는 택법각지 등 깨달음에 도달하기 위한 7가지 방법. 염각지念覺支, 택법각지擇法覺支, 정진각지精進覺支, 희각지喜覺支, 경안각지輕安覺支, 정각지定覺支, 사각지捨覺支.

대로 흡수됩니다. 마찬가지로, 초기의 출가자들은 법을 갈구하였습니다! 그들은 너무나 진지하고 정직해서, 수행의 모든 것을 곧바로 흡수했습니다.

그 후 수 세기에 걸쳐 다양한 동기로 수행을 하는 출가자들이 늘어났습니다. 하지만 예전과 같은 성실함과 정직함이 부족합니다. 2,600년이 지난 현재, 수행은 약해지고, 희석되고, 안일해졌습니다. 일반인뿐만 아니라 출가자들 사이에서도 진지하게 수행하지 않는 사람들이 생겨나고 있습니다.

따라서 이제 깨달음의 성취는 매우 드문 일이 되었습니다. 수행은 서서히, 서서히 사라지고 있습니다. 이것이 지금 일어나고 있는 일입니다.

물질만능주의에 빠지고 영적인 것을 덜 추구할수록 온갖 일들이 일어납니다. 그래서 우리 같은 명상센터에서, 그리고 자신의 삶에서 법의 진리를 맛보려고 노력하는 사람들을 만나면 아주 기쁩니다.

부처님께서는 제자들에게 이 법은 직접 깨달을 수 있다고 말씀하셨습니다. 이것은 우리가 신앙으로 수용하는 그런 법이 아닙니다. 스스로 자신 안에서 깨닫는 법입니다. 우리 안에 있는 법을 깨닫기 위해서는 수행 정진해야 합니다.

깨달음에서 깨달음으로

깨달음으로 가는 길, 그리고 그 결실은 무엇인가요? 다르게 말해서, 자

신이 깨달음의 단계에 도달했는지 어떻게 알 수 있을까요?

◉─깨달음으로 가는 길과 그 결실에 대한 경험은 여러 곳에서 명확하게 정의하고 있지는 않습니다. 경전에 의하면 깨달음으로 가는 길의 어떤 특정한 단계에서, 그리고 결실의 어떤 특정한 단계에서 우리의 족쇄가 풀리는 것을 알 수 있다고 합니다.

예를 들어, 초월적 성취의 첫 단계에 도달하면, 즉 깨달음의 흐름에 진입하면, 자신의 몸, 감정, 지각, 의식에 대한 생각을 포함하여 변하지 않거나 영구적인 자아 또는 영혼이 있다는 생각을 버리게 됩니다.

수행을 지속할 때 한 가지 중요한 요소는 무상입니다. 모든 것에서 무상을 봅니다. 모든 것은 영구적으로 무상합니다. 여러분은 계속적으로 반복해서 이것을 봅니다. 이것이 깨달음의 흐름에 들어가기 시작하는 것입니다. 모든 것이 무상하다는 것을 지혜로 보고 이해합니다.

이것은 단지 외부적인 이론적 이해, 즉 화학이나 물리학의 관점으로 이해할 수 있는 것이 아닙니다. 과학적인 관점에서 이해하는 것은 중요합니다. 그러나 자기 안의 무상함을 스스로 이해하게 되면, 즉 자신 안에 영구적인 자아는 없다는 것을 깨닫고, 그것을 경험하고, 매우 명확하게 이해하게 됩니다. 이후에는 의문의 여지가 없습니다. 여러분은 깨달음의 흐름에 들어선 길 위에 있는 것입니다.

그래서 마음챙김 명상을 계속해서 수행해야 합니다. 사마타 수행, 집중명상만이 아닙니다. 위빠사나 수행, 통찰명상은 해탈에 도달하기 위해 절대적으로 필요합니다.

보다 많은 힘과 용기, 보다 많은 노력을 기울여 수행을 계속해야 합니다. 계속 수행하세요. 그러면 부처님, 법, 승가에 대한 의심은 사라집니다. 부처님의 가르침을 경험하고 보았기 때문에 부처님 말씀에 대해 조금의 의심도 없습니다. 부인할 수 없는 진리입니다. 그래서 부처님에 대한 완전한 지혜와 믿음을 갖게 됩니다. 이것을 아베카 파사다$^{aveca\ pasada}$라고 합니다. 아베카^{Aveca}는 깨달음 또는 이해를 뜻합니다. 파사다^{Pasada}는 명료함을 뜻합니다.

이제 여러분은 깨달음의 흐름 위에 있습니다. 계속 마음챙김 명상을 하고, 수행하고, 수행하고, 또 수행해야 합니다. 그러면 어느 순간 "내가 해탈에 도움이 될 거라고 생각하며 수년 동안 수행해 온 모든 것들이 완전히 쓸모없고 무의미하다. 그것들이 나를 해탈로 인도할 수는 없다."라는 사실을 깨닫게 됩니다.

바로 이 수준, 그 이해에 도달하면 예류과의 단계에 도달한 것입니다. 부처님께서는 승가의 질서에서 여덟 가지 깨달음의 단계를 아주 명확하게 제시하셨습니다. 첫 번째는 깨달음의 흐름에 들어가는 길 위에 있고〔豫流向〕, 깨달음의 흐름에 들어가는 결실을 얻은 사람〔豫流果〕입니다. 두 번째는 한 번 돌아오는 길 위에 있고〔一來向〕, 그 결실을 맺은 사람〔一來果〕입니다. 그 다음에는 다시는 돌아오지 않는 길 위에 있고〔不還向〕, 그 결실을 맺은 사람〔不還果〕입니다. 그리고 아라한의 길〔阿羅漢向〕과 아라한의 결실〔阿羅漢果〕의 단계입니다.

자신이 깨달음의 흐름에 도달했는지는 스스로 알 수 있습니다.

다른 사람에게 물어볼 필요가 없습니다. 마치 두통에 대한 것과 같습니다. 다른 사람에게 "저에게 두통이 있나요?"라고 묻지는 않습니다.

육식과 음주

반드시 술과 고기를 금해야 하나요? 그런 것들을 포기하지 않고도 깨달음을 얻을 수 있을까요?

◉──도축을 위해 동물을 죽이고 사육하는 것이 아니라면, 육식이 해탈에 방해되지 않습니다. 의약품에 동물성 성분이 들어 있어도 그것을 복용하고 치료하는 것은 문제가 되지 않습니다.

고기를 먹는 것은 어떤가요? 누군가의 집에 초대를 받았는데, 그들이 도축 과정에 참여하지 않은 고기나 생선을 제공하는 경우를 가정해 봅시다. 고기나 생선을 제공받았다면, 초대한 분들이 난처하거나 당황해하지 않도록, 주어진 음식을 아주 조심스럽게 먹어도 괜찮습니다.

탁발하는 비구와 비구니는 음식을 선택하지 못합니다. 그들은 일종의 거지이며, 거지에게는 선택의 여지가 없습니다! 그들은 주는 대로 먹어야 합니다.

하지만 술은 반드시 피해야 합니다. 어쨌든 술은 우리에게 도움이 되지 않습니다. 정신을 혼란스럽게 하고 많은 문제를 일으킬 수 있습니다.

재가자이든 출가자이든 명상을 하는 모든 사람은 넓은 의미에서 포기를 실천합니다. 일반적으로 "포기"는 출가자들에게만 사용됩니다. 하지만 엄밀한 의미에서 "포기"는 탐욕, 증오, 무지를 버리는 것을 의미합니다. 재가자도 욕심을 버리는 법을 배워야 합니다.

욕심을 버리는 것이 포기입니다. 이것은 팔정도의 바른 의도(正思惟)이며, 올바른 의도의 핵심 요소는 포기입니다. 이것이 바로 우리가 실천해야 하는 것입니다.

현대의 아라한

오늘날에는 아라한, 즉 완전한 깨달음을 얻은 존재가 없다는 것이 맞는 말인가요? 없다면 왜 없을까요?

●── 저는 현대에는 아라한이 없다고 말하지 않습니다. 아무도 모르게 홀로 수행하는 훌륭한 사람들이 적지 않으므로 아라한이 있을 수 있습니다. 아라한이 존재하지 않는다는 생각은 옳지 않습니다.

부처님께서 『대반열반경 Mahaparinibbana Sutta』(『디가 니까야』)에서 말씀하신 것처럼, 사성제가 존재하는 한 아라한도 존재할 수 있습니다. 부처님 가르침의 진리를 정확히 깨달은 사람이 존재할 수 있습니다. 아라한은 오늘날에도 존재할 수 있습니다.

사실 아라한을 우연히 만난다고 해도, 그가 아라한인지 알아보는 것은 불가능합니다. 우리가 누군가와 관계를 맺더라도, 여러분이 매우 신중하게 살피지 못하거나, 아라한이 어떤 사람인지 알지 못하거나, 스스로 아라한이 아니라면, 누가 아라한인지 알 수 없습니다.

하지만 오늘날에도 아라한은 존재할 수 있습니다. 일반적으로 아라한은 자신이 아라한이라고 세상에 선언하지 않습니다. 아라한은 그렇게 하지 않습니다. 그러므로 만약 누군가가 자신을 아라한이라고 주장한다면, 그는 아라한이 아닐 가능성이 훨씬 높습니다.

그러나 아라한과 만나고 교제하면서 그의 행동을 깊이 관찰할 수 있다면, 그 사람은 다르다는 것을 알게 될 것입니다. 아라한은 탐욕, 증오, 망상 없이 말하고 행동합니다. 그러면 그를 아라한이라고 결론 내릴 수 있습니다. 하지만 오랜 시간 함께하지 않으면 알 수 없을 것입니다.

깨달음 이후

부처님께서는 왜 완전한 깨달음을 얻은 이후에도 계속 명상을 하셨을까요? 완벽한 것을 더 완벽하게 할 수는 없는 법인데 말입니다. 제자들에게 동기부여를 하기 위해서였을까요?

◉— 그렇습니다. 부처님께서는 제자들에게 깨달음에 대한 동기를 부여하고 격려하기 위해 명상을 계속하셨습니다. 그리고 육체적으로 피곤할 때마다 명상을 하셨습니다. 하루에 두 시간만 수면을 취하셨다고 전해지는 부처님께서는 22시간 동안 깨어 있으셨고, 우리 모두를 연민하는 마음으로 여러 가지 일을 처리하셨습니다.

그래서 부처님은 명상을 통해 몸과 마음을 새롭게 하려고 노력하셨고, 해탈의 행복이라는 경지에 들어가셨습니다. 부처님은 항상 마음챙김을 유지했으며, 종종 법문 중간중간 명상을 하기도 했습니다. 마음을 맑게 하고 몸을 항상 편안하게 유지하기 위해 명상으로 시간을 보냈습니다.

마침내 깨달음 이후 부처님은 해탈의 성취를 온전히 즐기셨습니다. 제가 "즐기다^{enjoy}"라는 단어를 사용했지만, 사실은 그 이상입니다. 이것은 우리가 일상적인 대화에서 이야기하는 행복이 아닙니다. 매우 이타적인 행복입니다.

또한 부처님은 제자들에게 동기부여하고자 하셨습니다. 우리는 부처님의 모범을 보며 "부처님께서 깨달음을 얻은 후에도 계속 명상하셨다면, 나도 그래야 하지 않을까?"라고 생각합니다. 이러한 연유로 부처님께서는 명상을 계속했습니다.

깨달은 사람이 가는 곳

아나함阿那含^{Anagami}은 다시 태어나지 않는 자(不還者)라고 불립니다. 다시 돌아오지 않는다면 어디로 갔을까요? 부처님은 어디로 가셨나요? 이것을 아는 것이 도움이 됩니다. 왜냐하면 제가 이것을 알면 더 쉽게 놓을 수 있기 때문입니다. 저로서는 깨달음은 마치 "펑!" 하는 소리처럼 생각됩니다. 모든 것은 가버리고, 모든 존재는 사라집니다.

◉── 질문을 탓할 생각은 없습니다. 그렇게 생각하실 수 있습니다. 제가 완전한 답변을 드릴 수는 없습니다. 하지만 대답을 알고자 하는 마음이 중요합니다.

열반에 이르면 탄생과 죽음이 반복되는 윤회가 소멸됩니다. 탄생과 죽음의 순환이 끝나면 어떻게 될까요? 모든 사람이 완전한 깨달음을 얻으면 세상은 어떻게 되느냐고 묻는 사람들도 있습니다.

누가 그런 것을 알겠습니까?

현생에서 우리들은 각자의 문제와 괴로움, 아픔을 가지고 있기 때문에 서로를 돌봅니다. 하지만 모두가 고통과 괴로움에서 자유로워진다면 우리에게 걱정할 것이 있겠습니까? 완전한 깨달음을 얻으면 평화롭고 영원한 행복을 누릴 수 있을 뿐입니다. 그 이상의 것을 원하십니까? 완전한 깨달음, 즉 영원한 행복을 얻으면 그 외에 무엇이 더 필요하겠습니까? 이것이 바로 깨달음, 즉 열반에 도달했을 때 일어나는 일입니다.

다시 돌아오지 않는 자(不還者)는 정결한 거처라고 불리는 상태에 머무릅니다. 다섯 개의 정결한 거처가 있습니다. 그들은 완전한 깨달음을 얻을 때까지 그곳에 머무릅니다. 부처님과 아라한은 완전한 깨달음을 얻어 해탈의 행복으로 들어가셨습니다.

부처님께서는 열반이라는 상태가 있다고 말씀하셨습니다. 부처님께서는 「자설경自說經 Udana」에서 열반은 오직 현재에만 있다고 아주 분명하게 말씀하셨습니다. 그리고 부처님께서는 열반은 어떤 존재 혹은 요소가 없다고 말씀하셨습니다. 오르내림, 과거와 미래, 변화도 없는 상태가 있다고 말씀하셨습니다. 그런 것들은 아무것도 존재하지 않는 상태입니다.

한 번 깨달음을 얻으면 영원한 행복이 계속 퍼져 나갑니다. 이것을 열반이라고 합니다.

재가자의 깨달음

재가자도 진실한 마음으로 수행 정진하면 깨달음을 얻을 수 있을까요? 재가자도 이번 생에서 깨달음의 흐름에 들어갈 수 있나요?

◉— 당연합니다. 수행에는 마법이 없습니다. 하지만 쉽지 않습니다. 하지만 좋은 일입니다! 주어진 명상 지침을 정확히 따라 열심히 노력하면 이번 생에서 깨달음의 흐름에 들어갈 수 있습니다.

깨달음의 흐름에 들어간 사람이 되고자 한다면 어떻게 해야 할까요? 팔정도 수행을 계속해야 합니다. 이것이 유일한 길이며 바르고 직접적인 길입니다. 수행, 수행, 수행에 정진하세요. 진심으로, 정직하게, 매일매일 고귀한 팔정도의 모든 단계를 수행하세요. 팔정도의 모든 단계인 올바른 견해, 올바른 의도, 올바른 말, 올바른 행동, 올바른 생활, 올바른 노력, 올바른 마음챙김, 올바른 집중을 수행해야 합니다. 어느 하나만 취사선택하는 것이 아니라, 팔정도 모두를 수행해야 합니다.

그러면 언젠가 여러분은 그동안 따랐던 모든 의식이 쓸모없고 헛되고 의미없는 것임을 분명하게 알게 될 것입니다. 마음은 모든 의식을 놓아 버리고, 불·법·승에 대한 모든 의심이 사라질 것입니다. 왜냐하면 팔정도를 따르면 진리와 법이 아주 분명하게 보이기 때문입니다. 법은 팔정도 안에 있습니다.

어느 날 여러분은 무상을 깨닫게 될 것입니다. 무상한 것에 집착하기 때문에 괴로움이 생겨납니다. 여러분은 이것을 분명하게 볼 것입니다. 그리고 그 길의 모든 단계에서 계속 그렇게 될 것입니다.

그러면 마음에서 의심이 사라질 것입니다.

  깨달음의 흐름에 들어서기 위해서는 제거해야 할 세 가지가 있습니다. 하나는 불필요한 규칙과 의식에 대한 집착입니다. 둘째는 의심입니다. 그리고 세 번째는 '나'라는 구체적인 실체가 없다는 것을 아는 것입니다. '나'라는 생각은 우리가 마음속에서 만들어 낸 개념입니다. 무상을 바라볼 때 그것은 사라집니다. 이 세 가지가 완전히 사라지고 다시는 돌아오지 않을 때, 여러분은 깨달음의 흐름에 도달한 것입니다.

  재가자 누구나 가능합니다.

8. 바른 생각(正思惟), 바른 말(正語)

케이크를 먹을까? 명상을 할까?

수행을 방해하는 장애요인의 발생에는 어떤 특정 유형이 있습니까?

◉── 장애물이 특정 순서에 따라 발생하지는 않습니다. 이러한 장애물이 나열된 순서대로 일어난다고는 아무도 장담할 수 없습니다. 이 장애물은 감각적 욕망^{kāmāchanda}, 악의^{vyāpāda}, 게으름과 무기력(해태와 혼침)$^{thīna-middha}$, 흥분과 회한$^{uddhacca-kukucca}$, 회의와 의심 ^{vicikicchā}입니다.

이렇게 다섯 가지라고 할 수 있지만, 실제 경험은 매우 다릅니다. 여러분은 명상을 통해 이러한 장애요인들을 확인할 수 있습니다.

우선 감각적 욕망인 탐욕이 있습니다. 예를 들어, 명상 수행 중 갑자기 냉장고에 넣어둔 맛있는 케이크 조각이 생각날 수 있습니다. 그러면 입에 군침이 돌고, 마음이 흔들리고 수행을 계속할 수 없을 정도로 욕망이 강해집니다. 이렇게 강한 욕망이 생겨나면 수행을 계속하기 어렵습니다.

그래서 벌떡 일어나 냉장고에 가서 케이크 한 조각을 먹습니다. 맛난 케이크를 먹은 후 명상을 계속할 수 있을까요? 어렵습니다. 설탕을 과하게 섭취함으로써, 더욱 더 먹고 싶어집니다.

그러므로 욕심이 생기면 마음을 다스리고 자신에게 이렇게 이야기해야 합니다. "나는 어린 시절부터 수천 번이나 케이크를 먹었어. 특별한 것은 없어. 냉장고에 있는 것이 천상의 케이크도 아니잖아. 그리고 이 케이크가 사라지지는 않아! 냉장고 문을 잠궈야지. 아무도 케이크를 훔치지는 못할 거야. 케이크는 그대로 있을 거야.

하지만 이 명상의 순간은? 나는 이 순간을 기대하고 있었고, 명상을 하기 위해 기운을 모아왔어. 그러니 이런 아주 귀중한 기회를 놓칠 수는 없어. 어쩌면 다음 순간까지 내가 살고 있지 않을 수도 있잖아. 그러니 이 케이크에 대한 생각, 이 욕망, 이 탐욕을 버리겠어. 이 케이크를 먹지 않아도 죽지는 않아. 명상할 수 있는 이 기회는 한 번 지나가면 다시는 되돌릴 수 없어. 케이크는 여전히 거기 있겠지만, 이와 같은 명상 분위기는 다시 찾지 못할 수 있어."

이것이 여러분 스스로에게 이야기하는 방법입니다.

명상이 싫어질 때

수행을 하기 싫은 마음이 생기면 어떻게 대처해야 할까요?

◉— 때때로 사람들은 명상 수행 중에 걸림돌에 부딪힙니다. 이러한 걸림돌을 극복하기 위해서는 영적 긴장감을 불러일으켜야 합

니다. 우리의 삶이 얼마나 소중하고 짧은지 생각해 보세요! 인생은 길게 느껴지지만, 정말 매우 짧습니다. 우리는 이 짧은 인생 동안 먹고 마시고 즐기는 데 얼마나 많은 시간을 보냈을까요? 그리고 진정한 평화와 행복, 위안을 얻기 위해서 보낸 시간은 얼마나 될까요?

부처님, 법, 승가에 대한 헌신과 믿음을 일깨워야 합니다. 여러분! 부처님께서는 결코 우리를 속이거나 값싼 물건을 팔지 않으셨습니다! 부처님께서는 온전히 정직하고 진실하셨습니다. 커다란 연민과 지혜로 우리에게 진리를 말씀하셨습니다. 부처님께서는 어떻게 하면 고통에서 벗어날 수 있는지 알았고, 우리들이 가야 할 길을 알려 주셨습니다. 부처님은 최선을 다해 중생을 구제하셨습니다.

여러분도 잘 알다시피, 부처님께서는 하루에 두 시간밖에 자지 않으셨고, 여든이 넘은 나이에도 활력 있게 중생을 계도하셨습니다. 부처님께서는 칭찬을 받거나 돈을 벌기 위해 일하지 않았습니다. 부처님은 우리들이 괴로움의 진리와 이것을 소멸하는 진리를 깨우치기 바라는 한 가지 마음으로 평생을 헌신하셨습니다.

부처님 말씀의 핵심은 "스스로 괴로움에서 벗어나라!"는 것입니다. 우리는 부처님이 얼마나 자애로운 분이었는지 이해해야 합니다. 부처님은 그 큰 연민으로 제자들에게 "나를 존경하고 따른다면, 스스로 괴로움에서 벗어날 수 있도록 정진하라. 고통 받지 말라. 이것이 너희들이 나에게 하는 보답이다."라고 말씀하셨습니다. 이보다 훌륭하고, 이보다 자애심을 불러일으키는 표현을 어떻게 찾을 수 있을까요?

그래서 우리는 부처님의 가르침을 배우고, 부처님 말씀을 따릅니다. 정진해야 합니다. 부처님 발자취를 따르기 위해 할 수 있는 모든 것을 해야 합니다. 다른 누구를 위해서가 아니라, 우리 자신을 위해서 수행 정진해야 합니다. 우리의 모범과 행동을 통해 다른 누군가가 혜택을 받을 것입니다.

빠빤차 또는 정신적 확산

빠빤차papanca 또는 정신적 확산이라는 용어는 무엇을 의미하는 것일까요?

◉── 영속되는 생각의 흐름을 빠빤차papanca라고 합니다.「꿀덩어리 경Madhupindika Sutta」(『맛지마 니카야』)에도 이 용어에 대한 설명이 있습니다.

여러 학자와 작가, 스님들이 빠빤차에 대하여 다양한 해석과 의미를 부여했습니다. 스리랑카 출신의 나나난다Nanananda 스님은 『개념과 실재Concept and Reality』라는 책에서 이에 대해 심도 있게 설명하고 있습니다.

빠빤차는 무슨 뜻일까요? 한마디로 말해서 빠빤차는 깨달음의 성취에 방해가 되는 온갖 종류의 생각입니다. 한 방향으로 가고자 하지만, 그 과정에서 생겨나는 여러 가지 생각입니다.

두통이 심한 엄마를 위해 약을 사러 가는 어린아이를 비유로 말씀드려 보겠습니다. 엄마는 아이에게 가까운 약국에서 아스피린을 사오라고 심부름을 시켰습니다. 하지만 아이는 약국으로 가는 길에 나비를 발견하고는 앉아서 지켜봅니다. 그러다 새끼 고양이를 만나서 안아주고 쓰다듬고, 강아지를 보고는 놀아줍니다. 다시 친구들을 만나서 함께 놉니다.

겨우 약국에 도착하지만 이미 여러 시간이 지났습니다. 엄마는 급하게 아스피린이 필요합니다. 하지만 아이는 엄마의 요청이 얼마나 중요한지 몰랐고, 실컷 놀다가 한참이나 늦게 약을 가져왔습니다. 결국 아이는 집에 돌아와서 심한 두통으로 힘들어하는 엄마를 보게 됩니다.

이것이 우리가 윤회를 거듭하는 방식이며, 이것이 우리가 수행에 빠른 진전을 이루지 못하는 이유입니다. 부처님께서는 '법에 대한 절박함$^{Dhamma\ samvega}$'을 말씀하셨습니다. 베가^{Vega}는 속도를, 삼베가^{Samvega}는 가속도를 의미합니다. 해탈을 위해서는 가속도를 내야 합니다. 삼베가는 괴로움과 그 원인을 알고, 그것에 놀라 해탈을 이루기 위해 용맹정진한다는 뜻입니다. 그리고 이러한 수행의 진전을 방해하는 모든 것이 빠빤차입니다.

저는 빠빤차를 이렇게 이해하고 설명합니다. 그 의미는 매우 심오합니다. 하지만 굳이 이를 이해하기 위해 학자들을 찾아갈 필요는 없습니다.

다른 예를 들어 보겠습니다. 누군가에게서 모욕적인 언사를 들었다고 가정해 보겠습니다. "어제 저 사람이 나를 모욕했어! 지난주, 지난달에도 그랬어!"

이렇게 당신의 뇌리에는 과거 사건에 대한 기억이 계속 쌓이고 쌓입니다. "나는 그에게 아무것도 하지 않았는데, 그는 나를 모욕했어! 왜 이런 짓을 하는 거야? 그는 정말 못된 사람이야! 내일도 모레도 내게 나쁜 짓을 할지 몰라!" 이런 식으로 생각이 끝없이 뻗어나가는 것을 빠빤차, 사량확산思量擴散이라고 합니다.

우리는 생물학에서 작은 세포가 어떻게 만들어지고 끊임없이 증식되는지 배웁니다. 생각도 사량확산에 사로잡혀 길을 잃을 때 이와 같습니다.

마음챙김은 이런 일이 일어나지 않도록 하는 일종의 완충 장치입니다. 마음챙김으로 이것 또한 무상하고, 이런 일은 영원히 지속되지는 않음을 이해하게 됩니다.

사량확산을 유발하는 특별한 감정을 살펴보세요. 그것을 바라보면서 심호흡을 하세요. 그것을 바라보며 숨을 깊게 내쉬고, 그것을 바라보며 숨을 깊게 들이마셔 보세요. 그러면 그것이 사라지는 것을 보게 될 것입니다. 마음챙김은 사방으로 뻗어나가는 생각에 휩쓸리지 않도록 합니다. 건전한 마음 상태를 함양하는 데 도움을 줍니다. 마음챙김은 두 가지 방식으로 작용합니다. 하나는 이미 발생한 부정적인 마음 상태를 해결하는 것이고, 다른 하나는 마음을 보다 건전한 길로 나아가도록 격려하는 것입니다.

바르게 말하기(正語)

「라훌라경 Rahulovada Sutta」에서 부처님께서는 라훌라에게 바르게 말하기를 포함한 좋은 행동에 대해 말씀하셨습니다. 바르게 말하기는 서양사회에서 흔히 볼 수 있는 다른 사람을 비꼬거나 비웃는 것처럼 덜 노골적인 수준의 언행도 포함되나요?

◉── 그렇습니다. 그것도 포함됩니다. 해탈의 길을 정진하는 사람은 항상 말을 조심해야 합니다. 농담이라도 거짓말을 해서는 안 됩니다. 거짓말과 농담을 계속하면 결국 사람들은 그 사람의 말을 진지하게 받아들이지 않을 것이기 때문입니다.

부처님은 아들 라훌라를 완벽하게 도덕적이고 윤리적이며 훌륭한 승려로 키우고 싶었습니다. 그래서 라훌라에게 농담이라도 거짓말을 하지 말라는 조언을 하셨습니다.

라훌라는 매우 순종적이고 윤리적 원칙을 성실히 지키고자 했습니다. 라훌라는 매일 아침 한 줌의 모래를 공중에 던지며 이렇게 말했습니다. "오늘도 공중에 떠 있는 모래알만큼이나 많은 조언을 받겠습니다."

일상생활에서 수행에 정진하는 사람은 항상 바르게 말해야 합니다. 진지하게 생각하지 않고 주의 깊지 않은 사람에게는 쉽지 않은 일입니다.

부처님은 「두 가지 사유의 경 Dvedhavitakka Sutta」(『맛지마 니까야』)에서 어떤 생각을 반복적으로 계속하면 습관이 된다고 말씀하셨습니다. 누군가에게 비꼬는 말을 계속 사용하면 습관이 되어서, 사람들 앞에서 부적절한 시점에 무심코 나올 수 있습니다. 이미 습관으로 굳어져서 그 사람 입에서는 언제든 비꼬는 말이 나오는 것입니다.

그러한 습관을 기르지 않음으로써 마음챙김을 함양할 수 있습니다. 그것은 우리의 마음을 매우 빠르게 점검한다는 것을 의미합니다. 이러한 습관이 다시 나올 것 같으면, 빠르게 자신의 마음을 되돌아보아야 합니다. 누군가를 비꼬거나 비난하는 말을 하고 싶다는 생각이 떠오르면 "안 돼! 이런 말로 얻을 수 있는 것은 아무것도 없어. 아무 말도 하지 않는다고 해서 잃는 것도 없어."라고 스스로에게 말해야 합니다.

여기에는 노력이 필요합니다. 아는 것과 아는 것을 실천에 옮기는 것은 또 다른 문제입니다!

성찰의 지혜

저는 매일 두 시간 자애 명상, 사마타 수행, 위빠사나 수행을 합니다. 하지만 제 마음속 깊은 곳에 자리잡고 있는 번뇌^{anusaya}는 사라지지 않는 것 같습니다. TV에 예쁜 사람이 나오면 저절로 그 사람에게 끌립니다. 이러한 성향을 조금씩 조금씩 가라앉게 하는 방법이 있을까요?

◉— 깨달음을 얻지 못한 사람이 아름다운 것에 유혹되는 것은 지극히 정상적입니다. 여러분도 알고 계시듯이 이것은 우리에게 내재되어 있는 성향 때문입니다. 이것은 완전한 깨달음을 얻었을 때만 사라질 것입니다. 깨달음의 네 단계 중 세 번째 단계인 아나함과에 도달한 사람은 감각적 쾌락에 대한 욕망이 없습니다. 여기에 도달하기까지는 이러한 성향을 극복하기 위해 정진해야 합니다.

효과적인 방법 중 하나는 무상, 고에 대한 이해를 심화하는 것입니다. 하지만 저는 백골관白骨觀*과 같이 신체의 더러움에 대해 명상하는 것을 권장하지는 않습니다. 오히려 몸에 대한 욕망이나 증오를 불러일으킬 수 있기 때문입니다.

우리는 자신의 몸이나 다른 사람의 몸을 미워하기 위해 명상하는 것이 아닙니다. 괴로움은 무상한 대상에 대한 집착에서 비롯됩니다. 마음챙김 명상을 하는 사람은 매력적인 대상이 감각적 욕망을 유발했다는 것을 스스로에게 일깨우고, 지혜로운 성찰 또는 마음챙김 성찰로 나아가야 합니다.

부처님께서는 이를 강조하기 위하여 성찰적 마음챙김$^{yoniso\ manasikara}$**에 대하여 의미심장한 비유를 들어 설명하셨습니다. 개에게 막대기를 던졌다고 가정해 봅시다. 개는 막대기를 쫓아 달려가 물거나 당신에게 다시 가져다줍니다. 하지만 사자에게 막대기를 던지면 사자는 막대기를 쫓아가는 것이 아니라 당신을 쫓아갑니다!

마찬가지로 마음챙김 성찰은 뿌리까지 거슬러 올라갑니다. 우리에게는 여섯 가지 뿌리가 있습니다. 탐욕, 증오, 무지는 건전하지 못한 뿌리이고, 무욕, 무증오, 무망상은 건전한 뿌리입니다. 건전하지 못한 감정상태가 떠오를 때에는 그 뿌리로 돌아가서 그것이 무상, 고, 무아임을 마음속으로 성찰할 수 있도록 주의해야 합니다.

『두 갈래 사유의 경$^{Dvedhavitakka\ Sutta}$』에서 부처님께서는 자신의 생각을 불건전한 생각과 건전한 생각으로 구분하여, 불건전한 생각

---

* 시체의 피부와 근육이 모두 없어져 백골만 남아 있거나, 흩어져 있는 모습을 관觀하여 몸에 대한 집착을 없애고자 하는 명상 수행법.

** 올바른 마음 기울임. 지혜로운 주의. 여리작의如理作意. 현상들을 무상하고 괴롭고 자아가 없으며 깨끗하지 못한 것이라고 봄.

이 떠오르면 깊이 반성하고 그 위험을 알고 그런 생각을 버리고, 건전한 생각이 떠오르면 그 유익함을 보고 마음속에서 함양하라고 말씀하셨습니다.

「사유 중지의 경$^{Vitakkasanthana\ Sutta}$」(『맛지마 니까야』)에서 부처님께서는 불건전한 생각을 없애는 다섯 가지 방법을 제시하셨고, 「모든 번뇌의 경$^{Sabbasava\ Sutta}$」(『맛지마 니까야』)에서는 불건전한 생각에 대처하는 방법을 보다 상세하게 말씀하셨습니다. 부처님은 깨달음을 얻기 전에 이 모든 일을 했습니다.

부처님은 어느 날 저녁 보리수 아래 정좌하고 있다가, 다음 날 아침 문득 깨달은 것이 아닙니다. 부처님은 모든 것을 경험을 통해 탐구했습니다.

부처님께서는 스스로의 경험을 통해 여러 가지 문제들에 대처하는 방법을 배웠습니다. 그리고 스스로 체득하신 경험을 통해 우리에게 법을 가르치셨습니다.

우리는 법을 배우고 부처님께서 행하신 그대로 부처님의 가르침을 적용해야 합니다. 명상이나 일상생활에서 우리를 괴롭히는 온갖 번뇌를 다스리기 위해 법에 대한 지식을 사용하세요.

논쟁을 하거나 논쟁에서 이기기 위해 법을 배우는 것이 아닙니다. 다른 사람들을 가르칠 수 있는 지식이나 능력을 과시하거나 자랑하기 위해 법을 배우는 것이 아닙니다. 우리는 자신의 마음을 다루는 데 사용하기 위해 법을 배웁니다. 다른 사람을 가르치는 것은 부차적인 일입니다. 우리는 경전을 살펴보고 거기에 제시된 지침을 사용하여 잠재성향과 번뇌를 극복해야 합니다.

『법구경 Dhammapad』에는 멋진 구절이 있습니다. 제가 행자 시절에 이 구절을 배웠을 때는 그 심오한 의미를 깨닫지 못했습니다. 이것은 여러분이 어떤 문제에 직면했을 때를 상기시키고 부처님의 가르침에 따라 생활하도록 격려하기 위한 것입니다.

많은 가르침을 암송해도
게을러서 그에 따라 행동하지 않으면,
다른 사람의 소를 세는 목동과 같다.
그는 참된 진리를 깨닫지 못한다.
비록 가르침을 외우지 못해도
법을 따라 행하고 욕망과 악의, 망상을 버리고,
깨달음을 얻어 마음이 잘 벗어난 사람,
이 생과 다음 생에 집착하지 않는 사람,
그가 바로 부처님의 제자이다.

9. 부정적 감정

좌절감 극복

명상을 계속하고 마음챙김을 유지하고자 합니다. 하지만 때때로 그러지 못하고 좌절감을 느낄 때가 있습니다. 이러한 좌절감을 어떻게 극복할 수 있을까요?

◉── 그러한 좌절감은 탐욕, 증오, 망상, 즉 탐貪·진瞋·치癡 삼독三毒에서 비롯됩니다. 마음을 맑게 해야 합니다. 어떻게 해야 마음을 맑게 할 수 있을까요? 명상입니다. 명상을 하면 마음이 맑아집니다. 마음에 불건전한 경향이 생기는 즉시 마음챙김을 하여 그것을 키우지 말고 버리려 노력합니다.

불건전한 성향에 휩쓸리지 않으려고 노력합니다. 그리하여 즉시 건전한 정신 상태로 전환합니다. 명상, 특히 마음챙김 명상을 통해 이를 실천할 수 있습니다.

일반적으로 우리는 마음, 귀, 코, 혀 등으로 외부의 형태, 소리, 냄새, 미각, 촉각, 생각 등에 집중합니다. 그러나 자신의 감정, 지각, 생각, 의식에는 집중하지 않습니다. 감각이 항상 외부를 향하고 있으면, 불건전한 것들이 우리 마음속으로 들어옵니다. 하지만 사물을 성찰적으로 바라보고 내면을 들여다보는 마음 수행을 하면 무엇이 잘못되었는지 알 수 있고 조정할 수 있습니다.

불건전한 뿌리는 외부에 있는 것이 아닙니다. 탐욕, 증오, 망상, 혼돈은 외부가 아니라 모두 우리 내면, 우리 자신의 마음에서 비롯됩니다. 명상으로 우리는 우리 내부에서 탐욕이 어떻게 생겨나는지, 증오와 미움이 어떻게 생겨나는지 바라볼 수 있습니다. 그런 것이 생겨나면 우리는 즉시 그러한 마음 상태에 휩쓸리거나 그것을 키우지 않으려고 노력합니다. 그것들을 버리고 바른 마음 상태로 대체합니다.

우리는 이러한 마음이 생기지 않도록 예방할 수 있습니다. 무심결에 그러한 마음이 일어나는 것을 보고 곧바로 그 싹을 뽑아내고자 노력합니다.

예를 들어, 탐욕이 없어질 때, 우리 마음속에는 탐욕 내려놓기, 즉 관대함을 기를 수 있는 공간이 생깁니다. 망상이 사라지면 우리 마음에는 지혜를 키울 수 있는 공간이 생깁니다.

그래서 우리는 이것들을 한 번에 전부 제거하는 것이 아니라 조금씩 조금씩 제거할 수 있을 것입니다. 그러면 탐·진·치는 천천히 그리고 점차적으로 약해지고, 결국에는 사라질 것입니다. 이것이 바로 좌절감을 완화하고, 최종적으로는 완전히 제거하는 법을 배우는 방법입니다.

우리는 매일 수없이 많은 좌절감을 느낍니다. 이러한 마음 상태에서는 명상 수행이 어렵습니다. 하지만 지속적으로 끈기 있게 정진하면 그리 어렵지 않습니다.

좌절감을 없애는 것이 가능합니다.

부정적 감정

부정적 감정이 심하게 생겨날 때, 그 감정에 사로잡히지 않고 나쁜 행동으로 이어지지 않게끔 하려면 어떻게 해야 할까요?

◉── 그래서 마음챙김이 필요합니다. 마음챙김은 이러한 부정적 감정이 일어나지 않도록 하는 완충장치입니다. 부정적 감정이 생겨나면, 곧바로 "이것은 무상한 것이고, 이것은 영원하지 않다."라고 이해합니다. 그리고 마음속으로 그렇게 말하면서 그 감정을 보세요. 단순히 단어를 반복하는 것이 아니라, 그 특별한 감정을 보세요. 그리고 그것을 보고, 심호흡을 하고, 그것을 바라보면서 숨을 깊이 내쉬고, 그것을 바라보면서 부정적 감정이 사라지는 것을 보게 될 것입니다.

마음챙김은 좋지 않은 업을 만드는 데 빠져들지 않도록 우리를 구해줍니다. 우리는 마음챙김으로 우리의 감각을 보호하고 나쁜 업의 생성을 막습니다.

좋지 않은 감정이 다시 떠오르면, 다시 마음챙김으로 건전한 감정을 키우고 발전시키려고 더 노력하고, 그러한 감정이 어떻게 발생했는지 기억해야 합니다. 마음챙김은 그 건전한 마음 상태를 지속하고 강화하기 위한 추가적인 지원을 제공합니다.

마음챙김은 두 가지 방식으로 작용합니다. 하나는 부정적인 감정을 완화하는 것이고, 다른 하나는 건전한 감정이 생겨나도록 격려하는 것입니다.

줄다리기

탐욕, 분노, 망상은 욕심 없음, 미워하지 않음, 지혜로움과 동등한 힘을 가지고 있을까요?

◉── 탐욕, 분노, 망상은 우리를 끝없는 윤회, 삼사라에 묶어 두는 데 강력한 힘을 발휘합니다. 욕심 없음, 미워하지 않음, 즉 관용, 자애, 지혜와 같은 건전한 뿌리는 불건전한 뿌리보다 더 강해야 합니다.

불건전한 뿌리를 파괴하고 수행에 도달하기 위해서는 건전한 뿌리가 불건전한 뿌리보다 강해야 합니다.

두 가지 뿌리의 힘이 비슷하다면, 서로간의 팽팽한 줄다리기가 항상 계속될 것입니다. 그러므로 건전한 뿌리가 불건전한 뿌리보다 강하도록 해야 해탈의 길에서 진전을 이룰 것입니다.

부정적 감정 다루기

어떻게 해야 부정적 감정을 제대로 다룰 수 있을까요? 사랑하는 사람을 떠나보낼 때, 소중한 것을 상실했을 때의 슬픔을 어떻게 다뤄야 할까요?

◉ ― 부정적 감정은 다루기 쉽지 않습니다. 하지만 여러분은 부정적 감정을 잘 다룰 수 있습니다. 여러분이 슬픔을 느낄 때, 그 슬픔을 명상의 대상으로 삼아 "나는 왜 슬픈가?"라고 질문할 수 있습니다. 여러분은 "누군가를 떠나보냈고, 무언가를 상실했기 때문에 슬프다."라고 돌아볼 수 있습니다. 누군가를 잃었을 때 슬픔을 느끼는 것은 그 사람, 그 상황 또는 잃어버린 물건에 대한 애착 때문입니다. "나는 그것에 애착을 가졌고, 바로 그 애착 때문에 슬픔을 느끼고 있다"는 것을 깨닫게 됩니다.

사랑하는 사람이 죽으면 슬퍼해야 할까요? 사랑하는 사람이 죽으면 애착으로 인해 슬픕니다. 왜 어떤 것에 애착하게 될까요? 무지 때문입니다. 무상을 이해하는 수행을 하면, 사랑하는 것들을 잃어버려도 화나거나 슬퍼하지 않을 것입니다. 부정적인 감정이 생길 때 그 부정적인 감정을 처리하기 위해 무상을 이해하는 수행을 해야 합니다.

두려움 대처하기

두려움에 어떻게 대처해야 하나요? 명상 수행으로 어떻게 두려움을 다룰 수 있을까요?

◉ ― 두려움에는 두 가지 종류가 있습니다. 하나는 건전한 두려움이고 다른 하나는 불건전한 두려움입니다. 건전하지 않은 두려움은 욕망, 갈애, 집착, 탐욕에서 비롯됩니다.

어두움을 두려워한다고 가정해 봅시다. 왜 그럴까요? 어두움이 당신을 해치나요? 어두움이 사람인가요? 어두움이 어떻게 당신을 해칠 수 있을까요? 어두움 그 자체는 아무것도 할 수 없습니다. 하지만 여러분은 어두움 속에서 무슨 일이 일어날까 두려워합니다. 유령과 도깨비, 오물통 같은 것이 있을 수 있습니다. 어두움 속에 무언가가 존재한다고 상상할 수 있습니다. 하지만 설령 이 존재들이 어두움 속에 있다 하더라도, 왜 그것들을 두려워할까요?

그 이유는 자신의 삶을 사랑하기 때문입니다. 사람들은 자신의 삶에 집착하고, 자신의 마음에 집착하고, 자신의 감정과 인식에 집착합니다. 무언가를 애착하고 애착의 대상을 놓지 않으려 합니다.

그래서 어두움이 있을 때마다 삶에 집착하고, 어두움 속에서 나에게 무슨 일이 일어날지도 모른다는 생각에 두려워합니다.

사람들은 보험에 가입합니다. 보험에 가입하는 이유는 무엇이죠? 임박한 위험이 있기 때문입니다. 그래서 우리는 이러한 위험에 대비해 보험에 가입합니다. 하지만 아무리 좋은 보험도 노화를 막을 수는 없습니다. 제가 미국의 공식적 은퇴 연령인 65살이 되었을 때 많은 보험회사에서 저에게 장례보험에 가입하라고 권유했습니다. 보험이 저의 노화와 사망을 막을 수 있을까요? 보험이 제가 늙고 65살이 되는 것을 막을 수 있을까요? 저는 65살 이후 21년을 더 살았지만(2013년 당시), 노화 과정을 멈출 수 있는 방법은 없습니다!

두려움은 항상 삶 속에 숨어 있습니다. 두려움은 무언가에 대한 집착, 갈망, 애착에서 비롯됩니다. 어떻게 대처할 수 있을까요? 두려움을 명상을 통해 다룰 수 있을까요?

물론입니다!

깨달음을 얻기 전, 싯다르타는 초승달이 떠오르는 어느 날 밤 숲속에 있었습니다. 그때는 매우 어두웠습니다. 사람들은 어두운 숲속에 머무르는 것을 두려워합니다. 싯다르타는 깜깜한 밤 숲속에 있었는데, 갑자기 아주 큰 소리가 들려왔습니다! 싯다르타는 매우 주의해서 그 소리를 들었습니다. 어딘가에서 큰 소리가 나면 사람들은 목숨을 구하기 위해 도망칩니다. 하지만 싯다르타는 무슨 소리인지 확인하기 위해 숲으로 걸어 들어갔습니다.

썩은 나뭇가지 위에 공작새 한 마리가 앉아 있었고, 갑자기 나뭇가지가 부러져 공작새가 소리를 내며 땅바닥에 떨어졌던 것입니다. 이렇게 싯다르타는 두려움의 근원을 찾았습니다.

두려움은 항상 무언가에 대한 애착에서 비롯됩니다. 매일매일 마음챙김과 명상 수행을 깊이 있게 하면, 우리는 모든 것에 대한 집착을 버리고 두려움 없이 살아갈 수 있을 것입니다.

괴로움의 근원

괴로움은 어디에서 비롯되나요?

●— 괴로움은 느낌, 갈망, 접촉 등 다양한 원인에 의해 발생합니다. 하나하나 분석해 보면 어떤 단일한 원인은 없습니다. 하지만 이 모든 것이 하나로 모여서 괴로움이 생겨납니다.

네 개의 링(ring)이 있습니다. 손가락 반지, 귀걸이, 약혼반지, 마지막으로 괴로움의 반지입니다. 다른 반지는 빼낼 수 있습니다. 하지만 괴로움의 반지는 그럴 수 없습니다. 괴로움은 모든 것들과 함께 존재합니다.

가식적 미소

행복하거나 기분이 좋지 않을 때, 억지로 미소를 지으며 행복한 모습을 보이고자 노력하는 것은 잘못된 일인가요?

◉— 환하게 웃는 얼굴로 이웃을 대하는 것은 좋은 일입니다. 잘못이 아닙니다! 비꼬는 것 같은 냉소가 아니라 정직하고 진솔한 미소를 지었으면 좋겠습니다. 여러분의 미소는 바라보는 상대방을 좋게 합니다. 그러면 상대방도 여러분에게 미소를 지을 것이고, 이로 인해 여러분의 기분도 좋아지고 편안함을 느끼게 될 것입니다. 아주 좋은 일입니다.

수치심과 불교

우리 사회에서 수치심은 일종의 문화적 전염병인 것 같습니다. 부처님께서는 이에 대해 어떻게 말씀하셨으며, 불교는 이를 어떤 관점에서 바라봅니까?

◉— 수치심 그 자체가 문제는 아닙니다. 수치심은 일종의 안전망입니다. 히리^{hiri}와 오타파^{otappa}는 온 우주를 지배합니다. 히리는 우리가 어떤 잘못된 일을 했을 때 느끼는 부끄러움, 오타파는 잘못된 일을 한 결과에 대한 두려움을 말합니다. 수치심은 오히려 우리가

잘못된 일을 하지 않도록 보호하는 기능을 합니다. 옳지 않은 행동의 결과에 대해 부끄러워하는 것은 우리들로 하여금 잘못된 행동에 빠지지 않도록 합니다.

수치심과 두려움으로 인해 잘못된 일을 하지 않도록 주의할 때, 온 세상이 곤경에서 벗어날 수 있습니다. 따라서 수치심은 우리 모두를 품위 있고 존경받고 성실하고 정직한 삶을 살아갈 수 있도록 하는 안전망입니다. 불교에서는 이 두 가지 측면을 매우 중요하게 여깁니다.

마음챙김 수행으로 우리가 잘못된 일을 저지르는 것을 피할 수 있습니다. 부끄러움은 우리를 잘못으로부터 보호합니다.

자기중심적 행동

자기중심적인 행동으로 사랑하는 사람들에게 상처를 준 것 같아 마음이 아픕니다. 하지만 과거를 바꿀 수는 없겠지요. 용서와 연민, 수용으로 현재에 주의를 기울이고 수행에 정진하겠다고 다짐하며 과거의 잘못을 놓아버리는 것이 좋을까요?

◉── 자신이 상처를 준 사람과 여전히 관계를 맺고 있다면 그분에게 상처를 준 것에 대해 사과하는 것이 좋습니다. 그것은 고해성사와 비슷합니다. 사과하고 나서 "이제부터는 말과 행동에 보다 주의를 기울이고, 말하기 전에 먼저 생각을 해야겠다."라고 스스로에게 다짐하며 마음챙김 수행에 정진합니다. 어떤 행동을 했다면, 이를 다시 되돌리거나 없었던 것으로 할 수는 없습니다. 그러니 더욱 주

의를 기울이고 생각 없는 잘못된 말이나 행동을 하지 않도록 조심해야 합니다.

부처님께서는 아들 라홀라 존자에게 "어떤 말을 하거나 행동하기 전에 생각하라."고 말씀하셨습니다. 어떤 행동이 나 자신과 다른 사람들에게 장기적으로 이익이 되는지 생각해 봐야 합니다. 그렇지 않다면 그런 행동을 하지 말아야 합니다. 어떤 행동을 하거나 말을 하기 전에 한 번 더 생각하고 질문을 해 보세요. 무언가를 말하거나 행동한 후에 다시 생각하고 다시 같은 질문을 해 보세요. 잘못한 일이 있다면 그것에 대해 생각해 보세요. 누군가에게 해를 끼치는 행동이나 말을 했다면, 그 사람과 대화하고 사과하세요. 그렇게 함으로써 배우고, 다시는 그러한 행동을 하지 않을 것입니다.

자신에 대한 용서

마음챙김하지 못하고 잘못된 행동을 한 자신 스스로를 용서할 수 있을까요?

●── 우리는 무심코 자신이나 타인에게 해를 끼치는 행동을 합니다. 하지만 다시 마음챙김으로 이러한 무심함을 용서합니다. 마음챙김을 하지 못했음을 알아차렸다면, 그것이 바로 마음챙김입니다.

그래서 "마음챙김을 하지 못해서 이런저런 잘못된 행동을 했구나. 이제부터는 마음챙김을 유지해야겠어."라고 생각합니다. 그것이 자신을 용서하고 자신을 바로잡는 방법입니다.

걱정의 뿌리

어떻게 하면 계속해서 일어나는 걱정을 멈출 수 있을까요?

◉── 사람들은 어떤 일이 발생하여 곤경에 처할까 봐 걱정합니다. 혹은 과거에 자신이 잘못한 일로 인해 걱정합니다. 걱정은 두려움에서 비롯되고, 두려움은 탐욕에서 비롯됩니다. 부처님께서는 갈애에서 슬픔이 생기고 두려움에서 걱정이 생긴다고 말씀하셨습니다.

그러므로 두려움을 극복하기 위한 부처님의 조언은 탐욕과 분노를 제거하라는 것입니다. 탐욕을 제거하기 위해서는 매 순간, 매일의 현실과 내면을 마음챙김으로 관찰해야 합니다. 우리는 과거로부터 너무나 많은 것을 회상하고, 불확실성과 두려움으로 인해 걱정합니다.

부처님께서는 현실을 직시하고 두려움을 갖지 말라고 말씀하십니다. 두려움에 직면하여 걱정할 필요가 없습니다. 애착하는 대상의 상실에 대한 두려움이 있을 수 있습니다. 하지만 애착이 없으면 아무것도 잃을 것이 없으므로 두려움이 없습니다.

두려움의 뿌리

살아가면서 경험하게 되는 두려움의 근본 원인은 무엇인가요?

◉── 두려움은 좋아하는 것에 애착할 때 생겨납니다. 삶에 대한 집착, 갈망, 애착이 없다면 두려움은 없습니다. 무언가를 지키고자 하는 것은 바로 그것에 대한 애착이 있다는 것을 의미합니다. 무언가

를 얻기 위해 싸울 때는 그것에 대한 애착이 있기 때문이며, 그것을 지키고 싶어 하기 때문입니다.

선정에 도달하면 다섯 가지 장애물이 제거됩니다. 그중 하나가 탐욕입니다. 탐욕을 버리면 선정을 얻을 수 있습니다. 그러나 거기에 머물지 마십시오. 그것에 애착하지 마십시오. 한 단계의 선정에 머물러 있으면 다음 단계의 선정으로 나아갈 수 없습니다.

이것은 사다리를 밟고 올라가는 것과 같습니다. 이제 한 계단을 밟았습니다. 사다리를 오르려면 발을 떼고 두 번째 계단을 밟아야 합니다.

앞으로 나아가기 위해서는 가진 모든 것을 내려놓아야 합니다. 그렇게 할 때 우리 안에 두려움이 생기지 않습니다. 이것은 부처님의 매우 심오한 가르침입니다.

트라우마와 수행

어린 시절 저는 분노와 증오로 가득 차 있었습니다. 그런 어린 시절의 감정과 경험은 저로 하여금 여전히 명상을 하고 사랑의 친절함을 실천하는 것을 어렵게 합니다. 이러한 장애물을 극복할 수 있는 가장 확실하고 **빠른 방법은 무엇인가요?**

◉── "가장 빠른" 방법은 없습니다. 그렇지만 확실한 방법은 있습니다. 빠르지는 않습니다. 질병의 원인을 제거하기 위해 약을 복용하는 것처럼 오랜 시간이 걸릴 수 있습니다.

마찬가지로, 어린 시절의 충격적인 경험으로 인해 생긴 이 감정은 뇌에 홈을 파놓은 것과 마찬가지입니다. 삶에 깊은 감정적 상처를 남깁니다. 마음챙김과 자애심으로 오랜 치료가 필요합니다. 마음챙김, 자애심, 용서, 인내. 뿌리 깊은 감정 상태를 치료하기 위해서는 이 모든 것을 결합해야 합니다.

이것이 가장 확실한 방법입니다. 하지만 가장 빠른 방법은 아닙니다.

나쁜 의도

나쁜 의도(惡意)로 어떤 행위를 하는 것에 대해서 어떻게 말씀하시겠습니까?

●── 깨달음의 다섯 가지 장애물 중 마지막 장애물은 증오입니다. 영어로는 악의(ill will)라고 합니다. 여러분의 의지(will)가 나쁜(ill) 상태가 될 때, 곧 의지가 병들거나 해로워질 때 이것을 '악의(ill)'라고 하는 것입니다. 기막힌 영어 표현입니다.

부처님께서는 악의로 가득 찬 사람을 아픈 사람에 비교했습니다. 몸이 아프면 미각에 영향을 미치고 어떤 음식도 맛있게 먹을 수 없습니다. 몸이 아프면 세상의 어떤 것도 제대로 즐길 수 없습니다. 악의도 마찬가지입니다. 악의가 있으면 짜증나고 화나고, 다른 사람들을 미워하게 됩니다.

따라서 우리는 선한 의지, 자애^{metta}로 대해야 합니다. 저는 메타를 "사랑의 친절함"이라고 번역합니다. 메타라는 단어는 미타^{mitta}라는 어근에서 유래했습니다. 미타는 친구를 뜻합니다. 싱할리어로는 미트라^{mitra}라고 합니다. 친구라는 뜻이죠. 미타의 본성은 메타입니다.

　미움을 극복하고 악의에 대항하기 위해 우리는 사랑의 친절함을 함양합니다. 사랑의 친절함으로 우리는 고요하고 편안하며 평화로워집니다. 그리고 이러한 사랑의 친절함의 결과로 마음이 고요하고 평온하며 평화로워지기 때문에 집중이 향상됩니다.

10. 메타, 사랑의 친절함

이타적 봉사

메타의 초점을 어디에 맞춰야 한다고 생각하십니까? 좀 더 자세히 설명해 주세요.

◉── 이것이 바로 메타에 대한 해석에 있어서 잘못된 부분입니다. 자신에게 초점을 맞추면 에고가 커지고, 항상 "나, 나, 나…"를 중심으로 생각합니다. 그러므로 메타 수행에서는 자신을 잊어야 합니다.

사심 없이 봉사하는 사람들이 많이 있습니다. 자신의 이익을 생각하지 않고 다른 사람을 위해 봉사합니다. 쓰나미 피해자를 돕거나 불타는 건물에 뛰어드는 소방관처럼 매우 어려운 상황을 겪기도 합니다. 전염병을 치료하는 의사들, 전쟁 지역에서 폭격으로 폐허가 된 사람들을 돕는 구호요원이 있습니다. 그들은 그곳에 가서 그냥 돕습니다.

모든 상황에서, 말하든 말든, 그들은 메타를 실천합니다. 연민을 실천합니다. 내면에서 진정으로 자애심을 키우면 자신을 생각하지 않고 즉각적으로 행동합니다.

메타와 명상

명상 수행의 시작과 마지막에 「자애경」을 암송하는 것을 추천하십니까?

◉──특히 집에서 혼자 수행할 때 「자애경慈愛經 Metta Sutta」을 암송하면 좋습니다. 아주 좋습니다. 하지만 여러 문장으로 이루어진 긴 구절을 암송하기보다는 수행을 마칠 때마다 "모든 존재가 건강하고 행복하며 평화롭기를 바랍니다."라고 짧게 암송하시기 바랍니다. 이 한 문장만으로도 자애 수행에 충분합니다.

모성애

오늘 아침 자애 수행을 하면서 "하나뿐인 자식을 지키기 위해 어머니가 목숨을 걸듯이, 모든 존재에 대해서도 한없는 자애심을 기르겠습니다."라고 암송했습니다. 저는 엄마가 아닙니다. 어떻게 그런 자애를 생기게 할 수 있을까요?

◉──이런 느낌을 가지기 위해 어머니가 될 필요는 없습니다. 마음속으로 키워나가기만 하면 됩니다. 남성도─어머니가 자식을 돌보듯이─아이를 돌보면 여성과 같은 모성애를 키울 수 있습니다. 자애 혹은 사랑의 친절함에는 성별 구분이 없습니다. 우리는 성별에 관

계없이 메타에 대한 생각을 키워야 합니다.

자애 수행할 때의 마음은 어머니가 자식을 보호하는 것과 같아야 합니다. 어머니가 자식을 보호하는 것처럼 모든 살아 있는 생명을 위해 메타를 실천하세요. 어머니와 아이의 관계를 정확히 이해하려고 노력하십시오.

우리는 강고하고 실천적인 자애 수행을 해야 합니다. 그것이 바로 진정한 의미의 메타입니다. 우리는 모든 생명체를 자애심으로 대합니다. 자애의 대상을 자녀라고 생각해보세요. 어머니가 하나뿐인 자녀를 보호하듯이 메타 수행에 정진하세요.

공덕

메타와 공덕功德guna의 차이점은 무엇인가요?

◉── 메타와 공덕은 거의 동의어라고 할 수 있습니다. 공덕을 나눌 때, 다른 사람들이 행복하기를 바라기 때문입니다. 다른 사람들과 행복을 나눌 때 우리는 메타, 사랑의 친절함을 실천하는 것입니다.

여러분은 사찰에서 공양을 하기 전, 모든 출가자와 재가자들이 음식을 만든 이들에게 공덕을 나누는 것을 보셨을 겁니다. 그들에게 평화와 번영, 행복을 기원하며 안녕을 바랍니다. 공덕을 나누는 것 자체가 메타 수행의 일부입니다.

모두를 위한 자애심

우리는 어떻게 다른 많은 생명들을 위한 사랑의 친절함, 즉 메타를 개발할 수 있을까요?

◉── 우리는 세 가지 방법으로 메타를 실천합니다. 말, 생각, 감정입니다. "모든 존재가 건강하고 행복하기를"이라고 말할 때, 우리는 진심을 담아 암송해야 합니다. 여러 번 반복하세요. "모든 존재가 건강하고 행복하기를, 모든 존재가 건강하고 행복하기를, 모든 존재가 건강하고 행복하기를 ……"

우리는 그 의미를 이해합니다. 모든 곳에 생명이 있습니다. 우리는 이 모든 생명들을 향해 자애를 행하는 것에 마음을 집중해야 합니다. 우리는 이 모든 생명체를 향해 메타를 개발합니다.

그럴 때 우리는 우리 자신 안에서도 메타를 느낍니다. 아무런 망설임과 의심 없이 우리 정신과 마음은 모든 생명과 메타를 나누기 위해 열립니다. 이것이 바로 우리가 자애 수행으로 하는 일입니다.

그렇게 하면 자애심이 우리 사고방식의 기본적인 요소가 됩니다. 매일 반복하면 우리 삶의 일부가 됩니다. 모든 생각과 행동, 말에서 우리는 사랑의 친절함을 나타냅니다. 원망과 분노가 사라집니다. 우리는 친절하게 이웃과 이야기합니다. 사랑의 친절함이 진정으로 드러나는 것입니다.

일상생활에서도 그렇게 할 수 있습니다. 예를 들어, 바닥을 청소할 때 의무감으로만 하는 것이 아니라, '이곳에 오는 모든 사람이 깨끗한 바닥을 보며 편안하시길 바랍니다.'라고 생각하며 바닥을 청소합니다.

화장실에 간다고 가정해봅시다. 화장실을 나오며 변기를 청소합니다. 바닥에 물이 엎질러져 있으면 닦습니다. 왜 그렇게 하나요? 다음 사람이 화장실에 와서 깨끗한 바닥과 깨끗한 변기를 보고 편안해하고, 바닥에 고인 물에 미끄러지지 않도록 하기 위해서입니다. 아무도 여러분이 청소했다는 걸 모를 수 있습니다. 다른 사람이 편안해하기 바라는 마음으로 청소했다는 것을 여러분 혼자만 알 수도 있습니다. 하지만 그들은 불편하지 않고 기분이 좋아집니다.

마음속에 이러한 생각을 키우기 시작하면 여러 가지 방법으로 메타를 실천할 수 있습니다.

악인을 대하는 방법

사랑만이 증오를 이길 수 있다고 생각합니다. 하지만 약자를 괴롭히는 사람은 어떻게 해야 할까요? 그런 사람들은 사랑과 친절을 약점으로 여기기도 합니다.

◉── 사랑의 친절함을 실천하는 것은 부당한 상황에 굴복하는 것이 결코 아닙니다. 누군가를 괴롭히는 사람이 있다면, 그 사람이 계속 그렇게 하도록 방기하지 말고 무언가 조치를 취해야 합니다.

하지만 이해와 연민 그리고 사랑을 가지고 행동해야 합니다. 만약 여러분이 다른 사람을 괴롭히는 사람에게 직접적으로 대응하고 문제를 해결할 수 없다면, 그 사람을 다룰 수 있는 권한이 있는 사람에게 문제를 제기할 수 있습니다. 그런 다음 괴롭힘을 당하는 사람을 돌볼 수 있는 누군가의 도움을 구할 수 있습니다.

이것은 사랑의 친절함을 실천하는 것에 위배되지 않습니다.

자애심의 씨앗

자애심을 키우기 위해 어떤 특정한 방식으로 생각하고 상상하는 것이 필요할까요?

●── 자신에게 메타, 사랑의 친절함의 씨앗이 있다고 하여, 저절로 어떤 일이 일어나지는 않습니다. 그 씨앗을 키우고, 개발하고, 실천해야 합니다. 자기 안에 있는 메타의 잠재력을 찾았다면, 그 다음에는 그것을 키우고 함양해야 합니다.

마음이 편안하고 어떤 특정한 존재나 사람, 상황에 대한 미움이 없다면, 내면에서 자애심을 발견할 수 있습니다. 계속해서 그것을 키워 나가세요. 한 번에 자애를 온전히 발현하지 못할 수도 있습니다. 하지만 천천히, 지속적으로 키워 나가야 합니다.

메타를 키우다 보면, 여러분은 그 전이나 그 후가 아니라, 바로 그 순간에 평화를 경험하게 됩니다. 부처님께서는 순수하고 깨끗한 마음으로 생각하고 말하고 행동할 때, 그 결과는 그림자처럼 우리를 따라다닌다고 말씀하셨습니다. 『법구경』의 첫 구절에서 하신 말씀을 기억하십시오. 그림자는 우리가 움직일 때마다 늘 함께 움직입니다.

마찬가지로 우리가 올바른 일을 하면 바로 그 즉시 우리는 그 공덕을 경험합니다. 메타를 실천하지 않으면 메타를 상상할 수 없습니다. 우리는 늘 자애를 실천해야 합니다.

명상으로 얻는 것

명상 중에 내려놓음, 카루나^{karuna}, 다나^{dana}를 활성화하려면 어떻게 해야 하나요?

◉── 내려놓음은 명상 중에 아주 쉽게 얻을 수 있는 마음 상태입니다. 우리는 고통 받는 생명체가 있다는 것을 알면 카루나^{karuna}, 즉 연민을 명상 중에 함양할 수 있습니다. 연민은 메타로부터 나오기 때문에, 메타를 수행하면 쉽게 연민을 실천할 수 있습니다.

한편으로 모든 사람이 평화롭고 행복하기를 기원하고, 다른 한편으로는 가능한 한 많은 고통 받는 존재들에게 도움이 되기를 기원합니다. 명상 수행을 하거나 연민에서 비롯된 수행으로 이러한 마음을 활성화할 수 있습니다.

악의와 메타

자신에게 악의를 품은 사람을 위해서도 메타를 실천할 수 있을까요?

◉── 누군가 여러분에게 악의를 품고 있다면, 그 사람은 마음에 병이 있고 괴로운 상태이기 때문에 그런 것일 수 있습니다. 왜냐하면 그 사람이 여러분에게 악의를 품어야 할 이유가 없기 때문입니다. 그렇다면 여러분은 그 사람을 향해 메타, 사랑의 친절함을 실천해야 할 충분한 이유가 있습니다. 우리는 그 사람이 건강과 행복, 평

온을 회복하여 우리를 향해 그러한 악의를 품지 않기를 바라기 때문입니다.

여러분의 마음속에 그 사람에 대해 건전하고 좋은 생각을 가져야 합니다. 그것이 여러분이 할 수 있는 전부입니다. 여러분은 그 사람의 나쁜 의도를 제거할 수 없습니다. 그 사람 스스로 노력해야 합니다. 하지만 여러분은 그 사람을 향한 메타를 진정으로 실천할 수는 있습니다.

자신을 위한 메타

저는 스스로에게 매우 엄격하고 비판적입니다. 자신을 사랑하고 자신에게 너그럽고자 하지만 쉽지 않습니다. 어떻게 하면 자신을 향한 자애를 실천할 수 있을까요?

◉— 메타의 반대말은 무엇일까요? 분노입니다. 분노가 일어나고 분노가 커지면 자신에게 너그럽기 어렵습니다. 분노가 일어나면 그 분노가 여러분을 물어뜯고 아프게 합니다. 자신을 사랑한다면 스스로에게 상처를 주는 행동은 하지 말아야 합니다. 자신을 사랑하기 위해서는 긴장을 풀고 분노를 내려놓아야 합니다.

자신을 향한 메타, 사랑의 친절함을 실천하세요. 부정적인 일, 자신에게 상처를 주는 일이 일어나도록 방치하거나 키운다면 자신을 사랑하지 않는 것입니다. 아주 간단합니다!

자신의 내면을 들여다보고 분노와 질투, 긴장이 스스로를 어떻게 아프게 하는지 살펴보세요. 자신을 진정으로 사랑한다면 이 모든 것을 내려놓을 수 있어야 합니다. 긴장을 풀고 내려놓을 때 메타가 일어납니다.

메타와 집중 수행

저는 지난 며칠간의 명상수련회에서 집에 있을 때보다 훨씬 더 많은 명상 수행할 수 있었습니다. 명상이 잘 될 때도 있었고, 그렇지 않을 때도 있었습니다. 그리고 자애 명상의 중요함을 깨달았습니다. 자애 명상이 어떤 혜택을 주는지 조금 더 설명해 주세요.

◉― 메타는 모든 생명체의 안녕을 기원한다는 뜻입니다. 메타는 확실히 우리의 마음을 편안하게 해줍니다. 자애 명상은 우리의 마음이 매우 편안하고 유연하게 작동할 수 있게 합니다. 그리고 이러한 성취로 인해 우리는 집중을 얻습니다. 자애 명상은 집중을 키우는 데에도 도움이 됩니다.

증오의 세상

다른 사람들을 해치려고 하는 증오심이 가득한 세상입니다. 어떻게 메타를 실천할 수 있을까요?

◉― 누구도 세상의 증오를 지울 수는 없습니다. 과거에도 그랬고 앞으로도 그럴 것입니다. 우리는 증오가 없는 세상을 만들고자 하는 것이 아닙니다. 아마도 그것은 불가능할 것입니다.

우리가 하고자 하는 것은 증오로부터 우리의 마음을 해방시키는 것입니다. 우리 스스로를 숲속의 거대한 나무처럼 만듭니다. 나무는 수많은 생명에게 그늘을 제공하고 꽃과 열매를 제공합니다. 새와 동물, 인간은 나무로부터 꽃과 열매를 얻습니다. 그 나무는 많은 생명을 보호하고, 모든 생명에게 관대하고 친절합니다. 아무런 대가를 바라지 않습니다.

마찬가지로 우리는 우리 자신을 메타로 가득 채우는 것을 목표로 합니다. 마음을 메타로 채우고 메타로 살아갑니다. 메타로 대화하고, 메타로 일하고, 메타로 생각합니다. 모든 것을 메타로 대합니다.

그러면 이웃 사람들은 우리가 얼마나 친절하고 너그러운지 알게 됩니다. 참으로 편안합니다. 이렇게 우리는 다른 사람들이 따라야 할 모범이 됩니다. 우리는 다른 사람들이 보여주는 증오의 모습을 따르지 않습니다.

악의를 가진 사람들도 평화롭고 행복한 우리의 모습을 보고 결국에는 우리를 따라합니다. 누구나 행복을 원합니다. 누구나 평화를 원합니다. 이것이 모든 사람의 인생 목표입니다. 평화롭고 행복한 사람을 보면 "아! 내가 살고 싶은 삶은 증오로 가득 찬 삶이 아니라 이런 삶이다."라고 생각할 것입니다.

분노 다루기

저는 아직 마음의 준비가 되어 있지 않습니다. 그런데 어떻게 다른 사람에게 자애를 베풀 수 있을까요?

◉— 마음이 준비되지 않았다면, 지금 준비하면 됩니다! 분노나 원망으로 가득 차 있다면 먼저 그 괴로움부터 해결하세요. 괴로움이 사라지면 자애를 실천할 수 있습니다.

마음속에 분노가 강하게 남아 있으면 자애를 수행할 수 없습니다. 먼저 분노를 다스려야 합니다. 분노가 가라앉으면 자애를 실천할 수 있습니다. 그렇지 못하다면, 다른 때를 기다렸다가 자애 수행을 하세요.

자기 용서와 메타

자애 수행을 통해 어떻게 스스로를 용서하고 스스로에게 너그러워질 수 있을까요?

◉— 윤리적으로 잘못된 행동을 하고 죄책감을 느낄 때, 스스로에게 너그럽기 어렵습니다. 하지만 인간은 누구나 오류를 범할 수 있다는 것을 이해해야 합니다. 누구나 실수합니다. 그리고 실수는 인간에게 자연스러운 일입니다.

그래서 우리는 스스로에게 "방심했고, 잘못했어. 앞으로 이런 행동을 반복하고 싶지 않아!"라고 말하기도 합니다. 진심으로 이러한 각오와 약속을 하면, 스스로에게 너그러울 수 있습니다. "잘못된 행동을 반복하면, 나 자신과 다른 사람들에게 상처와 고통을 줄 수 있어. 나는 나를 사랑하기 때문에, 나와 이웃들에게 해를 끼치는 말이나 행동을 하지 말아야 해!"라고 생각합니다.

정직하고 진지하게 자신의 마음을 들여다보고, 잘못된 행동으로 인해 어떤 일이 일어나는지 살펴봐야 합니다. 그리고 다시는 그러한 행동을 하지 않기 위해 지금부터 더 인내심을 갖고, 더 사려 깊게, 더 신중하게 마음챙김하겠다고 결심합니다. 이것이 바로 자신을 용서하는 방법입니다.

자신을 용서하면 메타를 실천하는 것이 쉬워집니다. 하지만 과거에 일어난 일에 묶여 있다면, 메타의 실천은 어려울 것입니다.

메타 앞에서는 평등하다

우리로부터 존경, 사랑의 친절함을 받을 자격이 없는 사람이 있을까요?

●── 자애를 받을 자격이 없는 사람은 없습니다. 물론 존경의 대상이 될 수 없다고 생각되는 사람들이 있을 수 있습니다. 그것은 중요하지 않습니다. 이곳은 누군가를 판단하는 곳이 아닙니다. 자애 수행에 판단이나 비판은 존재하지 않습니다. 다른 사람의 윤리와 도덕, 그리고 이런 모든 종류의 것들에 대해 생각하지 않습니다. 이런 것들은 전혀 필요하지 않습니다. 완전히 무시합니다.

우리는 누구나 행복을 원하고 괴로움을 싫어합니다. 최악의 사람, 극도로 비열한 사람이라도 자애를 받을 자격이 있습니다. 범죄자도 우리의 자애심을 받을 자격이 있습니다. 「자애경」을 반복해서 암송해보시기 바랍니다. 자애 앞에서는 모든 사람이 평등합니다.

통렌tonglen 명상*과 메타

티베트 불교 전통에는 통렌 명상이라는 수행법이 있습니다. 통렌 명상은 다른 사람의 괴로움을 호흡처럼 들이마시고, 그 사람에게 자애심을 내쉬는 것을 시각화하도록 가르칩니다. 팔리어 경전이나 주석서에 통렌 명상에 대한 내용이 있나요?

◉── 상좌부 경전에 '다른 사람의 고통을 숨처럼 들이마시고 그 고통 받는 사람에게 자애심을 내쉬어라'라고 기록된 특별한 구절은 없습니다. 하지만 숨을 들이쉬고 내쉬는 동안 우리는 사랑의 친절함을 수행할 수 있습니다. 그렇게 숨을 들이쉬고 내쉬면서 다른 사람을 위한 자애 수행을 할 수 있습니다.

이용당하지 않기

저를 이용하려고 하는 사람을 어떻게 용서할 수 있을까요? 그를 내치지 않으면 그 사람은 계속 저를 이용하고자 할 것입니다. 그런 사람을 위한 자애를 실천할 수 있을까요?

◉── 자애 수행을 하는 사람이라고 무조건 단순하고 순진해서는 안 됩니다. 또한, 어려운 상황을 처리할 때는 인내심을 갖고, 사려 깊고 신중하게 마음챙김하며 대처해야 합니다. 이용당하는 것에 단순하게 굴복하는 것은 자애의 실천이 아닙니다. 때때로 수행자는

---

*   주고받기, 받아들이고 내보내기(give and take)로 해석된다.

이용당하지 않기 위해 강인해야 합니다.

자애 수행의 어려움

자애 수행이 어렵게 느껴집니다. 자꾸 미워하는 사람들이 생각납니다. 말로는 메타를 말하지만 스스로도 진정성이 느껴지지 않습니다. 어떻게 해야할까요?

◉── 중요한 문제입니다. 우리는 신실하게 자애 수행을 해야 합니다. 저는 폴란드에서 진행하는 명상수련회에 강사로 초대받은 적이 있습니다. 저에게 전화를 건 사람은 제가 무엇을 가르치는지 물었습니다. 그리고 마침내 "자애 명상을 가르치십니까?"라고 물었습니다. 저는 그렇다고 대답했습니다. 그러자 그녀는 "자애 명상이 싫어요!"라고 말했습니다. 그래서 저는 어떻게 했을까요? 저는 그곳에 가서 10일 동안 자애 명상을 지도했습니다. 마지막에 그 여성은 저에게 자애 명상을 가르쳐 준 것에 대해 감사를 표했습니다.

자애는 우리 모두가 가지고 있는 매우 자연스러운 마음의 상태입니다. 그러나 우리의 조건에 따라, 그것은 깊이 억압되어 있습니다. 우리는 때때로 그 가능성이 우리 안에 있다는 것을 알지 못합니다. 그래서 우리는 그것을 어렵게 찾아내야 합니다.

메타는 우리 모두가 가지고 있는 자연스러운 마음의 상태입니다. 그러나 어떤 조건으로 인해 깊이 억압되어 있어서, 종종 우리는 우리 안에 그 가능성이 있다는 것을 잊습니다. 우리는 어려움을 감수하고 그 가능성을 발굴해야 합니다.

그러기 위해서는 인내, 성숙, 마음챙김, 결단, 헌신 등이 필요합니다. 무엇보다도 자신의 마음을 들여다볼 용기가 필요합니다. 그러면 그렇게 어렵지 않습니다. 물론 처음에는 무엇이든 어렵습니다. 어려움이 있더라도 포기하지 마세요. 먼저, 그 장벽을 극복하세요. 분노가 있다면 그것을 다스리세요. 그러면 메타 수행이 매우 쉬워집니다. 어렵더라도 포기하지 마세요.

그렇게 해서 괴로움에서 벗어나면 행복을 느끼고 우리의 삶이 얼마나 멋진지 느끼기 시작합니다. 메타를 암송할 때, 우리의 뇌는 우리를 차분하고 편안하며 평화롭게 만드는 호르몬을 만들어냅니다. 평온함과 이완, 평화를 느낍니다.

모든 사람이 평화롭고 행복하다면 얼마나 좋을지 생각해보세요. 진실하고 정직하게 「자애경」을 암송하고 세상이 얼마나 멋진지 생각합니다. 미움이나 증오를 느끼는 사람에게서 좋은 점을 찾고자 노력해야 합니다. 세상에는 완전히 나쁜 사람도 없고, 완전히 좋은 사람도 없습니다. 어떤 사람에게서 좋은 점을 발견하면 그것에 집중해야 그 사람을 향한 메타를 실천하는 데 도움이 될 것입니다.

메타에는 많은 혜택이 있습니다!

사랑의 친절함 느끼기

사랑의 친절함으로 대하는 자애 수행이 두려움 없는 마음을 함양하는 데 도움이 될까요?

◉── 그렇습니다. 우리가 정기적으로 메타 수행, 자애 수행을 하면

우리 안에 두려움이 생기지 않습니다. 또한 다른 사람들을 두려움으로부터 자유롭게 합니다. 명상센터에 다른 사람들과 함께 좌정하여 메타 수행을 하면 모든 사람이 내 편이라는 느낌이 들 것입니다. 뒤에 있는 사람, 앞에 있는 사람, 옆에 있는 사람, 모두가 친구입니다.

친구들 사이에 좌정하고 있으면 안전하다고 느낍니다. 여러분은 보호 받고 있습니다. 두려움으로부터 자유로워지고 주변의 모든 사람들도 두려움에서 벗어납니다. 여러분의 몸과 마음에서 사랑의 친절함과 따뜻함이 발산됩니다. 한편으로 여러분이 분노로 가득 차 있고 어떤 사람이 여러분 옆에 앉아 있다면, 여러분이 발산하는 부정적이고 적대적인 기운으로 인해 그 사람은 여러분의 분노를 느낄 것입니다.

따라서 주변 사람들은, 인간이든 동물이든 여러분의 메타를 느낄 것입니다. 메타의 장점 중 하나는 인간에게 사랑을 받고, 동물이나 다른 영적 존재와 같은 비인간적 존재에게도 친절하게 대할 수 있다는 것입니다. 앙굴리말라가 칼을 뽑아 부처님을 살해하러 왔을 때 부처님께서는 메타를 보냈습니다. 데바닷타가 술 취한 코끼리를 보내 부처님을 죽이려 하자, 부처님께서는 메타를 보내 코끼리를 제압했습니다.

메타를 잘 개발하고 함양하면 우리에게서 메타가 뿜어져 나올 수 있습니다.

메타의 정치학

미국 문화는 인간의 권리, 환자의 권리, 동물의 권리를 중시합니다. 이것이 메타와 같은 것인가요? 아니면 메타와는 다른 개념인가요?

◉── 저는 메타와 비슷하고 메타와 양립할 수 있다고 생각합니다. 모든 사람은 메타를 받을 자격이 있습니다.

차이가 있다면 '권리'라는 개념에는, 그러한 권리를 쟁취하기 위한 투쟁이라는 요소가 포함되어 있다는 것입니다. 그것은 메타 수행이 아닙니다. "메타를 실천하지 않으면 죽여버릴 거야!"라는 식으로 메타를 위해 투쟁할 수는 없습니다. 그렇게 말할 수 없습니다. 또는 "당신이 자애를 실천하지 않으면 너와 대화하지 않겠다!"라고 말해서도 안 됩니다.

물론 권리를 침해 당한 경우 법정에 제소할 수 있습니다. 그것은 정치적인 문제입니다. 하지만 메타 수행은 정치적 행위가 아닙니다.

마음챙김에서 메타까지

저는 메타 수행이나 사마타 수행을 할 때는 위빠사나 수행을 동시에 하려고 노력합니다. 하지만 무언가 억지로 하는 것 같아서 수행에 집중하지 못할 때가 있습니다. 위빠사나 수행은 자연스럽게 이루어지나요, 아니면 어떤 의도적인 노력이 필요한가요? 위빠사나 수행 또는 통찰 명상을 개발하는 가장 간명한 방법은 무엇인가요?

◉─위빠사나 수행에 이르는 가장 명확하고 간단한 방법은 위빠사나를 수행하는 것입니다. 위빠사나 수행을 하면 진리를 보는 것으로부터 메타가 생겨납니다. 여러 번 말씀드렸듯이 위빠사나 수행으로 무상을 바라봅니다. 메타 수행으로 메타조차 무상함을 이해하게 됩니다. 따라서 메타는 마음챙김 또는 위빠사나 수행에 속합니다.

괴로움에 대한 마음챙김을 함으로써 우리는 메타 수행을 하는 것입니다. 메타 수행을 위해서는 무상과 괴로움을 관찰해야 합니다. 그 반대가 아닙니다. 이렇게 우리는 마음챙김 수행을 합니다.

마음챙김을 수행하면서 우리는 전 세계에서 일어나고 있는 괴로움을 주목하게 됩니다. 이를 해결하고 돕기 위해 우리는 자애를 실천합니다. 메타 수행을 하다 보면 문득 자신이 마음챙김을 하고 있다는 것을 깨닫게 됩니다. 걱정하지 마세요. 마음챙김 수행을 하세요. 그러면 자애를 실천하는 것이 자연스럽게 마음챙김 수행으로 이어지는 것을 볼 수 있습니다. 괴로움을 보기 때문입니다.

11. 집중과 선정

선정 수행

스님은 서양에서 처음으로 선정禪定 수행을 심도 있게 가르치신 유명한 불교 교사 중 한 분이십니다. 저는 선정 수행을 거치지 않는 수행법인 '순수 위빠사나'가 있다고 들었습니다. 어떤 명상 수행인가요?

●── "순수 위빠사나 명상〔純觀〕 또는 건조한 통찰 명상〔乾觀行者〕dry insight meditation"이라는 표현은 선정 또는 집중명상을 거치지 않고 곧바로 통찰 명상을 추구하는 사람들을 설명하기 위한 용어입니다. '건조한 통찰 명상'이라는 표현은 붓다고사Buddhaghosa 존자께서 만든 개념입니다. 부처님께서는 "건조한 통찰 명상"이라는 용어를 사용하신 적이 없습니다. 부처님께서는 오로지 집중과 통찰을 의미하는 사마타와 위빠사나에 대해 말씀하셨을 뿐입니다.

주석가들은 왜 '건조한 통찰 명상'이라는 용어를 새롭게 만들었을까요? 그들은 사마타 수행을 거치지 않고도 위빠사나 수행을 할 수 있다고 생각했습니다. 사마타는 집중 명상기법, 위빠사나는 통찰 명상기법을 의미합니다.

부처님께서는 두 가지를 모두 가르치셨고, 두 가지 모두에 동등한 위상을 부여하셨습니다. 이 두 가지는 목표에 도달하기 위해 나란히 함께 가는 것입니다. 천천히 함께 발전하여 어느 한 지점에서 합쳐져 해탈에 도달합니다. 마치 아마존 강과 같습니다. 아마존에는 솔리모네스 강과 리오 네그로 강이라는 두 개의 강이 있습니다. 이 두 강은 서로 섞이지 않고 몇 킬로미터를 나란히 흐르다가, 마침내 하나로 합쳐져 거대한 아마존 강을 만듭니다.

마찬가지로, 준비가 되어 할 만하다면 사마타 수행으로 시작할 수 있습니다. 이때 집중 명상을 합니다. 집중이 잘 되지 않으면 위빠사나 수행을 합니다.

두 가지 수행을 번갈아가며 하다가, 어느 날 이 두 가지가 완전히 합쳐집니다. 그때가 바로 해탈로 가는 길에서 소타판나^{Sotapanna} 상태, 즉 깨달음의 흐름에 들어가는 순간입니다. 집중을 얻으면 마음이 매우 예리하고 깨끗하며, 한 곳에 집중하여 무상을 분명하게 볼 수 있기 때문입니다. 아주 분명하게 아원자^{subatomic} 수준에서 무상을 알아차릴 수 있습니다. 우리가 마음으로 알아차리는 것은 모든 것의 변화하는 본질, 무상입니다.

그러므로 마음챙김을 수행할 때, 처음부터 무상을 알아차립니다. 모든 것이 변하고, 변하며, 변하고 있음에 마음을 집중합니다. 모든 것이 그렇습니다. 어느 것이 다른 것보다 더 낫거나 하지 않습니다. 이것이 무상하고 저것도 무상합니다.

이것을 분별심 없는 알아차림이라고 합니다. 그것은 무상입니다. 헤아릴 수 없을 만큼 많은 것들이 머릿속에 넘쳐나더라도, 그 모든 것들 속에서 여러분이 볼 수 있는 것은 무상함뿐입니다.

마음챙김 수행을 하면 무상을 알 수 있습니다. 집중 수행으로도 무상을 봅니다. 그러면 이 두 가지가 합쳐져서 무아를 이해하고, 의심을 없애며, 의식과 의례를 통해 해탈을 얻으려는 믿음을 없앨 수 있게 됩니다. 여러분은 깨달음의 흐름에 들어섭니다.

「앗타까나가라의 경$^{Attaka\text{-}Nagata\ Sutta}$」(『맛지마 니까야』)에서 다사카^{Dasaka} 장자가 아난다 존자에게 "부처님께서 가르쳐 주신 것 중 중요한 것은 무엇입니까?"라고 물었습니다. 이에 아난다 존자는 네 가지 색계 선정, 세 가지 무색계 선정, 자애^{metta}, 연민^{karuna}, 희열^{mudit}, 평온^{upekkha}의 11가지를 알려주었습니다.

자애 수행을 하면서 온 세상을 향하여 자애심을 보내면, 스스로의 몸과 마음도 자애심으로 충만해집니다. 하지만 이러한 자애도 무상합니다! 자애는 마음이 만들고, 마음이 만드는 모든 것은 무상하기 때문입니다.

자애 수행으로 선정을 얻을 수 있습니다. 여러분은 어떤 명상 대상으로도 선정을 얻을 수 있습니다. 선정을 얻었다면 팔선정八禪定까지 나아갈 수 있습니다. 물론 다시 선정을 잃을 수도 있습니다. 선정도 무상합니다. 따라서 영원히 선정에 머물 수는 없습니다. 무엇을 하든 모든 것은 무상으로 귀결됩니다.

저는 저의 첫 번째 좌선 수행을 기억합니다. 당시 스승님들은 위빠사나 수행만 했습니다. 위빠사나, 위빠사나, 위빠사나! 그리고 누군가가 집중수행, 선정수행을 하고자 하면 "안 돼, 안 돼! 사마타 수행은 너를 식물처럼, 바위처럼 되게 할 거야. 미쳐버릴 수도 있어! 그러니 오로지 위빠사나 수행을 해야 해!"라고 이야기했습니다.

하지만 저는 사마타 수행에 도전했고 경전을 읽고 찾아봤습니다. 팔리 대장경Tipitaka에서 선정에 대해 언급된 모든 것을 다 찾아 읽었습니다. 그리하여 무상에 대한 깊은 깨달음을 얻기 위해서는 사마타 수행, 집중명상이 필요함을 알게 되었습니다. 저의 친구인 비구 보디Bhikkhu Bodhi도 이런 생각에 큰 도움을 주었습니다.

저는 선정을 주제로 박사 학위 논문을 썼습니다. 그때부터 저는 선정에 대한 생각과 연구를 진전시키기 시작했습니다. 몇 년 뒤 저의 논문이 출판되었고, 저의 수행법에 반대하던 사람들도 선정을 가르치기 시작했습니다. 지금은 많은 명상 지도자와 스님들이 선정을 가르치고 있습니다.

선정은 무엇인가요?

느낌이 먼저 있고, 그다음으로 생각이 있다고 봅니다. 저의 경험에 비추어 보면, 선정은 생각보다는 느낌에 가깝습니다. 스님은 어떻게 생각하십니까?

◉─ 선정은 생각이 아니라 경험입니다. 선정에 도달하면 생각이 가라앉는 상태, 구체적으로 제2선에 도달하게 됩니다. 그 순간에는 아무런 생각이 떠오르지 않지만 선정을 성취한 것을 느낄 수 있습니다. 특별한 평화, 특별한 기쁨, 매우 강한 집중을 느낄 수 있습

니다.

바른 선정을 하면, 진정한 집중과 평온한 마음으로 마음챙김을 할 수 있으며, 마음은 보다 진전된 상태가 됩니다.

선정 수행의 목표

스님은 명상 초심자에게도 선정 수행을 추천하십니까?

◉── 저는 누구에게나 사마타 수행과 위빠사나 수행을 함께 추천합니다. 초보자가 선정의 성취를 목표로 삼고 명상을 시작하면 좋습니다. 단계를 따라가다 보면 반드시 선정에 도달할 수 있습니다.

먼저, 자신이 무엇을 하고 있는지, 즉 어떻게 명상하는지, 어떤 명상을 통해 선정에 도달하는지 알 수 있어야 합니다. 즉, 집중을 얻는 것입니다. 한 가지 해야 할 일은 도덕적 삶을 유지하는 것입니다. 이것은 한 가지 요건입니다. 도덕적 삶을 유지하지 못한다면, 즉 오늘은 이렇게 했다가 내일은 저렇게 하는 식이라면 효과가 없습니다. 자신에게 정직해야 합니다.

그리고 자애 수행을 해야 합니다. 그리고 다섯 가지 장애물인 졸음, 탐욕, 미움, 불안, 걱정이나 의심을 극복해야 합니다. 이러한 다섯 가지 장애물을 극복하면 마음이 고요하고 평화로워집니다. 마음은 자연스럽게 집중하게 됩니다.

여러분은 처음부터 이런 것들을 해야 합니다. 선정을 얻지 못하더라도, 적어도 선정에 가까운 정도의 집중력을 얻을 수 있습니다. 그것이 바로 여러분이 필요로 하는 것입니다.

선정 공부

스님께서는 오랫동안 선정 수행을 하셨다고 들었습니다. 저희들이 장기 수행을 할 때 지도받을 수 있도록, 선정에 대해 정확히 이해하고 효과적으로 가르친다고 생각되는 다른 스승을 추천해 주실 수 있나요?

◉── 사실 저는 선정 스승님들을 잘 알지 못합니다. 그들과 토론을 해본 적도 없습니다. 선정 수련회는 많지만, 저는 거의 참석하지 않았습니다. 그래서 잘 알지 못합니다.

가장 좋은 방법은 경전을 읽는 것입니다. 선정에 관한 책이 있다면, 그 책들을 읽고 비교해보세요. 저는 『상좌부불교 명상에서의 선정 The Jhanas in Theravada Buddhist Meditation』, 『평온과 통찰의 길 The Path of Serenity and Insight』, 『쉬운 영어로 배우는 마음챙김을 넘어서 Beyond Mindfulness in Plain English』에서 선정에 대한 여러 글을 썼습니다. 이 책들보다 더 명확하게 선정에 대해 저술한 책이 있다면 그 책들을 읽고 비교해보세요. 제가 특정 스승님을 추천할 수 없습니다.

선정의 단계

선정 각 단계의 특징에 대해 조금 더 자세히 설명해 주시겠어요?

◉── 명상 관련 서적을 읽고 직접 수행을 해본 저의 경험을 근거로 하여 말씀드리겠습니다. 초선初禪 단계는 바쁜 일상에서 벗어나 어느 정도의 집중을 얻는 것입니다. 이 단계에서는 아직 지속되는 생각, 기쁨, 행복, 집중이 있습니다. 제2선에 이르면 이러한 생각이 멈

춥니다. 여전히 소리는 들리지만, 집중에 기반한 희열과 행복이 매우 강해서 마음은 소리에 관심을 갖지 않습니다. 제3선에 이르면 희열조차도 보다 미묘한 행복감으로 바뀝니다. 그러나 이 행복감은 어떤 흥분 같은 것이 아닙니다. 그리고 제4선에 이르면 행복조차도 정화된 마음챙김과 평정심으로 바뀝니다.

'일으킨 생각^{vitakka}'과 '지속되는 생각^{vicāra}'*에 대한 저의 이해는 생각^{vitakka}이 세 가지로 세분화되는 팔정도와 매우 일맥상통합니다. 이 세 가지는 놓아 버리고 포기하는 출리出離의 사유$^{nekkhamma\ vitakka}$, 미워하지 않고 사랑의 친절함을 가진 분노 없음의 사유$^{avyapada\ vitakka}$, 잔인하지 않고 연민을 가진 비폭력의 사유$^{avihimsa\ vitakka}$입니다.

그리고 감각적 쾌락에 대한 욕망^{kamacchanda}, 증오^{vyapada}, 해태와 혼침^{thinamiddha}, 불안과 후회^{uddhacchakukkucca}, 의심^{vicikiccha}이라는 다섯 가지 장애물을 극복하면 감각적 쾌락에 대한 욕망은 놓아버리고 절제하는 생각으로 바뀌게 됩니다. 미움은 자애로 바뀌고, 잔인함

---

* 상좌부불교에서는 초기 생각을 vitakka(覺, 尋, 사유)라고 하고 지속적인 생각을 vicāra(觀, 伺, 고찰)라고 한다. vitakka는 대상에 대한 마음의 최초 적용 또는 마음이 대상에 미치는 최초의 영향을 말하며, 다섯 가지 방해 요소 중 하나인 해태와 혼침에 대한 해독제로 간주된다. 한편 vicāra는 대상에 마음을 지속적으로 적용하거나 대상에 마음을 고정하는 행위를 말한다. 이 두 가지는 기능적으로 연관되어 있지만 Vitakka는 마음을 대상에 가져오는 역할을, vicāra는 마음을 대상에 고정하고 고정시키는 역할을 한다. 상좌부 주석 전통에서는 vitakka-vicāra를 명상 대상에 주의를 집중하고 지속적으로 적용하는 것으로 해석한다.

은 연민으로 바뀝니다.

초선에 이르면 내려놓은 생각, 사랑하는 마음, 자애심을 갖게 됩니다. 마음은 시각, 청각, 후각, 미각, 촉각과 같은 대상에 집착하거나 관심 갖지 않습니다. 오히려 그것들을 놓아버립니다. 이것이 바로 내려놓는 포기의 생각입니다. 마음은 사랑의 친절함, 즉 자애로 가득하고, 연민으로 가득합니다.

마음이 이러한 건전한 생각으로 가득 차면 시각, 청각, 후각, 미각, 촉각에 관심을 갖지 않습니다. 그렇다고 듣거나 냄새를 맡거나 맛을 보거나 만지지 않는다는 뜻은 아닙니다. 초선에서는 소리가 들리고 주변의 꽃 냄새를 맡을 수 있습니다. 침을 삼키면 점액을 맛볼 수 있습니다. 또는 가슴과 복부 부위의 신경이 진동하거나 팽창, 수축하는 것을 느낄 수 있습니다.

이러한 생각과 감정이 존재하므로 초선에서는 집중이 아주 깊지는 않습니다. 여러분의 마음은 이런 건전한 정신 상태에 주의를 기울이는 데 훨씬 더 관심이 있습니다.

제2선에 들어가면 이 상태에서 상당한 변화가 일어나고, 생각이 사라집니다. 잡념이 사라지고, 평온한 정신 상태를 완전히 의식하게 됩니다. 제2선에서는 순수하게 놓아주는 느낌을 느끼고, 자애와 연민을 느낍니다. 마음이 더 높은 선정으로 올라가면 호흡이 매우 미묘해져서 여러분은 그것을 느끼지 못할 수도 있습니다. 몸과 마음에서 일어나는 미묘한 변화를 느낄 수 있을 것입니다. 그러면 당신의 마음은 자연스럽게 위빠사나, 통찰을 갖게 됩니다.

여기서는 집중으로 시작해서 통찰로 끝을 맺습니다. 변화를 알아차리기 시작하는 순간, 여러분은 위빠사나 수행, 통찰 명상을 하고 있는 것입니다. 무상을 알아차리는 것은 위빠사나 수행에 절대적으로 필요합니다. 사마타와 위빠사나는 똑같이 중요하다는 점에 유의해야 합니다. 수행의 이 두 가지 측면은 함께 진행됩니다.

저는 이러한 주제에 대해 여러 권의 책을 썼습니다. 선정에 도달했을 때 어떤 일이 일어나는지 더 명확하게 이해하기 위한 출발점으로 『쉬운 영어로 배우는 마음챙김을 넘어서 Beyond Mindfulness in Plain English』를 추천합니다.

집중의 도구

자신이 선정의 어느 단계에 도달했는지 어떻게 알 수 있습니까? 선정은 오염된 것을 뿌리 뽑기 위한 통찰의 도구로 사용되는 것인가요?

◉── 집중은 도구입니다. 수행을 통해 그 도구를 연마해야 합니다. 도구가 무디면 집중을 얻을 수 없습니다. 따라서 집중을 얻기 위해 모든 장애물을 극복해야 하고, 그러면 마음은 예리하고 깨끗해집니다.

통찰 명상으로 무엇을 할까요? 탐욕, 증오, 망상을 없애기 위해 우리는 무상, 고, 무아를 아주 작은 부분까지 봅니다. 이를 위해 우리는 집중 명상과 통찰 명상을 수행합니다.

집중의 신호

니미타^{nimita}는 어떤 모습입니까?

◉──니미타는 하나의 표상처럼 보입니다. 이것은 집중의 신호라고 불립니다. 예를 들어, 해가 뜰 때 우리는 떠오르는 태양의 징후인 새벽 어스름을 보게 됩니다. 새벽 어스름을 보고 "아, 해가 뜨고 있구나."라고 말합니다. 마찬가지로 차량이 오고 있다고 가정해 봅시다. 먼 곳으로부터 희미한 소리가 들립니다. 그런 다음 천천히 소리가 커지고 차량이 보입니다. 밤이라면 아주 멀리서 전조등을 켜고 오는 자동차 불빛이 보일 것입니다. 칠흑 같은 어둠 속에서 그 불빛을 보고 차가 오고 있다고 생각합니다. 따라서 그 빛은 차가 오고 있다는 신호입니다.

마찬가지로, 집중 명상을 하고 있을 때 진정한 집중이 이루어지기 전, 마음속에 아주 작은 밝은 빛이 생겨납니다. 그 빛이 계속 밝아지고 밝아지고 밝아지면서 마음의 광채가 선정과 함께 일어납니다.

부처님은 『앙굿따라 니까야』에서 이렇게 말씀하셨습니다. "마음은 빛나지만 번뇌에 의해 오염됩니다. 보통 사람들은 그것을 알아차리지 못합니다." 그래서 집중 수행^{citta bhavana}을 하지 않습니다. 집중 수행을 하면 마음의 광명에 도달할 수 있습니다. 작은 빛의 불꽃으로 나타나는 첫 번째 신호는 점점 더 밝아지고 밝아집니다. 밝은 빛의 불꽃을 보기 전에 모든 방해요소는 사라지고, 마음은 매우 고요하고 평화로워지며 집중할 준비가 되어 있습니다.

그러나 때때로 사람들은 명상에 대한 진지한 배경 지식이 없이도 밝은 빛을 경험하기도 합니다. 하지만 이것은 집중의 진정한 신호는 아닙니다.

장애물과 선정

모든 깨달음의 장애물은 선정에 도달하면 사라진다고 합니다. 하지만 선정도 무상합니다. 그렇다면 선정 상태가 멈추거나 명상을 중단하면 장애물이 다시 이전 상태로 돌아오나요?

◉── 수행 자체는 무상합니다. 따라서 수행을 중단하면 장애물은 다시 돌아옵니다. 지극히 정상적인 일입니다. 그러므로 선정이 멈추면 몇 번이고 다시 선정으로 돌아와야 합니다.

걷기 명상

걷기 명상(行禪) 중에도 선정에 도달할 수 있을까요?

◉── 어떤 자세이든 장애물을 극복할 수 있다면 그 사람은 선정에 도달할 수 있습니다. 걷는 동안 발생하는 모든 장애물을 극복하면, 몸을 움직이는 동시에 초선에 도달할 수 있습니다. 초선에서는 몸이 완전하게 조용하고 고요할 수 없습니다. 그러므로 그 다음 단계 선정에 도달하기 위해서는 좌선을 해야 합니다.

초선 알아차리기

초선에 도달했는지 어떻게 알 수 있나요? 초선에 도달하면 어떤 느낌이 드나요?

◉── 초선에 도달했는지 여부는 확실히 알 수 있습니다. 초선에 도달하면 모든 마음의 장애물이 사라집니다. 탐욕, 분노, 불안과 걱정, 게으름과 혼침, 의심이 모두 사라지고, 마음은 고요합니다.

그리고 무언가에 대하여 어떤 말을 하고 싶은 생각이 전혀 없습니다. 감각적 쾌락과 관련된 다양한 종류의 활동에서 벗어나 있기 때문에 커다란 행복을 경험합니다. 그리하여 모든 것들로부터 자유롭습니다.

하지만 초선은 아주 깊이 집중된 마음 상태는 아닙니다. 초선은 집중은 하지만 듣고 느낄 수는 있는 단계입니다. 하지만 평화와 행복의 경험에 너무 집중하여, 대화하는 데 전혀 관심이 없습니다. 그러므로 초선에 도달하면 말하기를 멈춥니다. 그러면 여러분은 자신이 초선에 도달했는지 여부를 알 수 있습니다.

편안하고 자연스럽게

오랜 수행의 자연스러운 결실로서 선정에 도달하는 장기적 접근방법은 무엇인가요? 때때로 선정 수행은 어렵고 혼란스럽게 느껴집니다. 그래서 선정 수행을 위해서는 보다 많은 기초가 필요한 것 같습니다.

◉── 선정은 자연스럽게 다가옵니다. 여러분! 아시는 바와 같이 '선

정', '장애물' 등등은 일종의 명상 전문용어입니다. 저는 초선, 제2선이 어떤 것인지에 대해서 크게 신경 쓰지 않습니다. 그런 모든 전문용어는 잊으셔도 됩니다. 그냥 호흡에 집중하세요. 그리고 수행 과정에서 어떤 문제가 발생하더라도 그냥 놓아두면 괜찮아질 것입니다. 여러분은 올바른 길을 가고 있습니다. 지금은 여러분이 명상 수행에 참여하고 있으므로, 명상 관련 전문용어를 사용하고는 있습니다. 하지만 크게 걱정하지 마세요. 편하게 생각하세요.

선정에 대한 걱정

저는 굳이 선정에 도달하고 싶은 것이 아닙니다. 단지 마음을 진정시키고 평정심을 기르는 수행을 하고 싶을 뿐입니다. 그래도 괜찮은가?

◉— 좋은 질문입니다. 걱정하지 마세요. 진심으로 깊고 진정한 통찰을 얻으려면 장애물을 극복하기만 하면 됩니다. 그냥 그렇게 하세요. 선정이나 깊은 몰입 상태에 도달했는지 아닌지 걱정하지 마세요. 그저 장애물을 극복하고 마음을 맑게 하고, 집중하세요. 그러다가 선정에 도달하면 그대로 받아들이면 됩니다.

12. 마음챙김

매 순간이 새로운 순간

호흡에 마음챙김하고자 할 때, 어떻게 해야 하나요?

◉── 어떤 것을 대상으로 마음챙김을 할 때는 그것에 대해서만 집중하세요. 여러분은 집중 선정에 도달하거나 깊은 통찰을 얻을 수 있습니다.

통찰을 깊게 하기 위해서는, 호흡을 통해 몇 가지 변화가 일어나야 합니다. 진정으로 마음챙김하면 지루하지 않습니다. 매 순간이 새로운 순간이기 때문입니다. 호흡을 관찰하면 처음에는 숨을 들이쉬고 내쉬는 것을 알아차릴 수 있습니다. 그리고 숨을 길게 들이쉬고 길게 내쉬는 것을 알아차립니다. 그리고 들숨의 시작과 중간, 끝을 알아차리고 날숨의 시작과 중간, 끝을 알아차립니다. 그리고 폐 속에 들이마신 숨이 가득 차는 것을 알아차립니다.

호흡의 압력 정도를 느낄 수도 있습니다. 숨을 내쉬면 압력이 낮아집니다. 그러면 폐에 숨이 차지 않는 것에 대해 어느 정도 불안을 느끼게 됩니다. 다시 숨을 들이마시면 불안이 사라집니다. 그러면 숨이 거칠거나 미묘하게 느껴집니다. 그리고 깊은 호흡과 얕은 호흡을 느낍니다.

또한 숨의 부드러움과 딱딱함을 알아차립니다. 그리고 기분 좋은 느낌, 좋지 않은 느낌, 아무런 느낌 없음 등 숨의 느낌을 알아차립니다.

각각의 호흡의 시작, 중간, 끝을 마음챙김하다 보면 결국 들숨의 끝과 날숨의 시작이 합쳐지는 것을 알아차릴 수 있습니다. 그러면 호흡은 동그란 원처럼 하나의 대상이 됩니다.

관찰하고 살펴야 할 것들이 많습니다! 숨을 들이쉬고 내쉬는 동안 이러한 모든 일이 일어나고 있습니다. 하지만 마음을 완전히 비워두고 마음챙김하지 않고 그냥 호흡을 지켜보기만 한다면 아주 지루할 것입니다. 호흡의 진정한 본질을 이해하고자 하면 호흡을 관찰해야 합니다.

호흡에 반영된 요소들도 살펴볼 수 있습니다. 우리 몸에는 흙, 물, 불, 공기의 요소(地, 水, 火, 風)가 있습니다. 우리는 숨이 부드럽게 혹은 딱딱하게 콧구멍에 닿을 때 땅의 원소를 경험합니다. 이것은 호흡에 땅의 요소가 존재하기 때문입니다. 우리는 숨이 촉촉하거나 건조한 느낌을 경험합니다. 이것은 물의 요소 때문입니다. 때때로 숨의 따뜻함을, 때로는 숨의 시원함을 경험합니다. 이것은 불의 요소 때문입니다. 그리고 우리는 숨이 들어오고 나가는 것을 확실히 느낍니다. 이것은 공기 요소 때문입니다. 이렇게 네 가지 요소가 모두 존재합니다.

우리의 호흡에는 주목해야 할 것들이 많이 있습니다. 물론 이러한 다양한 특징 하나하나에 이름을 붙이는 것은 매우 어렵습니다. 그러나 이 모든 것을 알아차리면서 호흡에만 주의를 기울이면, 호흡은 점점 더 미묘해지고, 점점 더 섬세해집니다. 그래서 집중력이 아주 좋아집니다.

호흡이 극도로 미묘해지면 호흡을 알아차리지 못할 수도 있습니다. 하지만 마음을 집중했던 곳을 기억하게 될 것입니다. 이것이 두 번째 대상이 될 것입니다. 첫 번째 대상은 호흡입니다. 두 번째는 호흡을 관찰할 때 기억이 머무르는 곳입니다. 즉, 콧구멍 가장자리, 코끝, 윗입술 또는 눈 사이의 코 안쪽을 의미합니다. 이것은 코의 형태에 따라 달라집니다.

어떤 사람들은 입술에 닿는 숨결을 느낍니다. 코가 아래로 구부러진 사람들은 코끝에서 숨결이 닿는 것을 느낄 수 있습니다. 그리고 코가 곧은 사람들은 콧구멍 가장자리에서 나오는 숨결을 느낄 수 있습니다.

어떤 사람들은 눈 사이 코 안쪽에 숨이 닿는 것을 경험할 수 있습니다. 각자는 숨이 어느 곳에 닿는지 찾기 위해 여러 번 숨을 쉬어야 합니다. 그러면 장소는 나중에 기억될 것이지만, 호흡 자체는 아닙니다.

호흡이 너무 미묘해져서 전혀 알아차리지 못하기 때문입니다. 이때 호흡에 대한 기억이 우리의 이차적 대상이 되는데, 이를 팔리어로 '빠띠바가 니미타 patibhaga nimitta'*라고 합니다. 그래서 우리는 이 기억에 마음을 집중합니다. 그러면 기억조차도 밝은 빛으로 대체될 것입니다. 그리고 그것은 날카롭고 작은 빛의 불꽃이 되어 사라지고, 그곳에 밝고 맑은 빛이 생겨납니다. 그리고 그때 선정의 특성을 지닌 매우 깊고 심오한 집중을 얻게 됩니다.

이것이 바로 호흡에 마음을 집중하여 선정을 얻는 방법입니다. 우선 세부적인 것을 알아차리고, 다음으로 통찰을 키우세요. 그러면 세부적인 것은 사라지고 집중이 생기게 됩니다. 집중이 생기면 그때부터 미묘하고 깊은 변화를 알아차릴 수 있습니다.

그때 여러분은 무상, 고, 무아를 가장 높은 수준에서 바라볼 수 있는 최고의 통찰을 갖게 되고, 탐욕과 증오, 망상은 사라질 것입니다.

이것이 깨달음의 흐름에 진입하는 것과 같이, 깨달음을 얻는 단계입니다. 그러므로 호흡 명상은 전혀 지루하지 않습니다!

마음챙김 성찰

마음챙김 성찰이란 무엇인가요?

◉── 갈애와 탐욕이 마음을 사로잡으면 어리석은 마음이 생겨납니다. 갈망에 집착하면 마음이 한 가지 방향으로만 치닫게 됩니다. 마음이 무지에 사로잡히게 될 때에도 같은 일이 일어납니다.

마음챙김 성찰은 이러한 우리의 마음상태에 대한 자각입니다.

---

* 닮은 표상. 유사한 형상.

그러므로 마음챙김 성찰을 통해 이러한 미숙하고 건전하지 못한 마음 상태를 극복할 수 있습니다.

마음챙김의 주체

마음챙김을 할 때, 마음챙김을 하는 사람은 누구인가요?

● — 매우 철학적인 질문입니다. 질문 자체가 사안을 오도할 수 있으므로, 질문은 수정되어야 합니다. 누가 마음챙김을 하고 있느냐고 묻는 것은 우리 안에 '나'라는 존재가 있다고 전제하고 있기 때문에 잘못된 질문입니다.

따라서 질문은 "마음챙김이란 무엇인가?" 또는 "마음챙김으로 어떤 일이 일어나는가요?"와 같은 것이 되어야 합니다.

'존재'라고 불리는 이러한 현상이 마음챙김의 대상이 된다면, 그 '존재'는 무엇인가요? '누구(존재)'라는 용어와 개념을 사용하지 않는다면, 우리는 다른 용어를 사용해야 합니다. 존재란 무엇일까요? 어느 날 라다^{Radha}라는 승려가 부처님께 "존재란 무엇입니까?"라고 물었습니다. 부처님은 형태, 느낌, 지각, 생각, 의식에 집착하는 실체가 존재라는 매우 긴 철학적 답변을 들려주었습니다. 형태에 집착하고, 형태를 붙잡고, 형태에 갇혀 있는 그 실체를 '존재'라고 부릅니다. 그리고 마음챙김을 하는 것은 바로 이러한 존재입니다.

이것은 현상을 의미하며, 우리는 편의상 그것을 존재 또는 "나"라고 부릅니다. 하지만 별로 중요하지 않습니다. "나는 마음챙김을 하고 있다."라고 말해도 괜찮습니다.

하지만 이 "나"의 뒤에는 실체로서의 "나라는 존재"는 없습니다. 그래서 이해가 쉽지 않습니다. 우리는 일상적인 의사소통을 위해 편의상 "나"라는 단어를 사용합니다. 그래서 바로 이러한 현상이 마음챙김의 대상이 됩니다.

있는 그대로

수행에 있어서 마음챙김의 목적은 무엇인가요?

◉── 마음챙김은 매우 구체적인 기능을 합니다. 마음챙김은 마음을 깨끗하고 순수하게 만듭니다. 또한 사물을 있는 그대로 드러내기도 합니다. 마음챙김을 통해 우리는 형태, 감정, 지각, 의도, 인식 등 오온의 본질을 이해하게 됩니다.

이러한 오온은 사물의 집합체입니다. 예를 들어, 마음챙김 수행으로 통찰을 얻으면 형상이란 실제로는 거품과 같은 것임이 분명해집니다. 커다란 강에서 소용돌이를 일으키는 거품을 생각해 봅시다. 우리에게는 거대한 물체로 보입니다. 하지만 거품 하나를 터뜨리면 그 안에는 아무것도 없습니다. 다른 거품을 터뜨려도 그 안에는 역시 아무것도 없습니다.

이와 같이 우리의 몸, 그리고 겉으로 보이는 신체에 주의를 기울이면 그 안에는 아무것도 없다는 것을 알 수 있습니다.

강력한 현미경을 가지고 몸의 작은 부분을 살펴보면 결국 아무것도 보이지 않을 것입니다. 그저 일종의 파동일 뿐입니다.

부처님은 사람들이 현미경과 현대 물리학을 통해 이것을 발견하기 훨씬 전에 이러한 통찰을 얻었습니다. 우리 몸을 마음챙김으로 바라보면 우리 몸에는 아무것도 보이지 않는 것을 알 수 있습니다.

집중과 마음챙김

집중과 마음챙김의 관계에 대해 이야기해 주시겠어요?

●── 불교 명상에는 집중 명상과 마음챙김 명상이라는 두 가지 측면이 있습니다. 여러분들은 마음챙김 명상에 익숙하실 것 같습니다. 때로는 통찰 명상 혹은 위빠사나 수행이라고도 합니다. 그리고 그냥 마음챙김 명상이라고도 합니다.

모두 같습니다. 그러나 약간의 차이점이 있습니다. 하나는 언어적 차이입니다. 위빠사나는 팔리어 단어이고 '마음챙김'과 '통찰력'은 영어 단어입니다.

이제 마음챙김 명상과 집중 명상에 대하여 이야기해 보겠습니다. 많은 사람들이 명상 수행에 임할 때 "집중하기 어렵습니다!"라고 말합니다. 그분들은 명상에서 집중만이 우리가 하는 유일한 일이라고 생각하기 때문입니다. 명상에 있어서 집중이 절대적으로 필요하지만 나머지 절반도 필요합니다. 마음챙김, 즉 위빠사나 또는 통찰 명상이 바로 그것입니다.

집중하고자 할 때 문제가 생깁니다. 집중이 되지 않는다면 어떻게 해야 할까요? 이것은 주로 장애물이라고 말하는 것들로 인한 결과입니다. 장애물이 있으면 집중하기 어렵습니다. 장애물을 극복해야 합니다.

장애물을 극복하려면 마음챙김 수행을 해야 합니다. 방해요소를 알아차리고 그에 대처하는 방법을 배워야만 집중할 수 있습니다.

그러므로 이러한 두 가지가 어떻게 통합되고, 상호 연관되어 있으며, 서로 얽혀 있고, 서로를 지원하는지 알 수 있어야 합니다. 마음챙김으로 장애물을 극복하면 집중이 향상됩니다.

어떤 사람들은 집중을 두려워합니다. 특히 서양에서 '집중'은 일종의 금기어와도 같습니다. "집중하면 식물인간처럼 되어 꼼짝 못한다! 한 곳에 지나치게 집중하면 아무것도 듣지 못하거나 아무것도 느끼지 못해 바위처럼 될 것이다! 집중하지 말아라! 위빠사나 수행만 하면 된다."고 말하기도 합니다.

이것은 전체 명상체계에 대한 이해가 부족하기 때문입니다.

우리는 명상의 이 두 가지 측면을 진솔하게 살펴봐야 합니다. 집중은 수행의 절정입니다. 그래서 팔정도의 마지막 항목이 올바른 집중〔正定〕입니다. 일곱 번째가 올바른 마음챙김〔正念〕입니다. 선정을 얻고자 하지 않고 마음챙김 수행에서 멈춘다면, 그것은 팔정도를 수행하지 않는 것입니다. 여러분은 칠정도 수행만 하는 것입니다! 팔정도의 길에는 집중·선정이 반드시 포함되어야 합니다. 따라서 마음챙김이 수반되지 않는 선정은 없습니다.

많은 사람들이 이 두 가지 사이의 관계를 이해하지 못한 채 마주하게 되는 흥미로운 딜레마입니다.

오온에 대한 마음챙김

위빠사나 명상으로 오온을 어떻게 적용할 수 있는지 알려 주실 수 있나요?

◉―『대념처경』은 경전 전체에 걸쳐서 오온과 명상에 대하여 이야기하고 있습니다. 호흡, 자세, 명료한 깨달음, 몸을 32개 부분으로 관찰하는 것, 사대四大로 관찰하는 것, 죽은 이후의 9단계로 관찰〔九想觀〕하는 것은 모두 몸에 대한 마음챙김입니다. 이것은 오온의 첫 번째인 색온色蘊의 마음챙김에 속합니다.

예를 들어, 몸의 일부인 호흡을 생각해 보세요. 우리는 호흡의 오르내림, 호흡의 시작과 중간, 끝을 보기 위해 호흡을 대상으로 마음챙김합니다. 숨을 들이쉬고 내쉬고 멈추는 순간, 폐의 팽창과 수축, 숨을 들이쉬고 내쉴 때 느끼는 압력과 압력의 크고 작음을 관찰합니다.

우리는 이러한 관찰을 통해서 호흡의 모든 부분이 언제나 변화한다는 것을 알아차립니다. 우리는 호흡이 어떻게 생겨나고 사라지는지 주의 깊게 관찰하고 주의를 기울여야 합니다. 걷거나, 앉거나, 서 있거나, 누워 있는 자세에서도 같은 것을 볼 수 있습니다. 우리가 걸을 때에도 몸이 어떻게 변하고, 느낌이 어떻게 변하고, 요소가 어떻게 변하는지를 알아차립니다.

우리는 모든 것을 마음챙김 명상의 대상으로 삼습니다. 우리는 모든 것이 변화하고 있음을 바라봅니다. 모든 것은 영구적으로 무상합니다. 그리고 우리는 머리카락, 치아, 눈, 코 등 몸과 마음 전체의 모든 것이 괴로움이라는 것을 알게 됩니다. 모든 것이 괴로움인 이유는 그것들이 모두 무상하기 때문입니다.

부처님은 우리의 눈, 귀, 코, 혀, 몸, 피부 등에 일어나는 여러 가지 변화에 대해 말씀하셨습니다. 이 모든 것이 변화하고 있습니다. 모두 질병과 노화의 영향을 받습니다. 그리고 모두 죽음을 맞이합니다.

특히 건강할 때는 이러한 과정이 매 순간 일어나는 것을 관찰할 수 있습니다. 이것은 실천하기 좋은 명상입니다. 우리 몸의 변화와 무상함을 바라보세요. 이것이 우리가 오온 명상을 하는 이유입니다. 느낌이 변하고, 지각이 변하고, 의식이 변하고, 생각과 의지가 변하고, 법이 변하고 마음이 변합니다.

단계별 마음챙김

어떤 분은 마음챙김 수행에 있어서 오직 호흡 명상만을 가르치기도 합니다. 이에 대해 어떻게 생각하시나요?

◉— 숨을 들이쉬고 내쉬는 것이 수행의 전부가 아닙니다. 피상적으로 보면 아주 간단해 보입니다. 하지만 호흡 명상은 시작에 불과합니다. 호흡에 대한 마음챙김은 부처님께서 가르쳐주신 심오한 담론입니다. 호흡 명상은 마음챙김 수행의 핵심요소 중 하나에 불과합니다.

어느 날 아난다 존자가 부처님께 "존자님, 아직도 명상하십니까?"라고 질문했습니다. 부처님은 그렇다고 대답했습니다. 다시 아난다는 "명상 주제에 대하여 말씀해 주시겠습니까?"라고 물었습니다. 이에 부처께서는 "나는 호흡을 마음챙김 대상으로 사용한다."라고 말씀하셨습니다.

어린 시절 싯다르타는 매년 파종기 때마다 열리는 농경제農耕祭 축제에서 벗어나 홀로 잠부나무 아래에서 호흡 마음챙김 수행을 경험한 적이 있었습니다. 그리고 깨달음을 얻기 위해 고군분투하던 싯다르타는, 여러 명상 스승들을 떠나 혼자 있을 때 "어떤 주제로 수행해야 할까?"라는 고민을 했습니다. 그러던 중 싯다르타는 호흡에 대한 마음챙김을 생각했습니다.

호흡에 마음을 집중하는 것은 명상의 시작이자 끝입니다. 왜냐하면 수행에 정진하면서 호흡에 대하여 이해해야 할 것이 너무 많기 때문입니다. 따라서 호흡에 대한 마음챙김을 가르치는 것은 좋은 일입니다.

하지만 완전한 마음챙김 수행을 하고자 한다면, 단계적으로 명상 수행을 진전시켜 나가야 합니다. 저는 『마음챙김의 네 가지 기초The Four Foundations of Mindfulness』를 저술했는데, 이 책에서 호흡을 명상 대상으로 사용하는 방법을 소개했습니다. 저의 책을 홍보하고자 하는 것이 아닙니다! 하지만 명상에 대해 진지하게 생각하고 있다면 이 책을 읽어 보시길 권장합니다. 저는 이 책을 아직 명상에 익숙하지 않은 초보자를 위해 썼습니다.

마음챙김과 도덕적 삶

최근 학교와 병원을 비롯하여 여러 곳에 명상 강좌가 개설되어 있습니다. 어떤 사람들은 도덕적 삶을 꾸려나가지 않으면서 명상 수행을 하기도 합니다. 이렇게 되면 자신이 직면하는 삶의 문제를 해결하지 못한 채, 단지 명상에 빠져서 살아가는 것이 아닐까요? 도덕적 삶이 없이도 명상으로 자아를 고양할 수 있을까요?

◉── 아주 좋은 질문입니다. 마음챙김은 도덕적 삶^{Sila}과 병행되어야 합니다. 실라는 도덕적, 윤리적 원칙을 준수하는 것을 의미합니다.

마음챙김 수행에 정진하고자 하지만, 그 기초가 탄탄하지 않아 성공하지 못하는 사람들이 많습니다. 마음챙김의 기초는 실라, 즉 도덕적 삶입니다. 하지만 완벽한 도덕성을 갖춘 후에야 명상을 해야 한다고 하면, 명상을 할 수 있는 사람은 거의 없을 것입니다! 이것은 마치 바다가 완벽하게 잔잔해져야 수영을 하겠다고 하는 사람과 같습니다. 그런 사람은 절대로 수영을 시작하지 못합니다!

마찬가지입니다. 완벽한 도덕성을 갖추지 못해도 바로 수행을 시작해야 합니다. 수행을 계속하다 보면 성공적인 결과를 가져온 수행의 경험을 통해 배웁니다. 그리고 수행 진전이 없다면, 그 이유에 대하여 스스로에게 물어봐야 합니다. 뭔가 잘못되었기 때문입니다. 바로잡아야 합니다. 그리고 그러한 문제를 바로잡기 위해 계속 수행해야 합니다. 그러면 도덕적 삶과 마음챙김이 더불어 성장할 것입니다.

도덕성이 완벽해질 때까지 기다릴 수는 없습니다. 지금 바로 수행을 시작하는 것이 매우 중요합니다. 마음챙김 수행이 진전함에 따라, 여러분은 자신이 단점을 더 잘 인식하고 마음챙김하게 되며, 그 결과 자신의 행동을 교정하게 됩니다. 이 두 가지는 병행됩니다.

"세속적인" 명상

교육, 비즈니스, 스포츠 분야에서 명상에 대한 관심이 커지고 있습니다. 이러한 현상이 주기적, 일상적인 좌선 명상의 자연스러운 연장선이라고 할 수 있을까요?

●── 엄격한 의미에서 명상은 마음수련의 특별한 방법입니다. 이를 위해 반드시 특정 자세, 시간, 장소가 필요한 것은 아닙니다. 언제, 어디서나, 어떤 자세로든 마음챙김 수행을 할 수 있습니다.

최근 대중적으로 인기를 끌고 있는 세속적인 삶에서의 명상과 마음챙김 수행은 맥락에서 벗어난 경우가 많습니다. 맥락에서 벗어나면 명상의 효과를 온전히 경험할 수 없습니다. 일반적으로 '대중적' 명상은 실제에 있어서는 일종의 심리훈련인 경우가 대부분입니다. 물론 이러한 명상과 마음챙김은 학교와 직장 등에서 사용할 수 있고, 올바르고 적절하게 시행된다면 좋은 효과를 얻을 수도 있습니다.

우리의 경우, 명상 수행은 부처님 가르침을 따른다는 것을 의미합니다. 우리에게 있어서 명상 수행은 탐욕, 증오, 망상을 제거하기 위해 마음을 훈련하는 방법입니다. 따라서 어떤 식으로든 탐욕, 증오, 망상을 없애기 위해 마음을 훈련한다면, 우리는 그것을 명상이라고 할 수 있습니다.

학교나 직장 또는 세속적인 환경에서 탐욕과 증오를 없애기 위해 수행하면, 그것도 불교 전통에서 말하는 명상이라고 할 수 있습니다.

위빠사나 수행을 위해서는 특히 무상, 고, 무아를 제대로 바라볼 수 있도록 마음을 훈련해야 합니다. 세속적이든 종교적이든 어떤 상황에서도 이러한 세 가지를 바라볼 수 있도록 마음을 훈련하는 것을 마음챙김 명상이라고 합니다.

유료 명상 강좌

많은 사람들이 마음챙김에 기반한 스트레스 감소 강좌를 통해 명상과 마음챙김을 접하게 됩니다. 일반인들도 스트레스를 줄이고자 명상 훈련을 받고 있습니다. 하지만 이런 강좌는 대부분 유료로 운영되고 있습니다. 이렇게 돈이 수반되는 명상도 괜찮은가요? 부처님 말씀과 상충되는 것이 아닐까요?

◉── 강좌 운영을 위해서는 장소를 빌려야 하고, 임대료와 냉난방비 등 시설관리비를 지불해야 합니다. 기부금만으로 운영하기 어려운 기관들이 있고, 기꺼이 비용을 지불하여 수행을 통해 무언가를 얻고자 하는 분들도 있을 것입니다.

저희는 기부금으로 운영되기 때문에 명상 수행에 따른 비용을 받지 않습니다. 하지만 그렇지 못한 기관들은 유료 운영이 불가피하다고 생각합니다. 저는 유료 운영이 반드시 잘못된 것이라고 생각하지는 않습니다.

집착과 괴로움

어떤 상황에서 자신이 집착과 갈애에 사로잡혀 있음을 알아차리면, 바로 그것이 무지를 끝내기 위한 길로 나아가고 있는 것이라고 생각해도 될까요?

◉── 그렇습니다. 갈애와 집착에 사로잡혀 있음을 알아차리면, 그것이 바로 괴로움임을 알 수 있습니다! 갈애가 생기면 그 순간 괴로움도 함께 생깁니다. 갈애의 괴로움을 느끼기 위해 나중을 기다릴 필요는 없습니다. 갈애가 생기면 곧바로 괴로움을 경험합니다.

우리 모두는 그것을 실험해 볼 수 있습니다. 여러분 자신이 실험 대상일 수 있습니다. 우리는 우리 자신을 사용하여 갈애와 함께 얼마나 많은 괴로움이 발생하는지 확인합니다. 갈애와 고통 사이의 직접적인 연관성을 확인합니다.

부처님께서 말씀하셨듯이 괴로움의 원인은 갈애와 욕망, 탐욕입니다. 이것이 진리입니다. 갈애가 생기는 순간 우리는 그것을 직접 경험할 수 있습니다. 갈애로 인한 괴로움을 보자마자 우리는 "내가 갈애가 생겨서 괴로움이 생겨났구나. 이러한 갈애를 키우는 건 어리석은 일이지. 어리석음에서 벗어나기 위해 무엇인가를 해야 하지 않을까?"라는 결심을 합니다.

그래서 갈애가 생길 때마다, 갈애의 뿌리를 키우지 않기 위해 보다 더 마음챙김을 정진합니다.

갈애의 뿌리를 어떻게 없앨 수 있을까요? 마음을 비우는 것입니다. 마음챙김을 하면 갈애를 질식시키고 제거할 수 있습니다. 우리는 마음챙김을 하고 갈애에 굴복하지 않습니다.

갈애가 생기면 어떻게 해야 할까요? 마음챙김이 우리의 무지를 약화시키기 때문에, 마음챙김을 하면 그만큼 무지가 줄어듭니다. 마음챙김은 우리의 마음을 열고 무지의 어둠에 빛을 가져옵니다.

무지를 어둠이라고 한다면 마음챙김은 어둠에서 벗어나도록 하는 빛입니다. 갈애가 생길 때마다 그렇게 한다면, 무지를 줄이기 위해 노력하는 것입니다.

숨결마다

호흡 명상을 수행하면 어느 시점에 이르러서 존재의 세 가지 특징(三法印)을 깨닫게 되나요?

◉— 호흡 명상과 깨달음은 서로 연결되어 있습니다. 호흡에 주의 깊게 집중하면 일어나는 현상, 사라지는 현상, 그리고 그 사이에 일어나는 현상을 알아차릴 수 있습니다. 즉 숨을 쉴 때마다 무상, 고, 무아를 알아차린다는 의미입니다. 숨을 쉴 때마다 말입니다!

숨을 쉴 때마다 이러한 존재의 세 가지 특징을 바라볼 수 있습니다. 숨을 내쉴 때에도 호흡이 항상 변화하는 과정에 있기 때문에 이러한 것들을 볼 수 있습니다. 숨은 폐를 통해 나가면서 변합니다. 마음이 점점 더 예민해지면서 들숨과 날숨에서 이러한 변화를 봅니다. 따라서 우리는 모든 호흡에서 이러한 존재의 세 가지 특징을 바라볼 수 있습니다.

『앙굿따라 니까야』에는 아름다운 이야기가 있습니다. 부처님은 제자들에게 "아주 중요한 것이 있습니다. 여러분은 죽음에 대한 마음챙김 명상을 하고 있습니까?"라고 말씀하셨습니다.

"죽음"은 언젠가 우리 모두에게 다가올 것이므로 누구나 관심을 기울여야 할 대상입니다. 우리의 이해가 깊어지면 죽음은 싫거나 꺼려지거나 부정적인 주제가 아닙니다. 왜 그럴까요? 우리의 삶은 매 순간 죽음을 향해 나아가고 있기 때문입니다. 우리가 완전히 이해한다면 죽음은 매 순간마다 일어나고 있음을 알게 될 것입니다.

그래서 부처님께서 제자들에게 "여러분은 죽음에 대한 마음챙김을 수행하고 있습니까?"라고 물으셨을 때, 여섯 명의 비구가 이렇게 대답했습니다.

한 스님은 "저는 일주일에 한 번 죽음에 대한 마음챙김 수행을 합니다."라고 말했고, 다른 스님은 "존자님, 저는 매일 죽음에 대한 마음챙김을 수행합니다."라고 말했습니다. 세 번째 스님은 "존자님, 제가 쿠티에서 탁발을 하는 횟수만큼 죽음에 대한 마음챙김 수행을 합니다."라고 말했고, 네 번째 스님은 "세존이시여, 저는 탁발 음식을 먹을 때마다 죽음을 염두에 두는 수행을 합니다."라고 말했습니다. 다섯 번째 스님은 "음식 한 조각을 먹을 시간이 있다면, 그 시간에도 저는 죽음에 대한 마음챙김을 수행합니다."라고 말했습니다. 여섯 번째 스님은 "세존이시여, 저는 숨을 들이쉬고 내쉴 때마다 죽음에 대한 마음챙김을 수행합니다."라고 말했습니다.

이에 부처님은 마지막 두 스님이 진정으로 마음챙김 수행에 정진하는 제자들이라고 말씀하셨습니다. 왜 그렇게 말씀하셨을까요? 죽음에 대한 마음챙김은 숨을 들이쉬고 내쉬는 동안에도 볼 수 있기 때문입니다.

즉, 들숨이 끊임없이 변화한다는 의미입니다. 따라서 한 번의 들숨으로 죽음의 의미를 모두 볼 수 있습니다. 또한 한 번의 날숨으로 죽음의 의미를 모두 볼 수 있습니다. 우리는 들숨과 날숨을 통해 무상, 고, 무아를 볼 수 있습니다. 다른 곳에서 이런 것들을 찾을 필요가 없습니다.

불교 수행 방식

불교가 전파된 모든 국가와 문화권마다 각각 특별한 불교 수행 방식이 있습니다. 태국, 캄보디아, 일본에서의 방식이 그랬습니다. 스님께서는 미국불교에 대해 어떻게 생각하시나요? 미국에서의 수행 방식의 장단점은 무엇이라고 생각하시나요?

◉── 불교의 핵심은 전혀 다르지 않습니다. 어느 곳이든 같습니다. 하지만 밖으로 드러나는 의식과 관행, 표현 방식, 의사소통 방식은 주어진 환경에 따라 서로 다른 것이 자연스럽습니다.

부처님은 「무쟁분별경Aranavibhanga Sutta」(『맛지마 니까야』)에서 이에 대해 말씀하셨습니다. 부처님은 승려들은 어디를 가든지 법을 전하고 가르치려면 그 지역의 언어와 관습, 행동 방식에 맞춰 그 지역 사회와 조화를 이루는 방법을 배워야 한다고 말씀하셨습니다. 승려들은 현지 상황에 적응해야 합니다.

예를 들어, 스리랑카에서는 승려들이 승복을 입고 어깨를 드러낸 채로 생활합니다. 하지만 웨스트버지니아의 언덕에 명상센터를 설립하고 이곳에 왔을 때는 추운 날씨에 적응해야 했습니다! 우리는 환경에 적응해야 하기 때문에 양쪽 어깨를 드러내지 않습니다. 양말을 신고, 모자를 씁니다. 겨울에는 따뜻한 내복을 입습니다.

하지만 이것은 의복에 관련된 사례에 불과합니다.

불교 수행에 있어서 각 지역과 나라마다 서로 다른 다양한 의식을 채택하고 있습니다. 서양에서는 이러한 의식을 최소화하려고 하지만, 서양에도 의식을 강조하는 집단과 종파가 있습니다. 일부 불자들은 이러한 의식을 채택하기도 합니다. 하지만 일반적으로 불교 수행에 보다 진지한 사람들은 의식에 그다지 열정적이지 않습니다.

서양에서는 또 다른 특징이 있는데, 지적 수준이 높고 고등교육을 받은 분들이 불교에 귀의하는 경우가 많습니다. 그러나 소위 동양국가에서는 불교가 흔한 일입니다. 많은 사람들이 불교를 따릅니다. 그래서 불교에 대해 깊이 탐구하고 공부하고 진지하게 생각하기보다는, 그냥 당연한 것으로 여기는 경우가 많습니다.

그리고 "대중적 불교"라고 부르는 것에는 항상 부정적인 측면이 있습니다. 핵심적인 가르침을 이해하지 못한 채 피상적 혹은 맹목적인 신앙으로 불교를 받아들이는 것입니다. 이러한 의식, 관습, 문화적 요소는 불교가 아닙니다.

서양에서 일어나는 또 다른 일은, 부처님의 가르침에 부합하지 않는 다양한 것들을 불교라는 이름을 붙여서 사용하는 것입니다. 어떤 사람들은 명상수련을 몇 차례 경험하고 짧은 기간 동안 수행을 한 후, 스스로 명상 교사가 되어 명상센터를 설립하고 명상을 지도하기도 합니다. 그들은 명상을 일종의 수익을 창출하는 상품으로 생각합니다.

이것은 부정적인 측면입니다. 명상과 마음챙김 수행이 점점 더 대중화되면서 일부 사람들은 이것이 쉽게 돈을 벌 수 있는 방법이라고 생각하기 때문입니다.

13. 무상

눈앞에서 직접

저는 무상無常을 이론적, 철학적으로는 이해하고 있습니다. 하지만 여전히 그것이 실질적으로 무엇을 의미하는지 직접적으로 이해하지 못하고 있습니다. 이에 대하여 명확하게 설명해 주실 수 있을까요?

◉── 실천적 방법이란 자신의 경험으로 직접 보고, 관찰하고, 살피는 것입니다. 이것이 가장 좋은 방법입니다. 예를 들어, 자신의 호흡에 주의를 기울여 보세요. 얼마나 빨리 변하는지 주목하세요. 분노가 마음을 압도할 때는 그 느낌에 주의를 기울여 보세요. 항상 같은 강도로 유지되는 것은 아니죠?

자신의 욕심을 돌아보세요. 그것도 항상 동일하게 유지되지는 않습니다. 예를 들어, 오늘 점심에 나온 렌틸콩과 밥 같은 맛있는 음식을 먹고 즐기고 있는 자신을 주목해보세요. 음식을 먹으면 배가 채워집니다. 그리고 더 이상 먹을 수 없고, 한 입 더 먹고 싶은 욕구도 사라집니다. 이때에 당신은 음식에 대한 욕망이나 소망의 무상함을 경험합니다. 맛있게 먹었던 음식도 배가 부르면 더 이상 매력적이지 않고 더 이상 먹고 싶지 않습니다! 이것 역시 무상의 경험입니다.

우리가 경험하는 모든 것이 이와 같습니다. 무상에 대한 깊은 철학적 이해가 필요한 것이 아닙니다. 일상의 아주 작은 순간과 경험에서 그 진실을 볼 수 있습니다.

이것이 여러분이 말하는 이론과 논리, 철학에 부합하는 가장 좋은 방법입니다.

무상無常, 평범한 진리

부처님 가르침의 핵심인 무상을 어떻게 알고 어떻게 볼 수 있을까요?

●── 우리는 다른 사람에게서 무상을 배우는 것이 아니라, 자기 스스로의 경험을 통해 보고 알 수 있습니다. 거기에 어떤 신비한 것은 없습니다. 무상은 신념이 아니며 증명하거나 반증할 수 있는 것이 아닙니다.

그러나 무상의 증거는 우리의 내면과 외면 모두에서 찾을 수 있습니다. 부처님의 모든 가르침은 이러한 무상이라는 불변의 진리에 기초하고 있습니다. 자신의 경험에 진솔하게 주의를 기울이면, 무상을 이해할 수 있습니다.

무상에 대하여 지적으로, 개념적으로 아는 것만으로는 충분하지 않습니다. 우리는 사성제 전체가 어떻게 무상에 기초하고 있는지 알아야 합니다. 괴로움은 무상을 기반으로 합니다. 우리는 경험을 통해 무상 자체가 고통의 원인이 아니라는 것을 알고 있습니다. 괴로움의 원인은 갈애입니다. 그러나 우리가 갈애하는 것은 무상한 대상입니다.

소유한 것, 인간관계, 젊음, 명예, 최신 휴대폰, 멋진 자동차 등 우리가 갈망하고 애착하는 것들은 모두 무상합니다. 항상 변하고 사라질 수밖에 없습니다. 그러므로 궁극적으로 만족스럽지 못합니다. 그것들에 희망을 걸고 행복의 원천으로 삼는다면 실망하게 될 수밖에 없습니다. 그것은 모두 무상, 고, 무아라는 특징을 가지고 있습니다.

우리는 여기저기에서 영원한 만족을 찾을 수 있는 영원한 "자아"를 찾습니다. 여러분이 "자아"라고 부르는 것이 무엇이든, 부처님은 "그것은 자아가 아니다"라고 말씀하셨을 것입니다. 여러분은 부처님께 "그러면 자아란 무엇입니까?"라고 질문할 것입니다. 그러면 부처님께서는 질문에 답하시기보다는 다음과 같이 여러분에게 질문을 되돌리실 것입니다. "여러분이 자아라고 부르는 것은 제가 사용하는 용어 혹은 개념이 아닙니다. '자아'라는 단어를 사용한 사람은 바로 여러분입니다. 그러니 저에게 그것이 무엇인지 말씀해 보세요."

만약 여러분이 이러저러한 것을 자아라고 말한다면, 부처님께서는 그것은 자아가 아니라고 말씀하실 것입니다. 부처님께서는 여러분이 자아라고 말하는 것을 포함하여 모든 것이 무상하다는 입장을 견지하십니다.

영원한 것은 결코 찾을 수 없기 때문에 소위 '자아'라는 것도 마찬가지로 무상하다는 것을 인정해야 합니다. 그리고 모든 것이 무상하다는 것을 인정하면 이른바 '자아'도 무상합니다. 여러분은 사물들이 '영원히 무상하다'는 것을 인정하거나, 아니면 그 어떠한 것도 무상하지 않다고 인정해야 합니다.

부처님께서는 오온의 무상함을 바탕으로 무아를 가르치셨습니다. 부처님께서는 「무아의 상태에 관한 경$^{Anattalakkhana\ Sutta}$」(『쌍윳따 니까야』)에서 "비구들이여, 형상과 몸[色蘊]은 자아가 아니다. 몸이 자아라면 몸은 병에 걸리지 않을 것이며, '이렇게 되게 하라, 이렇게 되지 않게 하라.'고 말할 수 있을 것이다. 하지만 몸은 자아가 아니기 때문에 몸은 괴로움을 일으키기 쉬우며, '이렇게 되게 하라, 이렇게 되지 않게 하라.'라고 말할 수 없다."고 말씀하셨습니다.

다른 네 개의 온蘊에 대해서도 같은 구절이 반복됩니다. 다음의 논증은 무상에 근거한 것입니다. 부처님께서는 제자들에게 "비구들이여, 어떻게 생각하느냐? 형상은 영원한가, 아니면 무상한가?"라고 물으셨습니다.

"존자님, 무상합니다."

부처님은 "무상한 것은 괴로운가, 만족스러운가?"라고 다시 질문하습니다. 이에, 제자들은 "만족스럽지 않습니다. 존자님."이라고 대답했습니다.

마지막으로 부처님께서 "무상하고 불만족스럽고 변화하는 성질을 가진 것을 '이것은 내 것이다. 이것이 나[我]이다. 이것이 나의 자아이다'라고 생각하는 것이 옳은가?"

이에 다시 제자들은 "아닙니다. 존자님."이라고 대답했습니다.

이것이 부처님께서 오온이 자아가 아니라는 것을 증명하기 위해 나머지 네 개의 온에 대해 사용한 논증입니다. 모든 것은 무상합니다.

조건화된 만물의 흥망성쇠와 변화를 알면, 우리는 기쁨으로 충만할 것이고, 기쁨으로 충만할 때 우리는 마음이 고요하고 평화로워집니다. 그리고 평온함이 가득하면 우리는 행복^{sukha}합니다. 이러한 행복을 통해 우리는 선정을 얻고, 집중된 마음으로 진실을 있는 그대로 볼 수 있습니다.

무상은 행복의 원천이지 고통의 원천이 아닙니다!

직접적 지식

호흡과 몸, 마음에 대한 집중으로 우리가 무엇을 배울 수 있습니까?

◉— 부처님의 모범을 따라 호흡을 사용하여 몸과 마음 체계를 살펴보면, 핵심적 진리, 법의 요점에 대한 통찰을 얻을 수 있습니다. 부처님께서는 "모든 진리(法)는 알아차림에서 비롯된다."고 말씀하셨습니다. 우리는 몸과 마음의 전통적인 구성 요소인 형태, 느낌, 지각, 생각·의도, 의식 등 오온五蘊에 대한 직접적인 지식을 얻게 됩니다.

호흡과 몸, 육체를 포함한 모든 물질적 대상은 형태의 집합체〔色蘊〕에 해당합니다. 우리는 코, 폐, 복부를 통해 호흡의 촉감을 경험합니다. 우리가 들이마시는 공기는 물리적이며, 물리적인 모든 것을 우리는 색온이라고 합니다.

나머지 네 가지 온蘊은 정신적 경험입니다. 느낌의 집합체(受蘊)는 호흡에 대한 감각과 그 결과로 경험하는 감정입니다. 숨을 내쉴 때 느끼는 불안감과 숨을 들이쉴 때 느끼는 안도감 등이 이에 해당합니다.

다음은 지각의 집합체(想蘊)입니다. 호흡을 명상 대상으로 삼을 수 있는 것은 마음만이 호흡을 인식하기 때문입니다. 생각과 의도의 집합체(行蘊)는 아이디어, 의견, 결정을 포함한 다른 모든 정신 활동입니다. "이것이 호흡의 느낌이다"라는 생각과 호흡에 주의를 기울이기로 한 결정은 이 행온에 해당합니다.

마지막은 의식의 집합체(識蘊)입니다. 이 식온은 모든 정신적 경험의 기초입니다. 식온으로 인해 다른 네 가지 온의 변화를 인식하게 됩니다. 그러나 의식 역시 호흡의 형태와 감정, 지각, 생각이 변화함에 따라 변화합니다.

호흡의 마음챙김에 관한 「들숨과 날숨에 대한 마음챙김 경」(『맛지마 니까야』)에서 부처님은 이렇게 말씀하셨습니다.

무상함을 관찰하면서 숨을 들이쉬고,
무상함을 관찰하면서 숨을 내쉽니다.
사라짐을 관찰하면서 숨을 들이쉬고,
사라짐을 관찰하면서 숨을 내쉽니다.
멈춤을 관찰하면서 숨을 들이쉬고,
멈춤을 관찰하면서 숨을 내쉽니다.

완전히 버림을 관찰하면서 숨을 들이쉬고,

완전히 버림을 관찰하면서 숨을 내쉽니다.

이렇게 우리는 오온이 모두 나타나는 순간, 유지되고 지속되는 순간, 사라지는 순간이라는 세 가지 아주 작은 순간으로 구성되어 있음을 알 수 있습니다. 존재하는 모든 것이 그러합니다. 이러한 활동은 멈추지 않으며, 바로 이것이 무상의 본질입니다.

형태, 감정, 지각, 생각, 의식도 한 곳에 멈춰 있지 않습니다. 흔적을 남기지 않고 사라집니다. 일단 사라지면 영원히 사라집니다. 그리고 새로운 형태, 감정, 지각, 생각, 의식이 다시 나타납니다.

이러한 변화를 관찰하는 것은 우리에게 분별력을 길러주고, 몸이나 마음의 어떤 것에 집착하는 습관을 보다 쉽게 버릴 수 있게 합니다.

무상의 관찰

불교 수행에서 집중과 선정이 강조되는 이유는 무엇인가요?

◉── 집중과 선정을 성취하면 사물을 있는 그대로 보고자 노력할 필요가 없습니다. 그것이 바로 법의 본질이기 때문입니다. 집중과 선정을 성취하면 법은 이미 그 안에 존재합니다. 그러므로 다시 법을 촉발시켜줄 무엇이 필요하지 않습니다. 집중과 선정에 도달하면 사물을 있는 그대로 보기 시작합니다. 하지만 항상 그럴 수 있는 것은 아닙니다.

거울을 통해 자신을 바라본다고 생각해봅시다. 자신을 있는 그대로 보는 것은 아닙니다. 종이에 "MAY"라고 적고 거울에 비추면, 거울에는 "YAM"이라고 적혀 있을 것입니다. 거울에 비친 자신의 모습은 실제 모습과 정반대입니다. 따라서 거울조차도 사물의 실제 모습을 보여주지는 못합니다.

하지만 집중하면 깊이 볼 수 있습니다. 집중할 때 보이는 것은 형태(몸), 느낌, 지각, 생각·의도, 의식입니다. 우리의 모든 문제는 이러한 다섯 가지 요소(五蘊)에서 비롯됩니다.

있는 그대로의 모습을 바라보면, 오온 모두가 끊임없이 그리고 꾸준히 변화함을 알 수 있습니다. 그것들은 사전통지나 공지 없이 변합니다. 저절로 자연스럽게 일어납니다. 그래서 우리는 모든 것이 무상하다고 말합니다.

그러면 마음속에 비라가^{viraga}가 생겨납니다. 비라가는 변화하는 대상에 집착하지 않는 것을 의미합니다. 비라가는 사물에 집착하지 않는다는 뜻입니다. 라가^{Raga}는 탐욕, 욕망을 의미하며, 비라가는 라가의 부재, 즉 욕망의 부재를 의미합니다.

항구적인 무상을 보면, 그냥 놓아두세요. 이러한 변화를 막을 수 있는 방법은 없습니다. 욕심을 내려놓으면 고통, 후회, 괴로움에서 벗어날 수 있습니다.

이것이 부처님께서 말씀하신 사성제에 담긴 뜻입니다. 괴로움의 원인은 탐욕입니다. 무엇에 대한 탐욕일까요? 무상한 대상을 탐욕하고 애착하는 것입니다. 어떤 것이 무상할까요? 우리의 몸, 느낌, 지각, 생각·의지, 의식입니다.

"나"라는 관념

저는 항상 제 자신을 "나"라고 생각합니다. "나는 이렇게 한다.", "나는 저렇다."라고 생각합니다. "나"라는 존재는 실재하는가요, 아니면 허상 혹은 망상에 불과할까요?

◉── "나"라는 것은 우리 마음의 습관적인 패턴입니다. 자신이 경험하는 모든 것을 "나"라는 관점에서 생각하지 않고 바라볼 수 있어야 합니다. 우리는 일상 대화에서 의사소통을 쉽게 하기 위해 '나'라는 단어를 사용합니다. 부처님께서도 그렇게 하셨습니다.

하지만 주의 깊게 관찰해 보면 몸과 마음의 활동은 끊임없이 변화하고 있음을 알 수 있습니다. 몸과 마음의 어떤 것도 두 순간 사이에 연속으로 동일하게 유지되는 것은 없습니다.

이러한 변화의 현상을 마음챙김으로 온전히 알아차리면 "나", "내 것", "나 자신"이라고 생각할 여지가 없습니다. 마음챙김을 하고 있다면 명상을 위해 좌정하고 있는 시간뿐만 아니라, 일상생활의 모든 순간에 끊임없이 변화하는 것을 알아차릴 수 있습니다.

정신 집중

명상 중에 경험한 통찰을—마치 마음속으로 말하듯이—기록하는 것이 좋을까요?

◉── 자신이 경험한 것을 굳이 언어로 표현할 필요는 없습니다. "이것은 내 것이 아니다.", "이것은 내가 아니다.", "이것은 나 자신이

아니다."라는 문장은 실제로 이해한 것입니다. 이러한 경험을 언어로 표현할 필요는 없습니다. 언어는 깨우침의 속도를 늦춥니다. 우리는 "이것은 내 것이 아니다.", "이것은 내가 아니다.", "이것은 나 자신이 아니다."라는 것을 이해할 수 있습니다. 자신의 경험에 온전히 주의를 기울이면 모든 것이 변화하고 있음을 알 수 있습니다. 이것은 무상입니다. 언어가 아닙니다.

유쾌한 느낌, 불쾌한 느낌, 유쾌하지도 불쾌하지도 않은 느낌은 언어가 아닙니다. 우리들은 사물을 지각합니다. 이러한 지각은 언어 혹은 단어가 아닙니다. 우리들은 무수하게 많은 것을 의식합니다. 이러한 의식은 언어가 아닙니다. 우리의 언어는 우리의 인식과 경험 사이 어딘가에 있습니다. 인식은 언어보다 훨씬 앞에 있습니다. 우리의 마음이 적절한 단어를 찾는 동안, 인식은 사라질 수 있습니다. 경험에 대한 단어나 문구를 찾았을 때 그 경험은 이미 지나갔으며, 그러면 이미 사라진 것에 이름을 붙인 것일 수 있습니다.

언어를 사용하지 말고, 자신의 몸과 마음에 무슨 일이 일어나고 있는지 온전하게 알아차리도록 노력하세요. 가려움, 고통, 즐거움, 슬픔, 기쁨, 평온, 두려움, 질투, 분노 등 어떤 것을 경험하든 그것을 알아차리도록 노력하세요. 경험들이 오고 가도록 내버려두세요. 그저 그 모든 것이 무상하다는 것을 알아차리면 됩니다. 모든 경험의 무상, 고, 무아를 알아차리세요.

모든 것은 영구적으로 무상합니다. 우리 몸에서는 매 순간 100조 개 이상의 기능이나 활동이 일어나고 있습니다. 우리 몸의 모든 세포는 생겨나고, 부패하고, 죽어가고, 순간순간 새로운 세포가 그

자리를 대신합니다. 이러한 변화를 모두 언어로 표현할 수는 없습니다.

우리는 어떤 경험이라도 마음챙김 명상의 대상으로 삼을 수 있어야 합니다. 부정적 경험, 긍정적 경험, 중립적 경험. 어떠한 경험을 하든 온전히 알아차리도록 주의를 기울이세요. 항상 마음챙김에 정진하세요.

무상한 평정심

평온한 상태, 즉 균형 잡힌 상태가 유지되면 그것이 영구적으로 존재하는 것처럼 보입니다. 정말 그럴까요?

◉—평온한 느낌이 생겨나고 이를 경험하는 사람은 오히려 혼란스러울 때가 있다고 합니다. 왜 그럴까요? 평온한 느낌이 생겨났다가 사라지는 것을 보지 못하기 때문입니다.

평온함도 무상하다는 것을 알지 못하는 것은 망상입니다. 다시 말씀드리면 평정심, 혹은 균형 잡힌 상태가 영구적일 것이라고 생각하는 것은 착각입니다. 모든 것은 원인과 조건으로 인해 발생합니다. 원인과 조건으로 인해 발생하는 것은 무엇이든 무상합니다. 그러므로 평온과 평정심 또한 무상합니다.

영구적인 무상

무상에 대한 이해는 명상 수행에 어떻게 활용되나요?

●— 우리는 모든 것을 위빠사나 수행의 주제로 삼을 수 있습니다. 우리가 관찰하는 모든 현상은 변하고, 변하고, 변합니다. 영원한 것은 없습니다. 모든 것은 영구적으로 무상합니다. 그러면 우리는 이 모든 것이 괴로움이라는 것을 알 수 있습니다.

우리의 머리카락, 손톱, 치아, 눈 등 우리 몸 어느 것도 영원히 지속되는 것은 없습니다. 우리의 눈은 매우 유용하고 중요합니다. 우리는 눈을 통해 많은 것을 봅니다.

안타깝게도 이러한 눈도 영원하지 않습니다. 모두 변합니다.

우리 몸의 모든 부위는 질병, 노화, 죽음을 겪게 됩니다. 그리고 우리는 이러한 변화가 매 순간 일어나는 것을 볼 수 있습니다.

이것이 오온 명상입니다. 느낌이 변하고, 지각이 변하고, 의식이 변하고, 의지 또는 법이 변하고, 정신적 활동이 변합니다.

무엇이 그렇게 괴로운가?

저는 존재의 세 가지 특징인 무상, 고, 무아를 이해합니다. 하지만 꽃이나 바다를 바라보면 괴로움을 찾을 수는 없습니다. 그래서 괴로움이란 어떤 사물 자체에 내재된 것이 아니라, 사물에 대한 집착과 애착에서 비롯된 것은 아닌가 싶습니다. 이에 대하여 어떻게 생각하십니까?

●— 아주 좋은 질문입니다. 사물이 무상하기 때문에 괴로운 것이 아닙니다. 말씀하신 것처럼 바다, 나무, 꽃, 새, 땅 등은 모두 무상합니다. 하지만 이러한 것들이 우리를 괴롭게 만들지는 않습니다.

괴로움은 무상한 것에 대한 집착에서 발생합니다. 무상한 것에 집착하지 않는다면, 괴롭지 않습니다. 무상한 것들에 집착하지 않으면 괴로움은 생겨나지 않습니다.

부처님이 말씀하신 무상은 우리 자신의 형태, 감정, 지각, 생각, 의지, 의식을 말합니다. 외부적으로 무상한 것은 무엇이든 이러한 오온과 관련이 있습니다. 그리고 우리는 오온에 집착합니다.

몸을 예를 들어보겠습니다. 만약 우리가 몸에 집착한다면, 예를 들어 젊고 건강할 때의 모습, 젊었을 때의 굵고 풍성한 머리카락 등과 같은 모습에 집착한다면, 나이가 들면서 몸이 변하는 것을 보게 될 때 우리는 불행해집니다. 누구나 좋든 싫든 나이를 먹기 마련인데, 젊었을 때의 모습에 집착합니다.

이렇게 무상한 것에 집착하면 괴로움을 경험합니다. 누군가 영원한 것이 무엇인지 질문할 수 있습니다. 영원한 것은 오직 무상뿐입니다. 깨달음을 얻어도, 무상한 것을 영원한 것으로 만들 수는 없습니다. 깨달음을 얻었을 때 해야 할 것은 무상한 것에 대한 집착을 버리는 것일 뿐입니다. 그러면 우리는 깨달음을 얻고, 무상한 것은 계속 무상합니다.

무상한 것을 영구적인 것으로 만들 수는 없습니다. 부처님께서는 영원한 것을 만들기 위해 이 세상에 오신 것이 아닙니다. 부처님께서 말씀하신 것처럼 이것은 확립된 법칙들입니다.

부처님께서는 "비구들이여, 내가 세상에 존재하든 존재하지 않든 이러한 확립된 법, 법의 요소는 존재한다."라고 말씀하셨습니다.

이 진리를 이해하고 깨달은 부처님께서는 사람들이 이해할 수 있도록 가르치고 분석하고 설명하셨습니다.

무상은 항상 존재합니다. 무상한 것에 집착하는 한, 괴로움을 경험합니다. 무상한 것에 집착하는 것을 멈추는 순간 괴로움도 멈춥니다.

예를 들어, 제가 들고 있는 이 지팡이는 영구적이지 않습니다. 부러지거나, 타버리거나, 없어질 수 있습니다. 그게 무슨 큰 문제가 되나요? 다른 지팡이를 구하면 됩니다. 하지만 가장 소중한 친구가 준 지팡이라면, 지팡이에 집착할지도 모릅니다. 지팡이를 볼 때마다 "소중한 친구가 네게 줬어. 이 지팡이를 볼 때마다 그 친구를 기억해!" 지팡이에 애착을 갖고 있다면, 그 지팡이가 부러지면 마음 아파하고 슬퍼할 것입니다.

하지만 지팡이에 대한 집착이 없으면, 모든 다른 사물과 마찬가지로 지팡이도 무상하다는 것을 이해한다면, 지팡이가 불에 타거나 도난당하거나 부러지거나 잃어버리더라도 괴롭지 않을 것입니다.

이렇듯 괴로움은 사물 자체의 무상함으로 인한 것이 아니라, 무상한 것에 대한 우리의 집착 때문입니다. 깨달음을 얻으면 집착은 사라집니다. 우리가 집착하는 대상에 영원한 것이 있을까요? 없습니다. "저는 열반^{Nibbana}을 사랑합니다!"라고 말해도 마찬가지입니다. 그러면 열반에 집착하게 됩니다. 나가르주나(龍樹)^{Nāgārjuna}는 "'나는 집착으로부터 자유로워질 것이고, 열반을 얻을 것이다'라고 개념에 집착하는 사람은 결국 집착에 집착하는 사람이다."라고 말했습니다.

무상한 것에 대하여 집착하는 것이 가장 큰 장애물입니다.

이러한 부처님의 심오한 가르침을 이해하기 위해 사다리를 비유로 들어보겠습니다. 사다리를 오를 때는 계단 하나에 서서 다른 계단을 붙잡고 올라가야 합니다. 한 계단에 서서 다른 계단에 계속 발을 붙이고 있으면 절대로 사다리를 올라갈 수 없습니다! 지금 서 있는 계단에서 발을 떼고 잡고 있던 계단을 놓고, 하나 위 계단으로 올라가야 합니다. 잡고 있던 계단을 놓아줘야 합니다. 그래야만 올라갈 수 있습니다. 마찬가지로 영적 성취를 얻으면 그것을 보호할 뿐, 집착하지 마십시오.

그래서 부처님께서 법을 뗏목에 비유하신 것입니다. 뗏목의 용도는 강을 건너는 것입니다. 뗏목을 사용하여 강을 건너고 난 뒤, 뗏목이 고맙다고 그 뗏목을 어깨에 짊어지고 다니시겠습니까? 아닙니다. 뗏목은 남겨두고, 다른 사람이 사용하도록 해야 합니다. 뗏목을 계속 붙잡고 있다면 어리석은 짐을 짊어지고 있는 것입니다.

자신의 몸을 뗏목으로 삼아 윤회하는 몸을 건너간 후, 그 뗏목을 떠나야 합니다. 몸, 느낌, 지각, 생각·의지, 의식이 모두 무상하다는 것은 집착함 없이 몸을 사용하라는 의미입니다.

이러한 무상함을 보고, 이해하고, 알고, 깨닫는 것이 우리의 과제입니다. 우리는 무상한 것에 집착하지 않아야 합니다. 무상한 것에 집착하면 우리는 계속 괴로움을 겪어야 하고 생로병사의 윤회에서 벗어날 수 없습니다.

그러므로 도반 여러분. 우리는 무상과 괴로움 사이의 관계를 이해해야 합니다. 질문에 답변하는 데 시간이 오래 걸렸습니다. 죄송합니다. 하지만 매우 중요한 질문을 주셨습니다.

통찰의 개발

더 큰 통찰과 기억으로 보다 지혜롭게 행동할 수 있는 방법은 무엇일까요?

◉── 부처님의 가르침에 따르면, 장애물을 극복해야 지혜롭게 행동할 수 있습니다. 장애물은 우리의 시야와 통찰, 심지어 기억도 차단합니다. 통찰 명상을 통해 이러한 장애물을 제거한다면 큰 도움이 될 것입니다.

우리의 통찰이 진전함에 따라 무상에 대한 이해도 진전합니다. 그것은 각 개인의 직접적 경험입니다. 더 큰 통찰의 개발은 모든 사물의 본질인 변화와 무상에 대한 우리의 경험에 주의를 기울이는 것에서 비롯됩니다. 이것은 우리가 항상 현실과 소통하는 데 도움이 됩니다.

일상생활에서의 알아차림

위빠사나 수행에서 우리는 한 가지에 집중합니다. 하지만 삶에는 명상 외에도 수많은 일들이 일어납니다. 어떻게 하면 일상생활에서 더 많은 알아차림을 챙길 수 있을까요?

◉── 위빠사나 수행이 한 가지에 집중하는 것이라고 말하는 것은 정확하지 않습니다. 위빠사나 수행에서는 경험하는 모든 것이 집중의 대상이 될 수 있습니다. 왜 그럴까요? 우리가 경험할 수 있는 모든 것은 무상, 고, 무아를 특징으로 합니다. 그러므로 일상에

서 무엇을 경험하든 오로지 마음을 집중하여 무상함을 보도록 하세요.

어떤 사람은 인생에서 수많은 일들이 동시에 일어나고 있다고 말합니다. 실제로 우주 곳곳에서 헤아릴 수 없는 많은 일들이 동시에 일어나고 있습니다. 하지만 우리가 그 모든 것에 마음을 집중할 수는 없습니다. 우리는 순간순간 경험하는 것들에만 마음을 집중할 수 있습니다. 그리고 우리가 주의를 기울이는 모든 것은 무상합니다. 그리고 그것에 집착하게 되면, 모든 것이 무상하기 때문에 우리는 불행해지고 괴로워집니다.

왜 그럴까요? 애착과 집착은 우리 자신을 무언가에 결합할 수 있다고 생각하는 것입니다. 하지만 우리의 마음은 그 어느 하나에도 자신을 묶어둘 수 없습니다. 불가능합니다. 그럼에도 우리는 이러한 불가능한 일을 하려 하고 결국 좌절하게 됩니다. 이것이 괴로움입니다.

저에게 물어볼 필요 없이, 스스로에게 물어보세요. 어떤 것을 붙잡고 애착을 갖고 계신가요? 영구적인 것인가요? 그런 소망은 성취될 수 없습니다.

우리는 일상에서 수많은 일을 경험하더라도, 그중 하나에라도 주의를 기울이면 무상, 고, 무아라는 존재의 세 가지 특징(三法印)이 분명하게 드러납니다.

14. 업

업業에 대한 이해

불교신자인 저는 윤회하는 세상에서 우리의 업이 다음 생으로 이어진다는 믿음이 수행의 진전에서 중요하다는 것을 읽었습니다. 저는 저의 행동이 현재의 삶과 이웃 사람들, 그리고 후손들에게도 영향을 미친다는 것을 의심하지 않습니다. 하지만 이러한 행동의 업을 물려받는 내생이 존재한다는 것에 대해서는 여전히 의구심이 있습니다. 어떻게 이런 의구심을 극복할 수 있을까요?

◉─ 팔정도를 수행하거나 따르기 위해 전생에 대해 반드시 알아야 할 필요는 없습니다. 사실 우리 중 누구도 전생에 대해 알지 못합니다. 전생은 말할 것도 없고 현생에 대해서도 잘 모릅니다!

하지만 여전히 우리는 팔정도 수행을 할 수 있습니다. 그것은 사성제를 이해하는 것을 의미합니다. 우리는 괴로움이 무엇인지 이해하고, 괴로움의 원인, 괴로움의 소멸, 그리고 괴로움의 소멸로 이어지는 길을 이해해야 합니다.*

그리고 사성제를 이해하면 과거나 미래에 대해 괘념치 않고 팔정도를 따르게 됩니다.

부처님께서는 과거에 대해 걱정하지 말고 미래에 대해서도 걱정하지 말라고 여러 번 말씀하셨습니다. 현재에 집중하세요. 현재 이 순간에 마음을 집중하고, 현재 이 순간의 무상함을 살피세요. 그렇게 함으로써 통찰력을 키울 수 있습니다.

통찰을 키우고 지혜를 얻으면 과거가 어떠했는지, 그리고 미래가 어떻게 될지 이해할 수 있습니다. 그러므로 과거나 미래의 상황을 모르더라도 걱정할 필요가 없습니다.

여러분은 지금 바로 여기에서 팔정도를 곧바로 실천할 수 있습니다.

업의 무상성

모든 것이 무상하다면 업도 무상한가요? 깨달음도 무상한가요?

◉── 그렇습니다. 업은 영원하지 않습니다. 그러므로 우리는 업을 제거할 수 있습니다. 업은 닳아 없어집니다. 건전한 업을 수행하면 건전하지 않은 업은 사라집니다. 건전한 업을 키움으로써 마침내 우리는 해탈을 얻습니다.

그러나 해탈이나 깨달음은 어떤 존재가 아닙니다. 그것은 "아무

---

* 고제苦諦·집제集諦·멸제滅諦·도제道諦.

것도 없는" 상태입니다. 따라서 결코 무상하지 않습니다. 무상함은 무엇인가가 있을 때 발생합니다.

회개와 업

「앙굴리말라경」(『맛지마 니까야』)에는 부처님께서 살인마로 하여금 깨달은 스님이 되도록 도와주신 이야기가 있습니다. 앙굴리말라는 어떻게 악업을 극복하여 스님이 될 수 있었나요? 우리도 자신의 나쁜 업을 회개와 선업으로 줄일 수 있을까요?

◉── 회개한다고 해서 나쁜 업이 소멸되는 것은 아닙니다. 「소금덩이경 Lonaphala Sutta」(『앙굿따라 니까야』)에 나오는 부처님의 말씀을 떠올려 보세요. 어떤 사람이 아주 사소한 행위로 나쁜 업을 짓는다고 가정해 보겠습니다. 그 사람은 벌을 받게 될 것입니다. 다른 사람이 똑같은 업을 저질렀지만 아무도 그것에 대해 이야기하지 않습니다. 그 사람이 권력을 가지고 있기 때문입니다. 그래서 모두가 눈을 돌립니다. 왜 그럴까요? 아마도 그의 정치적 권력이나 사회적 지위 때문일 수 있습니다.

마찬가지로, 작은 업을 저지르면 심각하지는 않더라도 많은 나쁜 결과를 초래할 수 있습니다. 한편으로 다른 사람이 같은 업을 저질렀는데 그 사람은 별다른 고통을 겪지 않는다고 가정해 보세요. 왜 그럴까요? 그의 작은 업은 커다란 선업을 행함으로써 쉽게 극복할 수 있기 때문입니다. 그는 이것이 불건전하고 잘못된 것임을 알았습니다. 그리고는 "지위와 명예, 존엄성을 가진 사람으로서 절대 이런 짓을 하지 말았어야 했어."라고 생각합니다. 그때부터 그 사람은 지계持戒, 집중, 명상을 수행합니다. 그리는 진심으로 다시는 그런 종류의 행동을 저지르고 싶어 하지 않습니다.

그래서 그는 모든 도덕적 원칙을 실천하면서 건전한 업을 쌓아갑니다. 정직하고 진지하게 명상을 수행하면서 집중하고 통찰과 지혜를 개발합니다. 그들의 나쁜 업은 선업을 많이 쌓으면 극복될 수 있습니다.

부처님의 비유는 다음과 같습니다. 소금 한 숟가락을 물 한 컵에 넣는다고 가정해 보세요. 컵에는 물이 조금밖에 없기 때문에 그 물은 너무 짜서 마실 수 없습니다. 하지만 같은 양의 소금을 갠지스강에 넣으면 짠 맛이 날까요? 아니죠! 강물은 너무 많고 소금은 너무 적기 때문입니다.

마찬가지로, 여러분이 선업을 많이 쌓고 가끔씩 악업을 저지른다면 많은 선업이 악업을 완전히 흡수하므로 나쁜 업은 작동되지 못할 것입니다.

앙굴리말라는 의심할 여지없이 살인자입니다. 하지만 그가 살아온 배경을 기억해야 합니다. 앙굴리말라는 타고난 살인자가 아닙니다. 그는 타고난 살인마가 아닙니다. 그는 천진한 아이였지만, 그의 스승이 그에게 살인을 강요했습니다. 그는 마지못해 스승을 기쁘게 하기 위하여 살인을 저질렀습니다. 그러나 그는 살인을 원하지 않았기 때문에 자신을 미워했습니다.

부처님께서는 — 스승을 기쁘게 하기 위해서라면 무엇이든 할 정도로 순종적이었던 — 앙굴리말라의 본 모습을 이해하셨습니다. 앙굴리말라는 살인 희생자들에게서 모은 손가락 화환의 마지막 손가락 하나를 얻기 위해 자신의 어머니를 죽일 생각까지 하고 있었습니다. 부처님께서는 앙굴리말라가 어머니를 살해한다면 가장 심각한 악업을 범하게 될 것이라고 생각하셨습니다. 부처님께서는 그것을 막고자 그에게 법을 가르치셨습니다. 결국 앙굴리말라는 더 이상 살인을 하지 않겠다고 회심했습니다.

앙굴리말라는 법에 귀의하자마자 열심히 수행하여 깨달음을 얻었습니다. 그리고 모든 악업의 과보를 받지 않을 수 있었습니다.

질병과 업

어머니께서 대장암으로 너무나 고통스러워하십니다. 의사는 어머니가 3개월밖에 살 수 없다고 합니다. 저는 이곳에 어머니를 위해 기도하러 왔습니다. 저는 어젯밤 꿈에서 어머니가 아이와 함께 있는 모습을 봤습니다. 이 모든 것이 어머니가 쌓으신 업 때문인가요?

◉— 우리는 모든 것을 업의 탓으로 돌리지는 않습니다. 「기리마난다경 Girimananda Sutta」(『앙굿따라 니까야』)에는 47가지 질병이 언급되어 있지만, 그중 단 한 가지만이 업으로 인한 것입니다. 오늘날에는 20만 종 이상의 질병이 발견되었지만, 당시에는 47가지 질병에 대해서만 알고 있었습니다. 그러나 그중 하나만이 업으로 인한 것이었습니다.

그러므로 질병을 업—특히 전생의 업—탓으로 돌리는 것은 적절하지 않습니다. 아마도 이번 생의 업으로 인해 어떤 질병에 걸렸을

지 모릅니다. 질문하신 분의 어머님이 이런 경우라고 말하는 것이 아닙니다. 제가 "이것이 어머니의 업으로 인한 것"이라고 말했다고 어머님에게 말씀드리지 마세요.

때때로 사람들은 무의식적으로, 또는 무지로 인해 삶에서 어떤 불건전한 일을 하기도 합니다. 예를 들어, 누군가 술을 마시고 알코올 중독자가 되는 경우가 있습니다. 결국 그 사람은 간경변증을 앓을 수 있습니다. 또는 오랫동안 담배를 피워 폐 질환을 앓는 사람도 있습니다. 온갖 종류의 불법 약물을 복용한 후 정신상태가 엉망이 되기도 합니다. 이것이 바로 그들의 업이고, 그들은 이 생에서 그 결과를 경험합니다.

전생의 업으로 인해 발생하는 질병이 있을 수도 있습니다. 그러나 저는 어머니의 암이 현생이나 전생에 저지른 업보로 인한 것인지 확실하게 말씀드릴 수는 없습니다.

하지만 어머니에 대한 연민, 자애심, 관심은 딸이나 아들로서 훌륭한 일입니다. 어머니를 돕고 위로함으로써 많은 공덕을 얻을 수 있습니다. 위로가 필요한 어머니를 어떤 식으로든 돕는 것, 이것이 바로 여러분 자신의 좋은 업입니다.

15. 출가자의 삶

출가

출가의 최소 또는 최고 제한 연령이 있나요?

●── 수도원의 생활 규칙인 율장律藏^{Vinaya}에 따르면 최소 연령은 7살입니다. 오랜 속담에 의하면 자신을 쪼아대는 까마귀를 스스로 쫓아낼 수 있는 나이입니다.

최고 연령 혹은 상한선은 없습니다. 그러나 미국에서는 21살 미만은 출가를 허락하지 않으며, 나이가 아주 많거나 큰 질병이 있는 사람들도 출가를 허락하지 않습니다.

하지만 불법을 이해하고 실천하며, 법에 따라 생활할 수 있는 사람이라면 나이 제한은 없습니다. 고려해야 할 또 다른 요소는 그 사람이 승가생활과 관련된 규율을 견뎌낼 수 있는지 여부입니다.

삭발

스님들은 왜 머리를 깎나요?

◉── 외모에 대한 관심을 줄이고 삶을 단순하게 하기 위해서입니다. 머리카락을 다듬고 관리하기 위해 여러 가지 수고가 필요하다는 것을 생각해 보면 아실 것입니다. 그리고 여러분이 자신의 머리카락에 대해 자부심을 가지고 있다면, 나이를 먹으며 머리카락이 빠지거나 흰머리가 나고, 숱이 없어지고, 약해지면 어떻게 될까요? 매우 낙담할 것입니다.

비구와 비구니는 머리를 깎고 모든 생활을 단순하게 유지합니다. 비듬 문제가 있다면, 머리를 깎는 것이 좋습니다! 또한, 벌레가 생길 걱정도 없습니다.

삭발은 단순하고 겸손한 삶을 유지하는 데 도움이 됩니다. 수계하고 삭발하는 것은 이전과는 다른 행동방식, 다른 삶의 방식에 대한 헌신을 의미하기도 합니다. 이러한 이유로 승려들은 삭발합니다.

이론에서 실천으로

스님에게는 명상 스승이 있으셨나요?

◉── 저에게는 따로 명상 스승님이 없었습니다. 저의 스승들은 이론에 밝은 학자였습니다. 그분들은 저에게 명상에 관한 이론은 가르쳐주셨지만, 실제로 명상과 수행 방법을 가르쳐주시지는 않았습

니다. 하지만 저의 마지막 스승께서는 위대하고 학식이 높으셨으며, 삶의 마지막을 명상 수행으로 보내셨습니다.

저는 명상에 대한 이론은 알고 있었습니다. 그래서 저는 스스로의 수행을 통해 명상을 배웠습니다. 그 이론은 주석서가 아니라 『대념처경』, 『출입식념경』, 「라훌라경」(『맛지마 니까야』), 「기리마난다경 Girimananda Sutta」(『앙굿따라 니까야』) 등 팔리 경전에서 유래된 것입니다. 명상에 대해 매우 명확하게 정의하고 설명하는 경전이 많이 있습니다.

저는 이런 배경으로 수행을 시작했습니다. 저는 이런 접근방식이 크게 도움이 되었다고 생각합니다. 제가 무엇을 실천하고 있는지 경전을 통해서 직접 살펴볼 수 있었기 때문입니다. 주석서와 부주석서는 주석가 자신의 경험에서 나온 것입니다. 다시 말씀드리자면 주석서와 부주석서는 내용이 매우 상세하지만, 그것은 주석가 자신의 경험에서 비롯된 것입니다. 그러므로 다른 사람들에게는 그 지침이 적절하지 않을 수도 있습니다.

하지만 경전을 직접 읽어보세요. 경전은 아주 명료하게 이야기합니다. 여러분은 경전을 통해 주석서나 부주석서보다 더 분명하게 이해할 수 있습니다.

수행 경험

스님은 명상 수행 초기에 특별한 경험을 하셨다고 들었습니다. 이에 대해 말씀해 주시겠습니까?

◉── 저는 12살에 승려가 되었지만 20살이 되어서야 명상 수행을 시작했습니다. 저는 어렸을 때 사진을 찍은 것처럼 기억력이 좋았습니다. 그러나 20살 때 그 기억력을 모두 잃었습니다. 그때 저는 7일 밤낮으로 자지도 않고 먹고 마시지도 않은 채 염불수행을 했기 때문입니다. 그러다가 지쳐서 탈수상태에 빠졌고, 결국 모든 기억을 잃어버렸습니다.

저는 매우 아팠습니다. 부모님과 스님들이 온갖 처방을 시도했지만, 아무런 효과가 없었습니다. 저는 명상을 하면 도움이 될지도 모르겠다고 생각했습니다. 모두가 잠든 밤 아주 조용히 명상을 시작했습니다. 6~7개월 동안 명상을 계속했습니다.

저는 10대부터 스리랑카 싱할리어, 팔리어, 산스크리트어, 영어, 타밀어를 공부했는데, 기억을 잃은 후 아무런 글씨도 읽을 수가 없었습니다. 그런데 6~7개월의 명상 수행 이후 다시 글씨를 읽을 수 있었습니다.

저는 그 경험을 통해 명상에 대한 신뢰가 생겼습니다. 그렇게 20살이 되던 1947년부터 지금까지 명상 수행을 해 오고 있습니다. 어디에 있든 명상을 합니다. 비행기 안에서도 가부좌하고 명상을 합니다.

그래서 제가 쓴 책은 자서전을 제외하고는 모두 명상에 관한 내용입니다. 왜냐하면 점점 더 명상을 많이 할수록, 제 자신 안에서 이전에는 경험하지 못했고 글로 적어 놓지도 않은 것들이 새롭게 진화하고 펼쳐지기 때문입니다.

훌륭한 편집자들의 도움으로 이 모든 책이 나오게 되었습니다.

영어가 모국어가 아니기 때문에 제 영어 실력은 그다지 좋지 않습니다. 하지만 많은 분들이 저의 영어 실력을 향상시키고 책을 출판할 수 있도록 도와주셨습니다.

미국에 온 계기

스님께서는 어릴 때부터 미국에 오는 꿈을 꾸셨나요?

◉―저는 스리랑카에서 태어나고 자랐습니다. 당시 저는 스리랑카를 벗어나고 싶다는 생각을 해 본 적이 없습니다. 하지만 어렸을 때부터 영어를 배우고 싶다는 생각은 있었습니다. 형이 저에게 몇 개의 영어 단어를 가르쳐 주었는데, 저는 그 단어들을 반복해서 암기했습니다. 친구들과 친척들이 그따위 영어 단어로 무엇을 할 거냐고 물으며 저를 놀리곤 했습니다. 당시 저는 8, 9살 소년이었습니다. 저는 "스님이 되고 싶어요. 그리고 영어를 배우고 싶어요."라고 단순하게 대답했습니다.

하지만 어디에서 배워야 할지, 어떻게 스님이 되는지 알지 못했습니다. 그런데 정말 자연스럽게 이루어졌습니다. 잘하지는 못하지만 영어를 괜찮게 할 수 있었습니다. 불교 교리와 팔리어를 배웠고, 스님이 되었습니다.

스리랑카에는 유명한 승가대학이 있습니다. 섬 전체에서 해마다 10명의 스님만 선발됩니다. 그런데 한 스님이 1년 반 만에 자퇴하면서 빈자리가 하나 생겼습니다. 학장 스님은 이를 널리 알리고 싶지 않으셨습니다. 그렇게 되면 수천 명의 스님들이 지원할 것이고,

그러면 길고도 번거로운 선발 과정을 거쳐야 했기 때문입니다.

그래서 친구들을 통해서 알음알음으로 빈자리를 채울 스님을 찾았습니다. 그러다 저를 찾았고, 그렇게 저는 입학 후 1년 반 만에 3년 과정을 마칠 수 있었습니다. 과정이 끝날 무렵 시험을 치렀는데, 저만 합격했습니다.

학장 스님께서는 저를 인도로 파견하셔서 마하보디 소사이어티 Maha Bodhi Society*에서 5년간 봉사하도록 했습니다. 저는 불가촉천민인 달리트들과 함께 생활했습니다. 그리고 저는 매우 심하게 아팠습니다. 그러던 중 말레이시아에서 2년간 일해달라는 제의를 받고 그곳으로 갔습니다. 그곳에서는 2년이 아니라 10년 동안 봉직했습니다.

그리고 제가 말레이시아에 있는 동안, 워싱턴 DC의 한 불교단체가 사찰을 설립하려고 했습니다. 그들은 협회를 만들고 봉사할 승려를 찾고 있었습니다. 저에 대해 알게 된 그들은 저에게 5년 동안 봉사해 달라고 요청했습니다. 저는 그곳에서 5년이 아니라 20년 동안 봉사했습니다. 그 후 저는 이곳 웨스트버지니아의 언덕에 바바나소사이어티를 설립했습니다.

이 모든 것이 제가 처음부터 꿈꾸고 희망했던 것은 아닙니다. 저는 단지 영어를 배우고 가르치는 것이 꿈이었습니다. 그런데 저에게 전 세계가 열렸습니다.

---

* 인도 콜카타에 본부를 둔 남아시아 불교 단체.

반테 G.

스님을 '반테 지$^{Bhante\ G}$'라고 부르게 된 사연을 말씀해 주세요?

◉──미국에 왔을 때 사람들은 저에게 "스님을 어떻게 불러야 할까요?"라고 묻곤 했습니다. 기독교 신자들이 자신들의 영적 지도자를 '목사님^{reverend}'이라고 부르니까, 우리는 다른 칭호를 사용하고 싶다고 대답했습니다. 그래서 저희를 "존자尊者님^{Venerable}"이라고 부르면 좋겠다고 했습니다. 이 말을 들은 몇몇 사람들은 "취약한 사람^{Vulnerable}처럼 들립니다."라고 하며 웃었습니다.

그래서 상좌부불교에서 존자님과 같은 뜻을 갖고 있고 발음하기 쉬운 "반테^{Bhante}"로 부르기로 했습니다. 그리고 저의 성姓 구나라타나^{Gunaratana}는 미국 사람들이 발음하기 힘들어 합니다. 그래서 성의 첫 글자를 따서 모두가 저를 반테 G.라고 부릅니다.

비구니 수계

스님은 초기 몇 년간 바바나소사이어티를 비구와 비구니 모두 수계할 수 있는 사찰로 자리매김하고자 하셨다고 들었습니다. 하지만 지금은 비구니 수계가 중단되었습니다. 어떻게 된 일인가요?

◉──전통적으로 비구니는 비구와 함께 생활하지 않았습니다. 부처님 시대에도 비구와 비구니는 같은 절에서 머무르지 않고, 각각 별도의 사찰에서 생활했습니다. 미국은 평등을 중시합니다. 그래서 저는 바바나소사이어티 숲속 수도원을 설립하면서, 사찰에서도 그

것을 시도해보고자 했습니다. 그래서 남성과 여성, 비구와 비구니를 같은 수도원에서 수계하면 어떨까라는 생각을 했습니다. 이것이 여기에서 비구니 수계를 시작한 이유입니다.

그 후 20여년 동안 이곳에서 비구들과 비구니들이 함께 생활했습니다. 물론 각자 별도의 거처가 있었지만, 아침 예불과 공양, 저녁 예불 등은 함께 했습니다.

그런데 비구와 비구니 사이에 항상 마찰이 있었습니다. 가끔은 이러한 마찰이 법당에서 시작되어 공양간까지 이어지곤 했습니다. 어떤 경우는 하루 종일 불편한 상황이 계속되기도 했습니다.

20년이 지나면서 상황은 점차 나빠졌고, 이 문제를 해결하지 못해 눈물을 흘린 날도 있었습니다.

이 사람들은 일반 사회에서 왔다는 것을 기억해야 합니다. 그래서 출신지역이 다르고, 사회적, 가정적 배경이 많이 달랐습니다. 저는 틀을 만들어 완벽하게 짜맞추는 방식을 취하지 않았습니다. 그렇게 할 수는 없었습니다. 출가해서 숲속 수도원에서 생활해도 그들이 가진 문제를 해결하지 못했습니다.

서로간 갈등했고 저는 그 중간에 끼어 있었습니다. 그리도 다른 문제도 있었습니다. 자세한 내용은 말씀드리지 않겠습니다. 비구니들은 서서히 떠났습니다. 그리고 저는 더 이상 이곳에서 비구와 비구니 모두를 수계하지 않기로 결정했습니다. 비구 수계만 하기로 결정했습니다.

하지만 저는 상좌부 비구니 수계를 전적으로 지지합니다. 어디에서 비구니를 수계하든 – 제가 그곳에 갈 수만 있다면 가서 – 그들이 수계 받을 수 있도록 전적으로 지원합니다. 하지만 비구니와 비구를 같은 수도원에서 생활하게 하는 것은 불가능합니다.

센터 건립 과정의 어려움

미국 서부에 숲 속 사찰을 세우려고 하면서 얻은 교훈은 무엇인가요?

◉── 첫 번째 어려움은 적절한 부지를 찾는 것이었습니다. 저는 1982년까지는 이런 곳을 설립할 생각을 하고 있었습니다. 그러다가 1976년 매트 플릭스타인^{Matt Flickstein}을 만났고, 그의 도움으로 1982년 바바나소사이어티를 설립했습니다.

우리는 도시에서 떨어져 있지만, 교통편이 좋고, 명상센터에 적합한 저렴한 땅을 찾고 있었습니다. 그러던 중 운 좋게도 이곳을 발견했습니다.

당시 저의 동료 스님과 아는 분들 일부는 저에게 "스님, 미국의 수많은 장소 중에서 굳이 웨스트버지니아에 명상센터를 설립하고자 하시나요? 그곳은 평판이 좋지 않습니다. 명상센터는 기부금으로 운영해야 하는데, 재원을 구하지 못하실 수도 있습니다. 걱정됩니다."라고 말했습니다. 저는 그런 말이 매우 불편했습니다.

처음에는 몇 가지 문제가 있었지만 천천히, 천천히 사라졌습니다. 지금은 아주 평온하고 아무런 문제가 없습니다.

손가락 하나, 의자 세 개

지역 주민들이 바바나소사이어티를 받아들이면서 겪었던 초기 문제에 대해 이야기해 주시겠어요?

◉── 처음 몇 년간은 저희들이 이곳에 있는 것이 마음에 들지 않는다고 말하는 지역주민들도 있었습니다. 하지만 그들이 우리를 해치고자 하지는 않았습니다.

저는 점심 공양을 마치고 수도원 앞 도로를 매일 산책하면서, 지나가는 주민의 차를 볼 때마다 손을 흔들며 친근함을 표현했습니다. 처음에 몇몇 주민은 전혀 반응하지 않았습니다. 어떤 사람은 반응이 없을 뿐만 아니라 얼굴을 찡그리고 고개를 돌리기도 했습니다.

하지만 저는 포기하지 않았습니다. 계속 손을 흔들고 인사를 했습니다.

그리고 저는 매일 픽업 트럭을 운전하는 사람을 보았습니다. 1년 정도 지나자 그가 손가락 하나를 들었습니다. 저는 그 남자가 변했다는 사실에 정말 기뻤습니다! 1년 후 그는 손가락 두 개를 들었고, 결국 어느 날 그는 다섯 손가락을 모두 들고 창밖으로 손을 내밀어 흔들었습니다.

정말 대단한 발전이라고 생각했습니다! 어느 날 저는 갓길에 주차된 그의 트럭을 보았습니다. 그는 운전석 문을 열고 담배를 피우고 있었습니다. 저는 지금이 그에게 말을 걸기에 좋은 때라고 생각했습니다.

저는 그에게 다가가 "날씨가 좋죠?"라고 물었고, 그는 약간 퉁명하게 "네."라고 대답했습니다. 다시 저는 그에게 "어디 사세요?"라고 물었고, 그는 고압선 아래 작은 집에서 산다고 말했습니다. 저는 "그 밑에 사는 게 두렵지 않으세요? 전자파가 나온다고 들었는데요."라고 물었습니다.

그는 그런 걱정은 없다고 했습니다. 그리고 저에게 어느 날 폭우 속에서 운전하던 중 커다란 나무가 차 위로 덮쳤던 이야기를 해 주었습니다. 구급대원이 와서 나무에 깔린 그를 차에서 꺼내서 존스홉킨스 병원으로 데려갔다고 합니다. 그리고 그는 거의 1년 동안 의식을 잃고 몸의 뼈가 대부분 부러진 채로 있었다고 합니다. "이곳으로 이사 왔을 때는 손가락 하나도 움직일 수 없었습니다."라고 말했습니다.

그래서 처음 몇 달 동안 제가 손을 흔들어도, 손가락 하나도 움직일 수 없었던 것입니다! 저는 그가 나쁜 사람이 아니어서 기뻤습니다. 그가 인사를 받지 않았다고 포기했다면, 결코 그의 이야기를 들을 수 없었을 것입니다. 포기하지 않았기 때문에 가능했습니다.

그래서 그는 제 친구가 되었습니다. 제가 여행으로 몇 달 동안 그를 보지 못한 적이 있습니다. 그러던 어느 날 그가 수도원으로 와 저를 찾으며, 저를 좋아한다고 했다는 말을 전해 들었습니다.

몇 년 동안 그를 볼 수 없었습니다. 그러다가 저는 그가 살던 작은 집에서 나오는 한 여자를 보게 되었고, "전에 이 집에 살던 남자가 있었는데, 한동안 그를 보지 못했습니다."라고 물었습니다. 그녀는 "그 사람은 제 남편이고, 그는 오래 전에 세상을 떠났습니다."라고 했습니다.

제가 손을 흔들었기 때문에 우리는 낯선 사람이 아닌 친구가 되었습니다. 저는 그 사실이 너무 기뻤습니다.

가끔 주변 주민과 갈등도 있었지만, 거리를 산책하는 저를 주민들은 친절하게 대해주었습니다. 손을 흔들어주거나, 멈춰 서서 태워줄까 물어보기도 하고, 때로는 마실 물을 가져다주기도 했습니다. 비가 오기라도 하면 어떤 운전자는 저에게 우산을 가져다주거나 태워주기도 했습니다. 또 한 번은 어떤 여성에게 고맙지만 차를 타기보다 걸어가겠다고 말했습니다. 나중에 그녀는 우리를 위해 산 바나나가 가득 들어 있는 상자를 들고 수도원에 왔습니다.

나무 아래 통나무에 앉아 물을 마신 적도 있었습니다. 12살쯤부터 알고 지내던 로저^{Roger}라는 현지인이 있습니다. 로저가 30살쯤 되던 어느 날, 그는 제가 그 통나무에 앉아 있는 것을 보았습니다. 다음날 그는 멈춰 서서 나무를 가리켰습니다. 그 나무에는 의자가 기대어 있었습니다. 그는 "저 의자가 보이지요? 당신을 위한 것이니, 거기에 앉아 물을 마시세요."라고 말했습니다. 그의 배려에 너무 기뻤습니다.

또 다른 날, 저는 한 친구와 함께 산책하러 나갔습니다. 그러자, 나무에 기대어 있는 두 번째 의자가 있었습니다. 또 다른 날, 세 명이 같은 산책을 했습니다. 로저가 또 다른 의자를 가져왔습니다.

여러분이 수도원으로 가는 길에 있는 나무를 지나면, 세 개의 의자를 보실 수 있습니다. 그 의자를 보셨나요? 아직 거기에 있습니다. 저희들이 그 길을 걸을 때 놀라운 일들이 일어났습니다!

많은 어려움에도 불구하고 이 지역을 선택한 것은 아주 잘한 일이었습니다. 저의 직감이 맞았습니다. 인내심과 연민만 있다면 어떤 어려움도 극복할 수 있습니다. 사람들을 배려하고 친절하게 대하면 문제는 해결될 수 있습니다.

머리카락이 없는 삶

왜 비구와 비구니들은 눈썹과 머리카락을 밀까요? 내려놓는 데 도움이 됩니까?

◉— 네. 눈썹은 깎는 사람도 있고, 안 깎는 사람도 있습니다. 눈썹을 깎는 이유는 눈을 보호하기 위해서일 수도 있습니다. 또한, 청결을 유지하기가 더 쉬워집니다. 다른 이유는 잘 모르겠습니다.

하지만 이제 눈썹을 깎는 스님들과 눈썹을 깎지 않는 스님들은 서로 다른 종파에 속합니다.

동양과 서양, 설법 방식의 차이

스님들은 서양과 동양의 재가자들에게 가르치는 방식이 다른가요?

◉— 동양에서는 스님이 설법을 하면서 메모지 한 장만 들고 있어도, 청중들은 스님이 가르치는 내용을 잘 몰라서 그런 것이 아닌가 의심하기도 합니다. 동양 사람들은 모든 것은 마음과 머리에서 나와야 하고, 글로 쓴 것을 보며 설법을 하면 잘 몰라서 그럴 것이라고 생각합니다. 하지만 서양에서는 발표 내용을 미리 작성하지 않

으면, 설법 준비가 안 된 것이라고 생각합니다. 확연한 차이점이 보이시죠?

이곳 미국에서는 강의를 준비해야 합니다. 강의 내용을 포인트별로 기록해 놓고 그것을 하나하나 읽어야 "교육을 잘 받았고, 자기 분야에 대한 전문성을 갖추고 있다."라고 높게 평가합니다. 동양에서는 정반대입니다. 그래서 동양에서 스님들은 설법을 하다가 무언가 기억나지 않는 경우를 대비해서 부채 뒤에 비밀 메모를 하기도 합니다. 그렇게 부채 뒤를 아무도 볼 수 없도록 하고, 부채를 보면서 메모를 참조합니다.

자연스럽게 이야기하는 것을 기대하는 청중들에게 메모가 있다는 것을 보여주고 싶어 하지 않기 때문입니다. 동양의 불자들은 스님들이 모든 경전을 외우고 있을 것으로 기대합니다. 그래서 어떤 스님이 메모나 책자를 사용한다면, 그 스님이 경전을 암송하지 못한다고 생각하여 실망하기도 합니다.

동양과 서양, 수행 방식의 차이

서양 사람들과 동양 사람들의 명상 수행에 차이가 있나요?

◉── 서양 사람들은 인생에서 많은 것을 시도해 보고, 다른 종교를 경험한 이후 불교와 명상에 접근하는 경우가 많습니다. 그들은 자신의 삶에 무언가 놓치고 있음을 깨닫고, 그것이 무엇인지 알고 싶어 합니다. 그래서 그들의 접근방식은 매우 진지합니다. 그들은 잃어 버린 것을 찾고 있는 것입니다.

반면 동양 사람들은 불교와 명상을 당연하게 여기고, 자연스럽게 받아들이는 경우가 많습니다. 그래서 왕왕 그들은 명상을 가볍게 여기기도 합니다. 불교가 자신들의 문화와 삶 속에 뿌리내렸기 때문에 자연스럽게 받아들이는 것입니다.

서양 사람들은 자신들이 놓치고 있는 것을 알기 위해 열심히 노력합니다. 불교와 명상의 모든 것을 알고 싶어 합니다. 불교와 명상은 그들에게 새로운 지적 탐구 분야입니다. 한편 동양 사람들의 경우, 불교를 진지하게 배우는 데 별로 관심이 없고, 이미 알고 있는 것에 만족하기도 합니다.

서로 용서하기

비구와 비구니 스님들은 잘못을 어떻게 고백하고 용서하나요?

◉― 수계를 받는 날 스님들이 가장 먼저 하는 일은 율사들께 절하며 "존자님, 제가 저지른 잘못을 용서해 주십시오. 저의 공덕을 받으시고 큰스님의 공덕을 저에게도 나누어 주시기를 바랍니다."라고 합니다.

그리고 매월 보름달이 뜨는 날과 초승달이 뜨는 날에 스님들은 함께 모여 포살布薩 uposatha 을 합니다. 생각과 말, 행동으로 서로에게 어떤 잘못을 저질렀다면 이를 고백하고 서로를 용서합니다.

또한 3개월간의 우안거가 끝나면 스님들은 다시 법당에 모여 우안거 동안 보고 들었거나 의심되는 모든 잘못을 서로 지적하고 용서합니다.

스님의 수행 방법

스님께서는 어떻게 수행을 하시나요? 사람들은 스님을 성불하신 분이라고 말하기도 말합니다. 스님의 수행 방법을 알고 싶고, 스님의 발자취를 따라가고 싶습니다.

◉── 저에게 다른 분들과 다른 점이 있는지는 모르겠습니다. 저 스스로는 여러분이 생각하는 것만큼 성불했다고 생각하지 않습니다. 저의 발자취를 따르기 위해, 저에게 어떻게 수행하느냐고 질문하시면 민망합니다. 하지만 진실한 불자가 되기 위해 무엇을 해야 하는가에 대한 일반적인 말씀을 드리도록 하겠습니다.

부처님[佛]을 자신의 길잡이, 피난처로 받아들이세요. 담마[法]를 자신의 길잡이, 피난처로 받아들이세요. 승가[僧]를 자신의 길잡이, 피난처로 받아들이세요. 불법승을 진지하고 정직하게 마음에 새기고, 불법승에 의지하세요. 그러면 훌륭한 불자가 될 것입니다.

이렇게 세 가지 피난처를 취하기만 하면 됩니다. 오계五戒의 준수는 여기에 추가되는 수행입니다.

저는 진심을 다하여 정직하고 성실하게 부처님의 가르침을 따르기 위해 노력합니다. 최선을 다해 법을 따르려고 노력합니다. 최선을 다해 고귀한 승가를 따르려고 노력합니다. 이것이 제가 하는 전부입니다. 제가 성불했는지 아닌지는 또 다른 문제입니다. 저는 다만 그러려고 노력할 뿐입니다.

저를 따르고 싶다면, 저는 그러지 말라고 말씀드립니다! 제가 아니라 부처님, 법, 승가를 따르십시오. 저는 아무것도 아닙니다. 저는 아무도 저를 따르기를 원하지 않습니다. 여러분 모두가 부처님, 법, 승가를 따르기를 원합니다. 그리고 한 치의 망설임 없이 정직하고 성실하며 부지런하게 수행하시기 바랍니다.

예불문

스님, 새벽 예불에서 암송하신 예불문을 팔리어와 영어로 반복해 주실 수 있나요?

◉─ 먼저 팔리어로 이렇게 암송합니다.

낫티 자남 아빤냐사, Natthi jhanam apannassa,
빤냐 낫티 아자야토, Panna natthi ajhayato,
얌히 자난 짜 빤난 짜 Yamhi jhanan ca pannan ca
사 웨 닙바나산띠께. Sa ve nibbanasantike.

그리고 영어로 이렇게 암송합니다.

There is no concentration without wisdom,
no wisdom without concentration.
One who has both wisdom and concentration
is close to both peace and emancipation.

지혜가 없으면 선정이 없습니다.

집중이 없으면 지혜가 없습니다.
지혜와 집중을 모두 갖춘 사람은
평화와 해탈에 가깝습니다.

삶의 회고

이제 스님은 100살이 얼마 남지 않으셨습니다. 스님께서는 자신의 삶을 어떻게 돌아보십니까?

●── 저는 출가 이후 세상을 위해 많은 일을 하려고 노력했다고 말할 수 있습니다. 평생 불법을 가르치고, 부처님 가르침에 관한 책을 쓰고, 전 세계에서 수행을 지도하며 살아왔습니다. 저는 정치나 경제, 유명해지는 것, 어느 것에도 관심이 없습니다.

저는 우리가 앉아 있는 이곳 바바나소사이어티 도서관에 저의 사진을 부착하지 말라고 했습니다. 저는 유명해지고 싶지 않습니다. 단지 불법을 전파하기 위해 무언가를 하고 싶었습니다. 그리고 온 마음을 다해 그 일에 전념해 왔습니다.

저는 사람들이 부처님 말씀을 공부할 수 있도록 많은 책을 썼습니다. 부처님의 가르침에 따라 명상을 시작하고, 팔정도를 따라 명상 수행을 심화하며, 더 깊은 방식으로 법을 탐구하도록 격려하기 위한 것입니다.

바바나소사이어티에서 사용하는 『법요집 vadana』도 편찬했습니다. 이 책은 온라인으로도 이용 가능합니다. 이곳에서 명상 체험을 한 다음 가정으로 돌아가서 수행할 수 있는 가르침과 읽을거리가 가득합니다. 그리고 위즈덤출판사는 이 책을 『독송을 위한 불교 경전 Buddhist Suttas for Recitation』이라는 제목으로 출간했습니다.

바바나소사이어티 설립은 이러한 저의 모든 노력의 정점입니다. 저는 이곳에 오는 모든 분들이 휴식을 취하고 명상하며 평화를 경험할 수 있기를 바랍니다. 그리고 가정으로 돌아가 가족과 지역사회에 평화와 마음챙김을 전파할 수 있기를 기대합니다.

전 세계 사람들이 저희 바바나소사이어티에 방문해서, 수행을 경험한 후 다시 세계 각지로 돌아갑니다. 그들이 휴식을 취하고 명상을 하고 영감을 얻고 돌아갈 때마다, 저는 너무나 행복합니다. 저는 그분들과 행복과 기쁨, 평화를 나누고 있다고 생각합니다.

지금까지 해 온 일들이 저에게 커다란 만족감을 주며, 그것이 바로 제가 해 온 일의 보상입니다. 많은 사람들이 바바나소사이어티 방문과 저의 설법을 통해 깨달음을 얻었다고 하는 말씀에 저는 너무나 행복합니다.

물론 이것은 젊은 승려로서 처음 설법을 시작했을 때 기대하거나 추구했던 것이 아닙니다. 하지만 부처님 말씀과 법에 대한 가르침을 담은 모든 책과 수도원에서 통찰이나 평화를 얻는 분들, 바로 그것이 저에게 큰 기쁨과 행복을 줍니다. 제가 하고 싶었던 것만큼은 아니지만, 제가 가진 제한된 능력 안에서 할 수 있는 만큼을 해내었습니다.

생일이 되면 가끔 저에게 소원이 무엇이냐고 묻곤 합니다. 50년만 더 젊어서 법을 위해 더 많은 일을 할 수 있었으면 좋겠습니다. 누구든 그렇게 할 수 있다면 좋겠지요. 하지만 어느 누구도 그럴 수는 없습니다.

해골 선물

바바나소사이어티 법당 문 옆에는 실물 크기의 해골이 걸려 있습니다. 무상無常을 일깨우기 위해서인가요?

●── 그렇습니다! 법당 입구에 걸린 해골은 우리 모두 언젠가는 저렇게 될 것이라는 것을 상기시켜줍니다.

사실 그 해골은 생일 선물로 받은 것입니다. 어느 날 친구가 제게 가져왔습니다. 그는 저에게 의자에 앉아서 눈을 감으라고 했습니다. 그리고 해골을 탁자 위에 얹어 놓고 저에게 눈을 뜨라고 했습니다.

어른들은 해골을 무서워합니다. 하지만 아이들은 만지고, 뼈의 숫자를 세기도 합니다. 아이들은 두려워하지 않습니다. 어른들의 생각과 아이들의 생각에 차이가 있는 것이지요. 아이들은 개방적이지만 어른들은 온갖 개념과 아이디어를 머릿속을 가득 채워두고 있어서 폐쇄적인 경우가 많습니다.

개인적 명상 체험

스님의 가장 최근 명상 수행은 어떠하셨나요?

●── 저의 가장 최근 명상 수행은 오늘 아침이었습니다. 멋진 경험이었습니다. 저는 바위처럼 좌정했고, 평화롭고 차분하고 편안했습

니다. 좌복을 떠나고 싶다는 생각이 들지 않았습니다. 하지만 안타깝게도 종을 울려야 했습니다. 이것이 오늘 아침의 명상 경험입니다. 여러분도 경험하시길 기대합니다.

스님과의 사진 촬영

스님에 대한 끝없는 감사의 마음을 간직할 수 있도록, 사진을 찍어도 괜찮을까요?

◉— 수련회 마지막 날에 기념사진을 찍어도 됩니다. 끝없는 감사의 마음을 가지고 있든, 소소한 감사의 마음을 가지고 있든 상관없습니다!

16. 고난과 도전

명상 수행의 어려움

명상과 자애 수행은 어렵습니다. 재가자들은 직장, 대출, 자녀문제, 교통 체증 등 여러 가지 해야 하는 일이 많습니다. 이렇게 장애물과 갈등 속에서 생활하는 재가자들이 어떻게 명상 수행을 하고 선정에 도달할 수 있을까요? 어쩌면 깨달음이 불가능한 것 같습니다.

◉── 부처님 시대에는 교통 체증이 없었습니다. 컴퓨터나 스마트폰 같은 것도 없었습니다. 하지만 부처님 시대에도, 우리가 경험하는 것만큼 복잡하지는 않았을지 모르지만, 직업문제, 부채문제 등이 있었습니다. 당시에도 재가자의 삶에는 여러 가지 어려운 문제들이 있었습니다.

「포탈리야 경Potaliya Sutta」(『맛지마 니까야』)에는 부처님께서 재가자 포탈리야에게 어떻게 선정에 도달할 수 있는지 설명하신 말씀이 있습니다. 그리고 「칼라마 경Kalama Sutta」에는 부처님께서 칼라마에게 하신 말씀이 있습니다. 포탈리야와 칼라마는 모두 재가자였습니다. 부처님께서는 모든 사람에게 마음챙김의 네 가지 기초[四念處]를 가르치셨습니다.

완벽한 모임, 완벽한 장소, 완벽한 시간을 기다려서 명상을 하고 자애를 실천할 수 있기를 기대할 수는 없습니다. 세상의 모든 불완전함 속에서도 우리는 여전히 자애와 명상을 실천할 수 있습니다. 그리고 이러한 불완전함은 오히려 우리가 자애를 실천하도록 격려하고 축복하는 것으로 볼 수도 있습니다.

모든 것이 완벽하다면, 어쩌면 자애와 명상이 필요하지 않을 수 있습니다. 모든 것이 완벽하지 않기 때문에 일상생활에는 많은 문제가 있습니다! 교통 체증, 주택담보대출, 배우자와 자녀, 직업 문제가 있더라도, 명상, 자애, 마음챙김을 실천할 수 있습니다.

명상을 하지 못할 핑계를 찾고자 한다면 수천 가지를 찾을 수 있습니다. 하지만 사람들은 명상을 해야 할 이유를 찾는 데에는 익숙하지 않습니다. 하지만 명상을 하지 않을 핑계는 분명히 생각해낼 수 있습니다!

도반 여러분! 의지가 있으면 길이 있습니다. 어렵긴 하지만 불가능하지 않습니다. 재가자로서 수행하는 것은 불가능하지 않습니다. 그리고 많은 재가자들이 수행을 통해 선정과 깨달음을 얻어 왔습니다.

명상에 대한 집착

명상 수행에 과도하게 집착하면, 그것이 자기중심적인 태도로 이어질까요?

◉── 진지하게 이해심을 가지고 마음챙김 수행을 하면, 천천히 점차적으로 자기중심적인 생각과 습관이 사라집니다.

명상 수행을 통해서 우리는 무엇을 볼까요? 우리는 모든 것이 항상 변화하고 있음을 봅니다. 모든 것이 무상합니다. 모든 것은 예외 없이 무상합니다. 삼라만상에는 변하지 않는 세 가지 진리〔三法印〕가 있습니다. 마음챙김을 제대로 수행하면 이 세 가지 진리를 깨달을 수 있습니다. 이 세 가지 진리는 무상, 고, 무아입니다.

모든 것은 항상 변하고 변합니다. 그리고 모든 것이 무상하기 때문에 궁극적으로 만족할 수 있는 것은 아무것도 없습니다.

부처님의 목표는 사람들을 기쁘게 하기 위해 말을 하는 것이 아니었습니다. 부처님께서는 진실을 말씀하고자 했습니다. 부처님의 눈에는 진실이 모든 것 중에서 가장 달콤합니다. 모든 맛 중에서도 최고의 맛은 진리입니다. 흔히 듣는 이야기와는 다른가요? 진실은 쓰다고 이야기하기도 합니다. 하지만 마음이 순수하고 깨끗하며 편견이 없다면, 달콤한 진실을 진정으로 즐길 수 있습니다.

진리의 세 번째 특징은 무아입니다. 우리들 무의식 깊은 곳에는 우리가 영구적이고 불변하는 것으로 간직하고 싶은 것이 있습니다. 하지만 우리가 살고 있는 이 끊임없이 변화하는 세상 안에서는 결코 영구적이고 영원한 것을 찾을 수 없습니다. 모든 것은 끊임없이 변화하고 있습니다.

마음챙김 수행으로 우리는 이러한 존재의 세 가지 특징을 항상 관찰합니다. 영원한 것은 단 하나도 없습니다. 무상, 고, 무아를 알게 되면 교만하거나 집착하거나 자기중심적일 수 없습니다. 왜 그럴까요? 자아라고 할 것이 없기 때문입니다. 우리는 진지한 마음챙김 수행으로 이것을 배웁니다.

그러므로 매우 중요한 질문을 해 주신 것입니다. 정직하게 마음챙김을 실천하는 사람은 도덕성을 지키고 세 가지 진리를 깨우칩니다. 세 가지 진리를 한꺼번에 모두 깨우치지는 못할 수도 있습니다. 우리는 자아라는 것이 있다고 교육받았기 때문입니다. 그래서 무아를 받아들이는 것은 쉽지 않습니다. 무아의 진리를 어느 순간 수용하고, 자아가 있다는 생각을 놓아 버리는 것은 매우 어렵습니다. 부처님 시대에도 지금과 마찬가지였습니다.

오래 전 저는 논문을 써서 어떤 분에게 편집을 맡긴 적이 있습니다. 그런데 그는 제 논문을 가져가서는 6개월이 지나도 나타나지 않았습니다. 6개월 후 그가 돌아왔고, 저는 "너무 바쁘셔서 논문을 보실 시간이 없으셨군요."라고 조심스럽게 논문 이야기를 꺼냈습니다. 그런데 그는 "아닙니다. 논문은 읽었습니다. 하지만 '자아란 없고, 나라고 할 것은 없다.'라는 구절을 읽고는, 너무 화가 나서 논문을 던져 버렸습니다!"라고 대답했습니다.

저는 그 논문을 다시 찾지 못했습니다. 그 사람은 너무 화가 났었습니다. '자아가 없다면 어떻게 살 수 있겠는가? 자아는 우리가 경험하는 것의 핵심이다. 자아가 없다면 우리가 어떻게 존재한다고 할 수 있는가?' 이것은 그와 또 다른 많은 사람들이 갖는 아주 정상적인 반응일 수 있습니다. 그것이 우리가 교육받고 훈련받아 온 방식이기 때문입니다.

마음챙김 명상에서는 자신을 속이려고 하지 말고, 무언가를 덮어두려고 하지 마세요. 모든 것을 있는 그대로 받아들여야 합니다!

그러므로 우리가 정말 진실되고 정직하게 수행한다면, 자기중심적이거나 어떤 것에 집착하지 않습니다. 정직하고 성실하게 수행하면 수행에 대한 집착도 사라질 것입니다.

분노의 무게

『법구경』의 첫 구절인 「쌍서품雙叙品」에는 "나쁜 마음으로 말하거나 행동하면 괴로움이 그를 따른다. 수레바퀴가 소의 발자국을 따르듯이"라는 구절이 있습니다. 이 구절이 의미하는 것은 무엇인가요?

●── 소가 끄는 수레를 아시죠? 그 수레는 여러 가지 물품들로 가득하고 아주 무겁습니다. 수레를 끄는 소는 즐거움, 기쁨, 행복을 느낄 수 없습니다. 울퉁불퉁하고 험하고 거친 길을 가야 합니다. 가끔은 구불구불한 오르막길을 수레를 끌며 올라가야 합니다. 소를 모는 사람도 너그럽지 않습니다. 모든 조건을 감안할 때, 소가 수레를 즐기며 끌 수는 없습니다. 소의 어깨가 매우 무겁습니다.

마찬가지로 마음속에 증오나 분노를 품고 있다면, 그 무게로 인해 괴로움을 겪어야 하는 사람은 바로 자신입니다. 그러므로 어떤 말이나 행동을 하기 전에 먼저 생각해야 합니다. 증오, 분노, 잘못된 생각으로 인해 누군가에게 상처 주는 이야기를 하고 있는 것은 아닌지 생각해 봐야 합니다.

그러면 분노의 표적이 된 사람보다, 화를 낸 자신이 더 큰 고통과 괴로움을 겪을 수 있습니다. 이것이 우리가 기억해야 할 『법구경』 첫 장의 메시지입니다.

오직 수행!

홀로 자애 수행을 하다 보면 가끔 무감각해지기도 하고 마음이 어려워지기도 합니다. 저 자신도 보살핌과 관심이 필요한 것 같습니다. 저 자신에 대해서도 자애 수행을 확장하고 싶습니다. 하지만 불교에서는 "자아란 없다."라고 합니다. 그래서 저는 혼란스럽습니다. 어떻게 하면 "자아가 있다."는 생각에 집착하지 않으면서도 스스로에 대한 자애 수행을 계속할 수 있을까요?

◉── "자아"는 아주 보편적이고 일반적 개념입니다. 우리는 일상적으로 자아라는 개념을 사용합니다. 통상적 용법에서 "자아"는 매우 중요한 개념입니다. 이 단어가 없으면 소통이 어려운 경우도 많습니다. 하지만 실제로 "자아"란 존재하지 않습니다.

예를 들어, 오늘은 무슨 요일인가요? 토요일입니다. 토요일을 보셨나요? 만져보셨나요? 들어보셨나요? 아니지요. 하지만 우리는 이 용어를 사용해서 의사소통합니다. 내일은 일요일이고 어제는 금요일이었습니다. 우리는 이러한 용어를 편리하고 실용적으로 사용합니다. 경도, 위도 또는 1월과 2월과 같은 용어도 마찬가지입니다. 1월이나 2월을 보셨습니까? 우리는 이러한 이름을 사용하지만, 결코 본 적도 만져본 적도 없습니다.

그렇다면 이러한 존재를 어떻게 증명할 수 있을까요? 그런 방법은 없습니다. 사회적으로 이 특정 기간을 토요일이라고 부르는 데 동의한 것일 뿐입니다. 우리는 모두 동의하고 그것을 사용합니다. 그러나 실제로는 토요일, 일요일, 월요일 등이 없습니다. 이것을 기억하십시오.

마찬가지로 '자아'는 우리가 의사소통을 위해서 반드시 사용해야 할 만큼 중요한 개념입니다. 하지만 실제로는 존재하지 않습니다. 우리가 자애 수행을 할 때 모든 존재를 위해 자애 수행을 합니다. 우리의 전 존재를 위해서입니다. 고통은 우리의 전 존재에 있기 때문입니다. 무상함으로 인해 괴로움은 항상 생겨납니다. 저는 자아 혹은 무아에 대하여 괘념치 않습니다. 오직 자애 수행에 정진하세요!

지금 바로 이 순간을 알아차림

명상을 하면 과거나 미래를 볼 수 있다고 합니다. 정말로 그런가요? 이것은 위빠사나 명상을 하면서 현재 순간에 머무를 필요가 없다는 뜻인가요?

◉── 과거를 봤다고 생각하든, 미래를 봤다고 생각하든 그런 것은 아무런 상관없습니다. 위빠사나 명상은 바로 지금 이 순간을 알아차리는 것입니다.

과거 경험이 떠오르면, 그것을 지속하지 않고, "과거 경험"일 뿐이라고 괄호 쳐서 놓아두어야 합니다. 하지만 상당수 사람들은 그렇게 하지 않고 계속해서 과거 경험을 끄집어내서, 생각하고, 또 생각합니다. 바로 여기에서 문제가 발생합니다.

따라서 과거에 대한 생각이든, 미래에 대한 생각이든, 그런 생각들은 하나의 묶음으로 괄호 안에 묶어두는 것이 좋습니다. 과거에 대한 생각과 미래에 대한 생각, 두 가지 범주의 생각 모두가 실제로는 현재 순간에 일어나는 것입니다.

현재의 순간은 다루기 쉽습니다. 그러니 바로 지금 이 순간의 마음을 보세요. 지금 이 순간에 어떤 일이 일어나는지 주목하세요.

명상 수행이 부적합한 사람

명상 수행을 하면 안 되는 사람, 혹은 명상 수행이 득보다 실이 많은 사람이 있나요?

◉── 술이나 마약에 빠진 사람, 정신적으로 불안정한 사람은 명상을 하지 않는 것이 좋습니다. 그런 분들에게는 명상이 해로울 수 있습니다.

용서와 명상

어떻게 하면 자신에게 잘못한 사람을 용서하는 마음을 키울 수 있을까요?

◉— 용서는 명상의 일부입니다. 명상을 할 때는 마음을 편안하게 하는 방법을 배워야 합니다. 이것이 초기 단계에서 자애 명상을 추천하는 이유입니다.

명상 중에는 여러 가지 지난 일들이 기억날 수 있습니다. 특히 누군가가 자신에게 잘못된 일을 해서, 마음에 깊은 상처를 받은 것이 잘 기억날 수 있습니다. 그리고 그런 기억이 명상 중에 튀어나오면 명상 수행에 집중하지 못할 수 있습니다. 그러므로 명상을 보다 쉽게 하려면 자애 명상으로 시작하는 것이 좋습니다.

여러분에게 잘못을 저지른 사람은 자신의 고통으로 인해 그렇게 했을 수 있습니다. 여러분에게 아무런 잘못이 없고 그 사람에게 상처를 줄 만한 행동을 하지 않았음에도, 그 사람이 여러분에게 상처를 주었다고 생각하면, 그것은 그 사람에게 어떤 알지 못하는 고통이 있다는 뜻일 수 있습니다. 이런 경우 자애 수행을 하면 그 사람과 그 사람의 잘못을 용서할 수 있을 것입니다.

명상을 통해 우리는 무상을 바라봅니다. 이것이 최근 저의 중요한 관심사입니다. 제가 늙었기 때문이 아닙니다! 젊은 사람도 영원하지 않습니다. 무상합니다! 젊은이들도 무상함을 생각하고, 무상한 길을 따라가고 있다는 것을 생각하는 것이 좋습니다.

자신에게 잘못을 저지르거나 상처를 준 사람이 기억나면, "이 순간, 이 상황은 무상하다. 그 사람의 말과 행동도 무상하다. 그 모든 것들은 과거에 일어난 일이다."라고 생각하세요. 여러분에게 과거의 기억에 얽매이지 말라고 말씀드리는 것입니다.

주어진 상황의 무상함을 지켜보세요. 어쩌면 상처를 준 바로 그 사람 자신에게 어떤 문제가 있을 수 있습니다. 그 사람을 용서하세요.

한 가지 유념해야 할 점은 분노의 뿌리를 키우고, 그 사람에 대한 증오의 뿌리를 키우면, 여러분의 분노와 증오가 더욱 증폭될 수 있다는 점입니다.

그렇기 때문에 저는 여러분에게 자신의 마음을 들여다보라고 말씀드립니다. 증오심을 버리면 마음이 편안해져서 용서하기 쉬워질 것입니다. 용서와 인내는 부처님의 가르침에서 가장 높은 수행의 하나입니다.

호흡에서 배우기

저는 어느 날 호흡 명상에 완전히 몰두하고 있었고, 주변 상황을 전혀 의식하지 못했습니다. 결국 늦은 시간이 되어서, 관리자 한 분이 저에게 명상센터의 문을 닫을 시간이라고 이야기했습니다. 밖으로 나왔지만, 저는 여전히 몰입되어 운전을 할 수도 없었습니다. 시간이 지나 정상으로 다시 돌아왔을 때, 저는 한 번도 느껴보지 못했던 몸의 편안함을 느꼈고, 명상을 계속하지 못한 것이 안타까웠습니다. 그런 경험을 하고 나서 5년이 지난 어느 날이었습니다. 저는 곧바로 죽을 것 같은 느낌과 함께 호흡만 남는 경험을 했습니다. "나" 혹은 "내 것"이라는 느낌이 사라졌습니다. 곧바로 죽을 것 같은 두려움이 느껴졌습니다. 하지만 아직 숨을 쉬고 있으니 다시 평상시 상태로 돌아갈 수 있다고도 생각했습니다. 몇 분 후 저는 "나" 또는 "내 것"이라는 느낌을 되찾았고, 모든 것이 정상으로 돌아간 것 같았습니다. 자신을 스스로 통제할 수 없었던 저의 이런 경험은 무엇인가요?

◉— 말씀하신 두 가지 경험이 아주 드문 일은 아닙니다. 호흡, 접촉, 느낌, 지각, 생각, 인식 등 경험에 온전히 주의를 기울이면서 완전히 깨어 있고 마음챙김을 유지하세요. 호흡 외에는 주변의 어떤 것도 의식하지 못한다면, 호흡에 주의를 기울이고 느낌과 함께 호흡의 일어남과 사라짐을 알아차리세요.

"내가 숨을 쉬고 있다." 또는 "내가 느끼고 있다."라고 생각하거나 말하려 하지 마세요. 언어로 표현하거나 개념화하지 않고, 오로지 호흡과 느낌의 오르내림을 온전히 알아차립니다.

마음이 혼란스러워져도 그 마음이 실제로 다른 어느 곳으로 가지 않았다는 사실도 알아차립니다. 단지 어린 시절부터 현재에 이르기까지 기억은행에 저장된 모든 것을 지금 이 순간으로 불러온 것일 뿐입니다. 기억의 무상함을 알아차립니다.

집중 명상으로 경험하는 모든 것이 무상함을 알아차립니다. 아무런 집착할 것이 없다는 것을 알아차립니다. 모든 것은 결국 사라집니다. 무언가를 붙잡고자 하는 시도는 헛된 노력입니다. 왜냐하면 마음은 아무것도 붙잡을 수 없기 때문입니다.

움직이는 바늘 끝에 겨자씨를 올려놓고 균형을 잡는다고 상상해 보세요. 절대 불가능합니다! 마찬가지입니다. 결국 모든 것은 사라지고 마음은 아무것도 붙잡을 수 없습니다. 이렇게 하면 어떤 경험 —즐거운 경험, 불쾌한 경험, 즐겁지도 불쾌하지도 않은 경험 등 모든 경험 —도 놓아 버리는 법을 배울 수 있습니다.

어떤 상실감을 느끼고, 잃은 것을 되찾을 수 없다고 생각되어도 걱정하지 마세요. 여러분이 경험하는 모든 일은 영구적이지 않습니다. 다시 비슷한 경험을 하게 될 것입니다. 억지로 되찾으려 애쓸 필요가 없습니다.

분노 다루기

분노는 우리를 치졸하게 행동하게끔 하기도 합니다. 마음속에 분노가 일어날 때 어떻게 해야 할까요?

◉── 어떤 사람이 건설적이고 긍정적인 비판을 한다 해도, 당신은 속상하고 화가 날 수 있습니다. 화내면 사람이 추해집니다. 그 순간 거울에 비친 자신의 얼굴을 살펴보세요. 아주 추해 보일 것입니다!

이번 생에서만 그런 것이 아닙니다. 불건전하고 졸렬한 행동, 즉 아쿠살라 실라^{akusala sila} 때문에 업이 쌓이게 되고, 내생에서도 추한 모습이 될 수 있습니다.

이에 대한 해결책은 인내심을 갖고 편안하게 받아들이는 것입니다. 누군가가 여러분을 비판해도, 이해하려고 노력하세요. 누군가가 여러분의 행동, 활동에 대해 비판적이라면 주의 깊게, 신중하게 경청하세요. 그러면 여러분은 편안해질 것이고, 추하고 불쾌하게 보이지도 않을 것입니다.

다음 생에서도 같은 일이 일어날 것입니다. 다음 생에서도 유쾌하고 평화로운 사람이 될 것입니다. 이 모든 것은 누군가가 여러분을 비판하는 그 순간, 여러분이 어떻게 하느냐에 달려 있습니다.

다른 사람이 자신을 비판할 때, 너무 화를 내거나 미워하지 말라는 부처님의 조언은 아름답고 실용적입니다.

내면의 탐구

불교는 위빠사나 명상만이 윤회에서 벗어나 자유로운 상태(해탈)에 도달하는 방법이라고 하는지요? 자신의 내면에 대한 탐구로는 도달할 수는 없나요?

◉──"자신의 내면을 탐구"하는 것이 바로 위빠사나 수행입니다. 이것이 바로 위빠사나 수행으로 우리가 하는 일입니다. 명상 수행으로 정직하게 자신을 바라보고, 편견이나 가식 없이 자신의 몸, 감정, 지각, 생각과 의지 형성, 의식이라는 오온을 알아차립니다.

이렇게 우리는 무상, 고, 무아라는 존재의 세 가지 특징(三法印)으로 깨닫게 됩니다. 이것이 위빠사나 명상입니다. 무상, 고, 무아에 대한 완전한 깨달음 없이는 누구도 괴로움으로부터 벗어날 수 없습니다.

수행 진전의 확인

수행이 진전하고 있는지 어떻게 측정할 수 있을까요? 때로는 명상을 하고 있다는 것만으로도 만족하기 쉽습니다. 어떻게 하면 자신의 수행을 흥미롭고 도전적이며 발전적인 방향으로 진전시킬 수 있을까요?

◉──자신의 마음 상태를 살펴봄으로써 명상 수행이 발전하고 있는

지 알 수 있습니다. 좌복에 앉아 호흡에만 집중하고 졸다가 한 시간 뒤에 일어나는 것이 명상은 아닙니다! 스스로에게 질문해보세요. "정직하고 진지하게 명상을 하고 있는가? 좌복 위에서 졸고 있는 건 아닌가? 얼마나 주기적으로 명상을 하고 있는가?"

3년에 한 번씩 뜨는 블루문*의 주기처럼 어쩌다 한 번씩 명상을 하면서 그런 식으로 깨달음을 얻고자 한다면 결코 깨달음을 얻을 수 없습니다. 매일, 그리고 하루에 두 번 이상 명상 수행을 하세요. 그래야 자신의 성취와 발전을 평가할 수 있습니다.

5년 전에 명상 수행을 처음 시작하셨다면 그때의 기분이 어땠는지 돌이켜 보세요. 그때 얼마나 감정적이었는지, 얼마나 화가 많았는지, 얼마나 조급했는지, 얼마나 건강하지 않았는지…. 그때와 지금을 비교해 보세요. 지금은 어떤지 살펴보세요. 여전히 인내심이 없나요? 여전히 화가 많은가요? 여전히 탐욕이 많은가요? 여전히 불안정한가요?

명상 수행으로 개선된 상태와 정도를 정확하게 측정할 수 있는 기계는 없습니다. 어쩌면 바이오피드백 시스템이 측정치를 제공할 수 있지만, 그것은 단지 부차적인 측정일 뿐입니다. 명상 수행의 발전은 스스로 측정하고 평가해야 합니다.

스스로에게 "나는 얼마나 자주, 얼마나 오래 명상을 하는가?"라

---

* 블루문(blue moon)은 양력 날짜로 한 달에 보름달이 두 번 뜨는 현상에서, 두 번째로 뜬 달을 일컫는 말이다. 달의 색깔과는 무관하다. 대략 2.7년에 한 번씩 찾아온다고 한다.

고 물어보세요. 이것을 제대로 기록해두면 자신이 얼마나 규칙적으로 명상을 하는지 알 수 있습니다. 스스로를 격려하세요!

도반 여러분! 우리가 명상하는 순간, 우리가 명상하는 순간! 어느 정도의 어려움과 번뇌는 사라집니다.

증오 다루기 1

저는 가끔씩 어떤 사람에 대하여 증오에 가까울 정도로 강한 분노를 느낄 때가 있습니다. 이런 감정을 어떻게 다뤄야 할까요?

◉─내면에서 증오가 일어나면, 증오가 일어났음을 알아차립니다. 그런 다음 그것에 대처하여 뭔가를 해야 합니다. 증오를 없애고자 노력해야 합니다.

우리는 스스로의 내면에서 증오가 어떤 영향을 끼치는지 느낄 수 있습니다. 증오가 일어나면 몸에서 그 영향이 느껴집니다. 심장이 두근거리고 혈압이 올라가는 것을 느낍니다. 증오가 얼마나 불쾌하고 고통스러운 느낌을 만들어 내는지 알게 됩니다. 증오로 인해 평화가 파괴되는 것을 느낍니다. 이 모든 것이 여러분을 불편하게 만듭니다. 증오는 여러 가지 방식으로 신체에 영향을 미칩니다. 증오와 같은 강한 감정을 느낄 때의 단점에 대해 생각해 보는 것이 좋습니다.

그런 다음 오온에 대해서 분석합니다. "그 사람을 구성하는 요소들 중에서 내가 싫어하는 것은 무엇인가?"라고 스스로에게 물어보세요. 그 사람의 모습? 그 사람의 느낌? 아니면 그 사람의 인식?

아니면 그 사람의 생각? 아니면 그 사람 의식 상태? 여러분이 싫어하는 것이 무엇인가요? 아니면 증오를 촉발한 상황을 미워하는 건가요?

그렇게 여러 가지 요인들을 분석적으로 살펴보면 그중 어느 한 요인이 증오를 불러일으킨 것이 아니라는 것을 알게 될 것입니다. 단지 그 상황을 싫어하는 것일 수도 있습니다. 그리고 시간이 지나면 증오를 촉발한 상황이 사라진 것을 보게 될 것입니다. 증오는 영구적이지 않습니다. 당시에는 미움이 있었지만 지금은 그 상황이 사라졌음을 알 수 있습니다. 내 안에 증오심을 유지할 이유가 없어진 것입니다. 이것이 증오를 다루는 한 가지 방법입니다.

증오의 감정을 없애는 또 다른 방법은 자신보다 더 위대한 사람을 떠올리는 것입니다. 우리의 경우—부처님께서는 증오심을 완전히 없애고, 다시는 윤회하지 않는 분이므로—항상 부처님을 모범으로 생각하면 됩니다.

부처님의 생애에서 재미있는 사건이 있습니다. 증오에 대처하고자 할 때 기억해야 할 중요한 사건입니다. 「아코사카 경$^{Akkosaka\ Sutta}$」(『상윳따 니까야』)에 있는, '화를 내지 않는 사람'이라는 뜻의 아코사카^{Akkosaka}라는 이름을 가진 사람에 대한 이야기입니다. 그는 분노의 화신이었고, 사소한 일에도 화를 냈습니다. 심지어 그는 화를 내지 않는 사람들 때문에 화가 났습니다. 어느 날 그는 화를 내지 않으시는 부처님께서 화가 났을 때 어떤 모습인지 보려고 도발하고 싶었습니다. 그는 부처님께 가서 온갖 욕설을 퍼붓고 이름을 부르며 할 수 있는 모든 말을 사용해서 비난했습니다. 부처님은 신중하고 조용히 그의 말을 들었습니다.

그리고 마지막에 그에게 "선생님, 선생님에게도 친구나 친척이 있습니까?"라고 물었습니다.

그는 "물론입니다. 나에게는 많은 친구와 친척이 있습니다."라고 대답했습니다.

이에, 부처님께서는 "당신은 그들을 방문하기도 합니까?"라고 물었습니다.

아코사카는 "자주 방문합니다."라고 대답했습니다.

부처님께서는 "그들을 방문할 때 선물을 들고 가십니까?"라고 했습니다.

그는 "물론이죠. 빈손으로 방문한 적은 없습니다."라고 했습니다.

부처님께서는 "친구에게 선물을 주었는데, 그 친구가 선물을 받지 않으면 어떻게 하시겠습니까?"라고 질문했고,

아코사카는 "그냥 집으로 가져가지요."라고 대답했습니다.

그러자 부처님은 마지막으로 이렇게 말씀하셨습니다. "마찬가지입니다. 당신도 저에게 선물을 주었습니다. 하지만 저는 그것을 받아들이지 않았습니다. 그러니 당신의 것입니다. 가져가세요."

보셨지요? 부처님은 웃음으로 모욕과 분노를 아코사카에게 돌려주셨습니다. 부처님은 화를 내지 않았기 때문에 그렇게 하실 수 있었습니다.

자신의 분노를 다루고자 할 때, 이 이야기를 기억하시기 바랍니다. 기억해야 할 아름다운 이야기입니다.

증오 다루기 2

하지만 분노와 증오는 너무나 강렬합니다. 어떻게 해야 그런 감정을 해소할 수 있을까요?

◉─지금 드리는 이야기는 아주 간단하면서도 훌륭해서 아이들에게도 참 좋은 이야기입니다. 하지만 지금은 여러분에게 들려드리고 싶습니다. 다툼이 많은 여우 이야기입니다.

이 여우는 항상 누군가와 싸우고 싶어 했습니다. 어느 날 그 여우는 평화로운 다른 여우를 발견했습니다. 다툼이 잦은 여우는 평화로운 여우에게 "가만히 앉아서 뭐하고 있어? 이리 와서 나와 싸우자!"라고 했습니다.

하지만 평화로운 여우는 "나는 너와 싸울 이유가 없어."라고 말했습니다.

그러자 다투는 여우가 말했죠. "내가 이유를 알려줄게! 내가 너의 돌을 가져와서 우리 앞에 놓아둘게. 그리고 나는 그 돌이 내 것이라고 말할 테니, 너는 그 돌을 너의 것이라고 말해. 너는 네 돌을 가져와서 내 것이라고 했으니 화가 나겠지. 그러면 싸울 수 있어."

그러고는 다툼이 심한 여우가 돌을 가져와 평화로운 여우 앞에 놓고 "이 돌은 내 거야!"라고 외쳤습니다. 그러자 평화로운 여우가 "그래. 너의 것이면, 네가 가져가!"라고 대답했습니다. 그래서 싸움은 시작도 하기 전에 끝나버렸습니다!

평화롭게 지내고자 한다면, 언제나 평화롭게 지내는 방법을 찾을 수 있습니다. 화를 내지 않겠다고 생각하면, 언제나 화를 내지 않는 방법을 찾을 수 있습니다.

따라서 누군가가 자신에게 화를 내면, 그 화를 해소할 방법을 생각해야 합니다. 아니면 앞으로도 화를 내지 않을 방법을 생각해야 합니다. 항상 이 생각을 마음속에 간직하십시오. 분노를 유발하는 상황이 발생하면 평온한 생각을 붙잡고 마음속으로 가져와 침착함을 유지하도록 하세요.

자애심으로 분노를 없애거나 해소할 수 있습니다. 하지만 상대방에게 화가 나자마자, 그에 대한 자애심을 가지려고 노력하지 않는 것이 좋습니다. 아직은 마음이 준비되지 않았고, 혼란스러우며, 마음이 분노의 불꽃으로 불타고 있기 때문입니다.

그런 경우는 우선 마음을 차분히 가라앉히고, 자신의 마음 상태를 지켜보도록 하세요. 그 후에 자애심을 가지면, 미움이 사라질 것입니다.

누군가에 대한 미움이 생기면, 이렇게 처리하고 놓아버리세요. 잠시 후 다시 마음속에 분노가 생겨나면, 마음챙김을 하세요. 미움이 사라지면 "그래. 미움은 사라졌어, 더 이상 내게 미움은 존재하지 않아!"라고 깨닫게 됩니다.

최고의 축복

어리석고 불건전하게 행동하는 사람들을 어떻게 피할 수 있나요?

●──종종 사람들은 저에게 그런 사람들과 어떻게 관계를 끊을 수 있는지 질문합니다. 어리석은 사람들을 도와주려는 노력은 도움이

되지 않습니다. 자칫하면 여러분도 같은 구덩이로 끌려 들어갈 수 있습니다. 그래서 부처님께서는 깨달음을 얻기 전까지는 그런 사람들과 어울리지 말라고 말씀하셨습니다. 물론 의지력이 강하고 오랫동안 수행으로 자신을 단련했다면, 그들을 가르칠 수 있을 만큼 강해질 것입니다.

「망갈라경」에서 부처님은 최고의 복이 무엇인지 설명해 달라는 질문을 받았습니다. 부처님은 어리석은 사람들과 어울리지 말고 그들을 내버려두라고 말씀하셨습니다. 아주 좋은 조언입니다. 그들을 바로잡는 일은 끝이 없습니다. 그들은 똑같은 어리석은 일을 반복해서 할 것입니다. 마음을 정갈하게 유지하고 싶다면, 그들과 어울리지 마세요.

그리고 부처님은 어리석은 사람을 어떻게 알아볼 수 있느냐는 질문을 받았습니다. 부처님께서는 어리석은 사람은 진실이 아닌 것을 말하고, 거짓말을 하며, 도둑질을 한다고 말씀하셨습니다. 어리석은 사람은 오만하고 화를 잘 냅니다. 어리석은 사람은 다른 사람을 존중하지 않고 얕잡아 봅니다.

어리석은 사람은 항상 화를 냅니다. 어리석은 사람은 자신을 돌보지 않고, 자신의 이번 생을 돌보지 않고, 자신의 다음 생도 돌보지 않습니다. 어리석은 자와 어울리면 말과 생각, 행동이 불건전하게 될 수 있습니다.

부처님께서는 좋은 친구, 영적인 친구를 찾고자 노력하라고 말씀하셨습니다. 자신의 삶에서 일어나는 일을 주의 깊게 성찰하면 자신이 좋은 방향으로 가고 있는지, 나쁜 방향으로 가고 있는지 스스로 알 수 있습니다.

여러분이 발전하고 있다는 것은 좋은 친구들과 어울리고 있다는 것을 의미하기도 합니다.

비윤리적 수단

좋은 결과를 얻기 위해 비윤리적인 수단을 사용해도 괜찮을까요?

◉— 좋은 결과를 얻기 위해 부도덕한 수단을 사용해서는 안 됩니다. 비윤리적 수단은 좋지 않은 결과를 초래합니다. 예를 들어, 도둑질 혹은 강도짓을 통해 부모님을 봉양한다고 가정해 보겠습니다. 부모님을 봉양하지만 나쁜 업kamma을 많이 짓게 됩니다. 부모님을 봉양함으로써 좋은 업을 쌓고자 하지만, 그 방식이 부도덕합니다. 그렇게 해서 두 가지 유형의 업을 얻게 되는 것이지요.

부모님을 봉양하는 것은 좋은 일입니다. 그러나 법을 어겨가며 얻은 것으로 부모를 봉양하는 것은 좋지 않습니다.

부처님께서는 건전한 목적을 달성하기 위해서, 잘못된 방법으로 무언가를 얻어도 된다고 말씀하신 적이 없습니다. 이것은 보시할 때 마음이 깨끗하고 순수해야 한다는 뜻이기도 합니다. 올바른 목적을 위해서는 올바른 방법으로 얻은 것이어야 합니다. 그렇지 않으면 공덕으로 좋은 결과를 얻을 수 없습니다.

도둑의 보시

범죄자가 승가에 보시한다고 가정해 보겠습니다. 보시를 하는 사람이 범죄자이고 나쁜 방법으로 보시하는 경우, 받아도 될까요?

◉―그가 범죄자이고 무언가를 훔쳐서 승가에 보시하고자 한다는 것을 알았다면 받아서는 안 됩니다. 범죄자가 상점에서 음식을 훔쳤고 누군가 우리에게 그 사실을 알려줬는데, 다음 날 그 범죄자가 그 음식을 공양하고자 한다면, 우리는 그가 부도덕한 방법으로 음식을 얻었다는 것을 알고 있기 때문에 받을 수 없다고 말해야 합니다. 만약 공양을 수락한다면, 그에게 같은 일을 하도록 부추기는 결과가 됩니다.

게으름과 명상

게으름으로 인해 규칙적으로 명상을 하지 못하는 것이 허용될 수 있을까요? 계율에서는 어떻게 가르치나요?

◉―변명의 여지가 없습니다! 절대 안 됩니다. 명상하지 않을 핑계를 찾지 말고, 명상해야 할 이유를 찾도록 하세요. 이것은 매우 중요하기 때문에 필수 요건이라고 할 수 있습니다. 누구라도 게으름으로 인해 규칙적인 명상 수행을 하지 못해서는 안 됩니다. 게으름, 졸음, 혼침은 수행하고자 하는 사람이 반드시 극복해야 할 문제입니다.

17. 수행의 혜택

마음의 정화

저는 매일 부모님, 동물, 돌아가신 분들의 영혼을 위해 팔리어로 「자애경^{Metta Sutta}」을 암송합니다. 이것을 통해서 복을 받을 수 있을까요?

◉── 우리는 마음을 정화하고 마음의 오염을 없애기 위해 자애 수행을 하고, 경전을 암송하고 명상을 합니다. 평온하고 편안하며 평화로운 마음을 만들고, 통찰과 이해를 키우고, 고통에서 벗어나기 위해 이렇게 합니다.

이와 같은 마음으로 다른 모든 존재들이 우리와 같은 평화와 행복, 해탈을 경험하기를 기원할 수 있습니다. 그들이 이러한 공덕을 받든 받지 못하든 그것은 우리가 관여할 바가 아닙니다. 우리의 수행으로 다른 사람이 해탈을 얻도록 하는 것은 불가능합니다. 하지만 여러분은 그들의 평화와 행복 등을 기원할 수 있습니다. 그리고 그것은 여러분의 공덕을 증가시킬 것입니다.

살아 있는 사람과 공덕을 나누는 방법은 그 사람을 직접 찾아가서 나누는 것입니다. 요즘은 인터넷을 사용해서 수행을 공유할 수도 있습니다. "어머니, 저는 오늘 한 시간 동안 명상했어요. 너무 평화로웠어요. 모든 생명들을 위한 자애 수행을 했어요. 어머니도 명상을 해보세요."라고 말씀드릴 수 있습니다.

어머니는 여러분이 명상하고 있다는 소식을 듣고 기뻐하실 것입니다. 그것이 바로 당신의 공덕을 어머니와 공유하는 방법이며, 어머니가 행복해질 수 있는 기회를 만드는 것입니다. 편지, 이메일, 전화, 문자, 어떤 것이든 좋습니다!

사무량심

우리가 어떻게 하면 자애, 연민, 감사하는 마음, 평정심, 즉 사무량심四無量心에 집중할 수 있을까요?

◉── 초선을 얻기 위해서는 장애물을 극복해야 합니다. 그 장애물 중 하나가 바로 메타, 즉 사랑의 친절함의 정반대인 분노입니다. 원망과 분노를 극복하면 마음이 편안하고 평온하며 평화로워집니다. 그러면 마음에서 자연스럽게 사랑의 친절함이 일어납니다.

미워하지 않는다는 생각으로 자애가 촉발되고, 자연스럽게 우리에게 다가옵니다. 메타metta와 카루나karuna, 즉 자애와 연민이 일어나면, 다른 사람의 성공에 대하여 질투가 아닌 감사하는 마음이 생겨납니다.

자애는 초선에서부터 시작됩니다. 장애물이 사라지면서 자연스럽게 생겨납니다. 원망과 분노를 내려놓으면 온 세상이 하나의 호흡과 느낌의 단위라는 것을 느끼게 됩니다. 그렇게 됩니다. 이 단계에서는 장애물이 완전히 사라지므로 부정적인 생각이 떠오를 수 없습니다.

생각의 힘

어떻게 하면 스스로를 위한 행복을 만들어낼 수 있을까요?

◉— 외부에서 행복을 찾을 필요는 없습니다. 스스로 행복해질 수 있습니다. 당신이 해야 할 것은 마음을 들여다보는 것뿐입니다. 연민, 사랑, 기쁨, 평화, 행복으로 생각하면, 생각할 수 있는 아름다운 것들과 말할 수 있는 아름다운 말들이 정말 많습니다.

아침에 누군가를 만나면 순수하고 깨끗하고 자애로운 마음으로 "좋은 아침! 안녕하세요?"라고 인사하고, 저녁에 귀가하는 사람을 보면 "좋은 저녁! 편안히 쉬세요."라고 인사합니다. 진실하고 정직한 마음으로 이런 말을 하면 상대방이 행복하고, 짧은 시간 동안 누군가를 행복하게 해줬다는 것으로 인해 당신도 행복할 것입니다.

이러한 행복은 대화를 나눈 상대방에게서 오는 것이 아니라, 여러분 자신의 마음에서 비롯된 것입니다. 당신이 맑고 순수한 마음을 가지고 있기 때문입니다. 부처님께서는 무언가를 할 때마다 맑고 순수한 마음으로 그것을 반복하고 또 반복하라고 말씀하셨습니다.

생각이 큰 영향을 미치지 않을 것이라고 여기지 마세요. 생각을 반복해서 키우면 습관이 됩니다. 이를 팔리어로 쿠살라 실라$^{kusala}_{sila}$, 좋은 습관이라고 합니다. 이러한 건전한 습관을 함양하면, 나중에는 거의 자동적으로 그렇게 할 수 있습니다.

행복은 어디에서 오는 걸까요? 행복은 외부에서 오는 것이 아닙니다. 여러분 자신의 마음속에서 만들어집니다. 그리고 그것은 생각과 말, 행동을 통해 표현됩니다. 이것이 우리가 해야 할 일입니다. 그러면 우리는 항상 행복할 것입니다.

그것은 마치 한 순간도 떠나지 않고 항상 충실하게 나를 따라다니는 내 그림자와 같습니다. 어디를 가든, 그곳에는 그림자가 있습니다. 그림자의 무게가 느껴지나요? 아니지요!

당신이 어디를 가든 그림자는 따라다닙니다. 저는 이것이 여러분이 기억해야 할 매우 중요한 메시지라고 생각합니다.

욕망이 없으면 필요도 없다

서구 소비사회는 새로운 감각과 경험을 추구하고, 새로운 물건을 사는 것을 행복의 전부라고 생각합니다. 하지만 부처님께서는 많은 것을 내려놓으라고 가르치셨습니다. 이러한 간극에 대해서 어떻게 말씀하시겠습니까?

●— 우리는 무엇을 원하고 무엇을 추구하고 있습니까? 탐욕을 충족시키고자 합니다. 욕구와 욕망의 충족을 위해 인터넷을 검색합니다. 하지만 욕구와 욕망이 없다면 검색이 무슨 소용이겠습니까?

우리가 이러한 이해와 지혜에 도달하면 끊임없는 쾌락과 욕망의 충족에 유혹당하지 않습니다. 내려놓으면 모든 것을 얻을 수 있기 때문입니다. 이것은 일종의 역설입니다. 모으고 쌓을수록 잃게 됩니다. 가지고 있는 것들이 낡고 고장나면서 소유물을 잃었을 때의 실망감을 필연적으로 겪기 때문입니다.

그러나 모든 것의 중심에 있는 무상성을 바라보는 수행을 하고, 무상을 알아차리는 마음챙김을 수행하세요. 무상을 바라보는 그것이 바로 열반입니다.

불만족과 괴로움을 바라보는 것을 통해서 우리는 괴로움이 없는 상태에 이릅니다. 죽음에 대한 명상을 수행함으로써 죽음이 없는 상태에 도달합니다.

이 모든 것은 커다란 의미가 있는 역설입니다. 마음챙김 수행을 할 때 우리는 자신의 마음을 살펴봅니다. 내려놓음으로써 평화와 행복을 얻습니다.

그러므로 도반 여러분! 마음챙김 명상, 통찰 명상, 불교 명상 등 뭐라고 부르든 관계없습니다. 우리는 이러한 수행을 통해 순수한 평화와 조화에 도달할 때까지 정신적 불순물의 껍데기를 한 겹씩 한 겹씩 벗겨내고 제거해야 합니다. 사물을 분석하거나 혼자 생각해서는 불가능합니다. 그래서 저는 여러분에게 명상을 권합니다. 이것은 결코 시대에 뒤떨어지지 않는 주제가 아닙니다! 오히려 최신의 신선한 주제입니다.

수행을 즐기시길 바랍니다. 파티에 가는 것처럼 즐기라는 뜻이 아닙니다. 그것과 다른 종류의 즐거움입니다. 잔치와 같은 즐거움은 사람을 흥분시키고, 열광하게 하고, 결국은 피곤하게 만들 뿐입니다. 하지만 명상 수행의 즐거움은 여러분을 평온하며 평화롭고 행복하게 만들어 줍니다.

그러므로 명상 수행의 즐거움, 즉 평화의 즐거움, 지속적인 행복의 즐거움을 추구하도록 하세요.

불·법·승이라는 피난처

저는 이곳에 와서 명상 수행을 하고 불·법·승에 의지합니다. 하지만 그렇지 못한 사람들이 많습니다. 이런 것이 다른 사람들에게는 불공평한 것이 아닌가 느껴지기도 합니다.

◉―가장 진지하게 수행하고, 불·법·승을 의지하는 것은 좋은 일입니다. 그러면 여러분을 따르거나 지켜보는 누군가는 여러분의 행동을 보고 여러분이 뭔가 건전하고 유익한 일을 하고 있다고 생각하게 될 것입니다. 여러분을 관찰하는 바로 그 사람이 여러분의 수행을 지켜보고 영감을 받을 수 있습니다. 이러한 방식으로 다른 사람들도 피난처를 찾도록 도울 수 있습니다.

하지만 누군가에게 이러한 피난처를 찾으라고 강요할 수는 없습니다. 그것은 법을 실천하는 우리의 방식이 아닙니다. 단지 우리는 우리의 모범을 보여주고, 이를 따를 수 있도록 할 뿐입니다. 그러나 누군가 불, 법, 승이라는 피난처를 얻는 것에 대해 여러분에게 질문한다면, 여러분은 자신이 이해하는 방식으로 그들에게 설명할 수 있습니다.

18. 너그러움과 보시

너그러움

너그러움이 가져다주는 혜택은 무엇인가요?

●── 다른 사람들과 물건을 나누면 자신의 물건을 잃는 것이라고 생각할 수 있습니다. 하지만 나눔과 베풂(보시)은 우리 스스로를 풍요롭게 합니다. 마음의 부자가 되는 것입니다. 나누지 않으면 인색해집니다. 이것은 윤회하는 습관입니다.

제가 스리랑카에 있을 때입니다. 저는 어렸을 때 스리랑카에서 버스를 타고 여행하곤 했습니다. 한 거지가 버스를 올라타더니 통로를 따라오면서 양쪽으로 손을 뻗어 1페니를 달라고 구걸했습니다. 그 당시에는 1페니가 아주 큰돈이었지요.

그는 통로 오른쪽과 왼쪽으로 손을 뻗어 구걸했지만, 아무도 돈을 주지 않았습니다. 결국 거지는 버스 뒷문으로 걸어 나가면서 "나는 구걸하는 습관이 있어. 그런데 당신들은 자선을 베풀지 않는 습관이 있어."라고 한마디 했습니다.

너그러움은 습관입니다. 일단 베푸는 법을 배우면, 베풀고 싶은 마음이 계속됩니다. 베푸는 사람은 마음의 부자가 되고, 이번 생에서 재물의 부자가 됩니다. 그리고 내생에서도 물질적 부뿐만 아니라 마음의 부도 얻게 됩니다. 이것이 부처님께서 우리 모두에게 주신 놀랍고도 실질적인 조언입니다.

보시의 중요성

불교 수행에 있어서 보시布施^{dana} 혹은 너그러움이 주는 의미는 무엇인가요?

◉── 불교에는 육바라밀 혹은 십바라밀이 있습니다. 대승불교 전통에서는 육바라밀六波羅蜜*, 상좌부불교 전통에서는 십바라밀十波羅蜜**이라고 합니다. 그중 첫 번째가 다나^{dana}, 즉 관대함, 보시입니다.

왜 그렇게 강조할까요? 그 의미는 무엇일까요?

불교 전통에서 나눔, 너그러움은 끝없는 윤회, 삼사라에서 우리를 해방시키는 기본 원리입니다. 너그러움과 반대되는 개념은 무엇일까요? 탐욕 또는 인색함입니다. 인색함은 자신이 가진 것을 나

---

* 보살의 여섯 가지 수행 덕목인 보시, 지계, 인욕, 정진, 선정, 반야 바라밀.
** 육바라밀에 방편方便·원願·역력力·지智의 네 가지를 더하여 십바라밀이라고 한다.

누지 않으려는 마음입니다. 인색한 사람은 자신이 가진 것을 둘러싸는 울타리를 만들어, 그것들을 지키고자 합니다. 하지만 가진 것을 지키고자 할수록, 더 불안해하고 더 긴장하게 됩니다. 자신이 지닌 부를 나누려 하지 않습니다.

인색함은 소유하려는 욕심, 물건을 붙잡으려는 욕심에서 비롯됩니다. 위빠사나 명상에서는 항상 어떤 것에 애착을 갖는 것은 필연적으로 괴로움을 가져온다고 말합니다. 하지만 가진 것을 놓아버리면 안도감과 편안함을 느낍니다.

이러한 이유로 불교에서는 스스로를 위해 너그러움을 강조합니다. 열반^{Nibbana}이라는 말을 아시죠? 니^{ni}는 부재를 의미하고 와나^{vana}는 갈망을 의미합니다. 그러므로 갈망이 없는 상태를 니바나라고 말할 수 있습니다.

다나^{dana}가 그렇게 중요한데, 왜 팔정도에 언급되어 있지 않은지를 궁금해하는 사람들이 가끔 있습니다. 저는 이전에 다나에 관한 저명한 학자의 논문을 읽은 적이 있습니다. 그는 다나가 깨달음의 37가지 요소〔三十七助道品〕*에 포함되지 않는다고 언급합니다! 그리

---

* 4념처(네 가지 알아차림의 확립, satipaṭṭhāna), 4정근(네 가지 바른 정진, sammappadhāna), 4여의족(네 가지 성취수단, iddhi-pāda), 5근(다섯 가지 기능, indriya), 5력(다섯 가지 힘, bala), 7각지(일곱 가지 깨달음의 요소, bojjhaṅga), 8정도(여덟 가지 성스러운 도, maggaṅga)를 말한다. 도품(道品, bodhipakkhiyā dhamma)의 팔리어 문자 그대로의 뜻은 '깨달음(bodhi, 보리)에 속하는(pakkhiyā) 법(dhamma, 法)', '깨달음의 일부를 이루는 법' 또는 '깨달음에 관계된 법'이다. 이런 문자 그대로의 뜻을 따르면서 'bodhi'를 '보리'

고 저자는 그 이유를 물었습니다.

하지만 신중하고 주의 깊게 팔정도를 살펴보면 다나^{dana}가 여러 단어로 매우 명확하게 언급되어 있음을 알 수 있습니다. 예를 들어, 팔정도에서는 삼마 상까빠$^{samma\ sankapa}$, 즉 올바른 의도(正思惟)가 있습니다. 올바른 의도란 어떤 것을 놓아 버리는 생각, 포기하는 생각입니다. 다음으로 아얍빠다 상까빠$^{Avyapadda\ sankhapa}$는 미움으로부터의 자유입니다. 세 번째로 아비힘사 상까빠$^{avihimsa\ sankapa}$는 해를 끼치지 않고자 하는 생각입니다. 그러므로 너그러움, 사랑, 우정, 연민에 대한 생각이 올바른 의도를 구성합니다. 이것은 매우 중요한 요소입니다.

팔정도의 첫 번째 단계는 올바른 견해(定見)이고, 두 번째 단계는 올바른 의도(正思惟)입니다. 의도란 어떤 물질적인 것을 버린다는 것만을 의미하는 것이 아닙니다. 물론 그것은 관대함의 다른 표현입니다. 그러나 진정한 의미에서 관대함은 '의도'입니다. 그러므로 관대함을 실천할 때, 관대함을 실제적인 것으로 만들기 위한 몇 가지 조건이 있습니다.

우선 무언가를 베풀기 전에, 그리고 베풀고 난 후에 명확한 마음 상태가 있어야 합니다. 왜 주고자 하는지? 기부자 명단에 이름을 올리기 위해서? 좋은 평판을 얻기 위해서? 친구를 사귀기 위해서? 호의를 받기 위해서? 아니면 남들이 모두 기부를 하니까 빠지기 싫어서?

라고 음역하여 37보리분법三十七菩提分法이라고도 한다.

그렇지 않습니다. 무언가를 주는 것은 집착, 애착, 갈망 등으로부터 자신의 마음을 깨끗하게 한다는 것임을 명심해야 합니다. 욕심을 최소화하고 줄이는 것입니다.

여러분도 아시다시피 주먹을 세게 쥐면 통증이 느껴집니다. 만일 손톱이 길다면 세게 누를 때 손바닥이 아플 수도 있습니다. 하지만 손을 펴고 이 팽팽한 힘을 풀면 편안함을 느낍니다.

마찬가지로, 무언가를 강하게 붙잡을수록 더 고통스러워집니다. 그 집착을 놓아버리면 긴장이 완화되는 것을 경험하게 됩니다. 이것이 바로 깨달음을 얻을 때 일어나는 일과 정확히 일치합니다.

깨달음을 얻는다는 것의 또 다른 의미는 마음과 정신에 짊어지고 있던 무거운 짐을 내려놓는다는 뜻입니다. 그 짐은 우리를 짓누르고 바닥에 주저앉게 합니다. 그 짐이 너무나 무거워 쉽게 움직일 수 없습니다. 그 짐을 내려놓으면 매우 가벼워집니다.

그리고 깨달음은 마음과 정신을 가볍게 하는 것을 의미합니다. 가볍게 하는 것뿐만 아니라 밝게 하는 것입니다. 이것이 바로 우리가 달성하고자 하는 것입니다.

따라서 이러한 목표를 염두에 두고 관대함을 실천해야 합니다. 우리 자신의 마음을 평온하게 하기 위해서입니다. 무언가를 베풀기 전에, 마음의 욕심을 줄이기 위해 무언가를 베푼다는 것을 명심해야 합니다.

마지못해 무언가를 베풀 때도 약간의 공덕을 얻을 수는 있습니다. 하지만 순수한 마음으로 기부하는 것만은 못합니다. 기부를 하고 나서 '아! 그 돈으로 파티를 열어 친구들과 함께 즐거운 시간을 보낼 수 있었을 텐데!'라고 후회해서는 안 됩니다.

다른 사례를 들어보겠습니다. 당신이 누군가에게 약간의 돈을 줬는데, 그 사람이 그 돈으로 술집에 들어가거나 도박을 하는 것을 보게 되면, 자신이 기부한 돈이 잘못된 곳에 사용된다는 사실에 크게 실망할 수 있습니다. 이것이 적지 않은 사람들이 기부를 하지 않는 이유라고 합니다.

그렇다고 절대 실망하지 마세요! 실망하면 보시의 결과를 즐길 수 없게 됩니다. 다른 사람과 무언가를 나누고자 할 때, 받는 사람의 자질과 품성을 따지지 마세요.

부처님께서 깨달음을 얻기 전에는 보살이라고 불렸습니다. 그는 보시^{dana}를 수행하고, 베풂을 성취했습니다. 그 누구도 부처님처럼 순수하고 자애로운 사람은 없었습니다. 부처님은 사랑의 친절함으로 가득 차 있었습니다. 부처님이 선물을 줄 때마다, 다른 모든 사람들은 부처님보다 베풂의 차원에서 보면 열등했습니다. 만약 부처님이 완벽한 사람에게만 시간과 선물을 아낌없이 주고자 했다면, 부처님은 결코 그런 사람을 찾지 못했을 것입니다.

그러므로 무언가를 베풀 때는 완벽한 대상을 찾으려 하지 마세요.

보시의 종류

보시에도 종류와 수준이 있나요?

◉──개인적 보시와 공공적 보시가 있습니다. 뿌갈라 다나$^{Puggala\ dana}$

는 개인에게 베푸는 것을 의미하고, 상가 다나$^{Sangha\ dana}$는 공동체에 베푸는 것을 의미합니다. 개인에게 무언가를 베풀면 — 개인은 아무리 훌륭하더라도 — 여전히 개인일 뿐입니다. 우리가 얻는 것은 조건부 공덕입니다.

왜 그럴까요? 개인에게 기부하면 자동적으로 수혜자가 누구인가 라는 것을 생각하게 됩니다. "친구나 친척인가? 보시의 대가로 내가 얻는 것은 무엇일까? 보시로 인해 내가 얻는 것이 없는데 굳이 나눌 필요가 있을까?"와 같은 생각을 할 수 있습니다.

하지만 공동체에 기부하면 누가 혜택을 받는지 알지 못합니다. 혜택을 받는 사람이 누구인지 모르는 것이 혜택을 받는 구체적인 사람을 아는 것보다 유익합니다. 그러므로 개인에게 기부하는 것보다 공동체에 기부하는 것이 보다 더 큰 공덕이 있습니다.

그리고 다양한 수준에서의 배풂 수행이 가능합니다. 좋음^{parami}, 더 좋음^{upaparami}, 최상의 완벽^{paramatthaparami} 3가지 수준이 있습니다.

부처님께서 보살로 지냈던 과거에 대한 많은 이야기가 있습니다. 부처님께서 온전한 보시를 수행하던 중이었습니다. 보살은 배고픈 호랑이를 보았습니다. 며칠 동안 먹이를 찾지 못했고 여러 마리의 새끼가 있었습니다. 마침내 호랑이는 굶주림을 견디지 못하고 자신의 새끼를 잡아먹으려고 했습니다. 보살은 이를 보고 "지금이 바로 이 새끼들의 목숨을 구하기 위해 나의 목숨을 희생해야 할 때"라고 생각하셨고, 즉시 동굴로 뛰어들었습니다.

무슨 일이 일어났는지 아세요? 단지 환상이었습니다. 보살의 너그러움이 얼마나 완벽한지 시험해 보기 위해 신들의 왕이 만들어

낸 환상이었던 것입니다. 보살이 동굴에 뛰어들자마자 호랑이는 사라졌고, 부처님은 자신이 살아 있음을 알게 되었습니다.

1982년 워싱턴 DC에서 일어난 또 다른 이야기를 들려드리겠습니다. 1월 13일 금요일이었고, 에어 플로리다 항공기가 포토맥 강에 추락했습니다. 아주 추운 겨울날이었습니다. 헬리콥터가 도착했고, TV 취재진들은 현장에서 구조 장면을 중계하고 있었습니다.

우리들은 헬리콥터에서 강으로 밧줄을 던져서 사람들을 구출하는 장면을 TV를 통해 지켜보고 있었습니다. 그들이 밧줄을 처음 떨어뜨렸을 때, 물속에 있던 한 남자가 헬기에서 내려준 밧줄을 다른 사람에게 건넸습니다. 그는 두 번째 밧줄도 다른 여성에게 건네주었고, 헬리콥터가 그녀를 구조했습니다. 하지만 세 번째 밧줄이 왔을 때, 그는 이미 물에 빠져 죽은 후였습니다. 두 사람의 생명을 구하고, 자신의 목숨을 잃은 것입니다.

저는 '그분이 미국에서 태어난 보살의 화신으로 다나 파라미$^{\text{dana parami}}$, 즉 온전하게 보시를 실천했다고 생각합니다. 저는 이 분의 베풂을 항상 기억할 것입니다. 어떠한 불순한 동기도 없이 자신의 생명을 희생한 그분의 행동이 바로 보시의 가장 높은 완성입니다.

그리고 이러한 고귀한 원칙을 지키는 많은 사람들이 있습니다. 제2차 세계대전 당시 수백만 명의 유대인이 학살당하거나 고문을 당했을 때, 유대인을 구출하고 살린 훌륭한 독일인이 있습니다.

이들은 끔찍한 상황과 어려운 여건 속에서도 자신의 원칙을 지키기 위해 일어선 사람들입니다. 그들은 원칙을 지키기 위해 목숨을 걸었습니다. 그들은 인간의 생명을 사랑했고 자신의 목숨까지도 희생할 준비가 되어 있었습니다.

보시의 혜택

부처님께서는 보시, 다나^{dana}의 혜택에 대해 높이 평가하십니다. 부처님께서 왜 이것을 강조하셨는지 말씀해 주시겠어요?

◉── 부처님은 "여러분이 보시의 혜택에 대하여 내가 아는 것만큼 알게 된다면, 마지막 남은 음식 한 조각도 다른 사람에게 베풀고자 할 것"이라고 말씀하셨습니다. 정말 멋진 말씀입니다. 실제로 베품을 받는 사람보다 베품을 주는 사람이 더 행복해집니다.

2차 세계대전 중이던 1944년 스리랑카에 살았던 한 남자의 이야기를 들려드리고 싶습니다. 당시에는 모든 사람에게 한 사람이 먹을 수 있는 만큼의 식량만 배급되었습니다. 이 남자는 10명의 스님에게 음식을 공양하고자 했지만, 배급받은 음식만으로는 부족했습니다. 하지만 스님들께 공양하고자 하는 생각은 너무나 컸습니다.

그는 1년 내내 매일 쌀 한 줌, 차 한 움큼, 소금과 고추, 건어물 등을 조금씩 모았습니다. 그래서 스님 10명에게 공양할 수 있을 만큼의 음식을 모았습니다.

하지만 일본의 콜롬보 공습으로 인해 대부분의 스님들이 피난 갔기 때문에 공양 받을 분을 찾기 어려웠습니다. 이 남자는 스님들을 찾으려고 열심히 노력하던 중, 버스 정류장에서 버스를 타러 오는 한 스님을 보았습니다. 그는 멀리서 "존경하는 스님! 제발 도와주십시오."라고 말했지만, 스님은 "저는 당신에게 줄 것이 없습니다."라고 대답했습니다.

마침내 이 남자가 "존경하는 스님, 열 분의 스님께 공양하고 싶습니다."라고 말하자, 스님은 "아니 도대체 지금 이 도시 이 상황에서 스님 열 분을 어떻게 찾습니까?"라고 말했습니다.

그러자 그 남자는 "저는 차를 갖고 있습니다."라고 했습니다. 그렇게 그 남자와 스님은 수많은 절을 찾아다녔고 마침내 10명의 스님을 찾을 수 있었습니다. 이렇게 하여 그 남자는 일 년 동안 어렵게 모은 음식을 10명의 스님들께 공양할 수 있었습니다. 그는 부자도 아니었고 공양하기도 매우 어려운 시기였습니다. 그는 너무나 행복했습니다.

어느 날 저는 새로운 사찰 건립을 축하하는 법회에 초대 받아 휴스턴에 간 적이 있습니다. 그 사찰은 학생 신분으로 미국에 유학 왔던 한 부부가 기부한 것이었습니다. 당시 그들은 돈이 없었습니다. 부부는 아기가 있었지만 베이비시터를 구할 여유조차 없었습니다. 그래서 부부는 우유를 조금 챙겨서 아기를 사찰에 데리고 왔습니다. 낮에는 스님들이 그 아기를 돌봐주었고, 저녁에는 부부가 찾아와서 아기를 데리고 갔습니다.

몇 년 후 남편은 의사가 되었습니다. 그는 심장우회 수술에 사용하는 삽입관을 발명했고, 한 의료기기 회사가 그가 보유한 특허를 천만 달러를 주고 매입했습니다. 부부는 사원을 지을 땅을 사서 아기를 돌봐주었던 스님들에게 기부했습니다. 스리랑카에서 10명의 스님에게 공양을 했던 그 남자가 바로 의사가 된 남자와 결혼한 여성의 아버지였습니다. 1991년 사찰 건립 축하 법회에 참석한 그 남자는 1944년 스리랑카의 가장 어려운 시기에 어떻게 공양을 했는지 이야기를 들려주었습니다. 그의 뺨에는 기쁨의 눈물이 흐르고 있었습니다.

보셨죠? 47년이 지난 후에도 그는 저에게 그 이야기를 들려주었습니다. 그는 여전히 베푸는 것을 즐깁니다. 이것이 부처님께서 베풂의 유익함을 알게 되면 마지막 한 조각 남은 음식이라도 기꺼이 다른 사람과 나눌 것이라고 말씀하신 이유입니다. 이 이야기가 보시의 공덕을 보여주는 아주 좋은 예입니다.

법보시

법보시法布施$^{dhamma\ dana}$란 무엇을 의미하나요?

◉―『법구경』에는 "법의 선물은 다른 어떤 선물보다 뛰어나다."라는 말이 있습니다.

종교적인 장소, 사찰, 수도원이나 명상센터와 같은 종교적 장소는 평화를 상징합니다. 사람들이 모여 법을 배우고 명상하는 장소, 긴장을 풀고 기쁨과 행복을 경험할 수 있는 장소입니다.

그래서 사찰을 건립할 때 시주하는 분들이 있습니다. 부처님의 가르침인 법을 나누고 법을 가르치는 것은 불멸을 나누는 것과 같습니다. 왜 그럴까요? 우리의 삶을 올바른 길로 인도하고, 고통에서 벗어나게 해방시키고, 깨달음에 이르게 하는 것이 바로 법이기 때문입니다.

"저는 가르칠 만큼 법에 대해 잘 알지 못합니다."라고 말하는 사람이 있을 수 있습니다. 하지만 굳이 강단에 서지 않아도 법^{dhamma}을 공유할 수 있습니다. 어떤 다른 불순한 동기 없이 법에 대해 자신이 알고 있는 모든 것을 토론하고 공유할 수 있습니다.

법을 나누는 방법도 다양합니다. 불교 서적을 인쇄하거나, 불경 인쇄와 배포에 재정적으로 기여할 수 있습니다. 만나는 사람들에게 법의 요점을 설명하고 토론할 수도 있습니다. 저는 법을 나누는 것의 이점을 보았습니다. 다른 어떤 선물보다도 법의 선물이 가장 큰 보시로 여겨집니다.

무언가를 나눠줄 때는 대가를 바라지 말고 하라고 말씀드린 적이 있습니다. 하지만 우리가 기대할 수 있는 것들이 있습니다. 그리고 우리가 기대하는 것은 훌륭하고 고귀한 것들입니다.

예를 들어, 종교단체나 승가에 무언가를 기부할 때는 승가가 도덕적이고 품위있는 삶을 살기를 기대합니다. 그것은 승가의 유익을 위한 것입니다. 비구, 비구니, 승가 공동체가 순수하고 품위있고 도덕적인 삶을 살기를 바라는 것은 훌륭한 기대입니다.

우리의 베풂으로 베풂을 받는 사람들이 깨달음을 얻는 데 도움이 되기를 바랍니다. "이 선물로 인해 선물을 받는 사람의 고통과 아픔을 덜어내는 데 도움이 되길 바랍니다. 나의 보시로 인해 그 사람들이 행복하고 즐겁고 평화롭기를 바랍니다."라고 기도합니다.

19. 죽음과 이별

죽음의 대면

어떻게 하면 현명하게 죽음을 맞이할 수 있을까요? 죽음이 임박했다는 것을 알았을 때, 어떻게 하는 것이 자신에게 남은 시간을 가장 잘 사용하는 것일까요?

◉—미리 준비하지 않고는 차분하고 평화로운 마음으로 죽음을 맞이할 수 없다고 생각합니다. 질병으로 인해 오랜 기간에 걸쳐 아주 천천히 죽음을 맞이하게 되는 경우라면, 그 사람에게는 미리 죽음에 대해 생각하고 명상을 할 시간이 있습니다.

얼마 전 저는 어떤 분의 장례식에 참석했습니다. 그분은 여러 차례 심장마비를 겪었으며, 심장박동기를 사용하면서 18년 동안 살았습니다. 그녀는 명상을 배웠습니다. 호스피스병동에 입원한 후 5개월을 더 살았습니다.

그 기간 동안 그녀는 호스피스병동에서 자신이 죽음을 맞이할 것임을 알고 있었고, 명상을 할 수 있는 시간이 충분했습니다. 남편과의 대화를 통해 많은 위로를 받았습니다. 어느 날 아침 그녀는 세상을 떠났습니다. 그녀는 죽음을 맞이할 시간이 있었던 것 같습니다. 모든 사람이 그렇게 운이 좋은 것은 아닙니다. 하지만 명상을 계속하면 마음은 언제든 죽음에 직면할 준비가 될 수 있습니다. 그러니 여러분에게 명상을 하도록 권장합니다.

삶 이후의 삶

"재생연결식"이란 무엇을 의미하나요?

◉── 이번 생과 다음 생을 연결하는 의식입니다. 현생은 '재생연결식再生連結識 relinking consciousness'으로 내생과 연결됩니다.

의식이 "의지적 형성[行]"에 의존하여 어떻게 발생하는지에 대한 이해 없이는 연기緣起를 이해할 수 없습니다. 의지적 형성을 통해 우리는 생각, 말, 행동을 형성합니다. 의식이 일어나면 생각이 일어납니다. 연기는 의식이 어떻게 의지적 형성에 따라 발생하는지 설명하고, 전생과 현생, 현생과 내생의 연결을 설명합니다.

이러한 연결은 우리가 지각할 수 없고 과학적 실험을 통해 확인할 수도 없습니다. 그래서 어렵습니다. 물론 우리는 어느 정도 믿음을 가지고 이를 받아들여야 합니다. 우리는 이것을 보고 경험한 사람을 믿습니다. 단순화해서 말하면, "의지적 형성(行)"은 업業을 의미합니다. 이번 생의 업에 따라 다음 생이 결정됩니다.

사랑하는 사람의 상실

사랑하는 사람을 어떻게 떠나보내야 할까요?

◉── 사랑하는 누군가가 있습니다. 그 사람이 죽었다고 가정해봅시다. 우리는 슬픔을 느낍니다. 너무나 자연스러운 일입니다. 슬퍼하지만 동시에 무상無常의 진실을 놓치지 말아야 합니다. 슬픔을 인정하고 "나는 사랑하는 사람에 대한 애착으로 인해 슬프다. 하지만 이 또한 무상하다. 나는 이것을 이해하지 못했다. 단순히 사랑하는 사람에게 집착했기 때문에 이러한 괴로움이 있다."라고 이해해야 합니다.

고통과 슬픔, 괴로움을 겪으면서, 우리는 마음챙김으로 모든 상황을 주의 깊게 바라보고 이러한 괴로움이 사랑하는 사람에 대한 애착 때문이라는 것을 이해해야 합니다.

그렇다면 어떻게 해야 할까요? 사랑하는 사람도 죽습니다. 우리는 그것을 이해하고 스스로를 위로하고, 진리를 바라봐야 합니다. 그러면 점차 현실에 대한 통찰이 증가하고, 사랑하는 사람을 잃은 것에 대한 슬픔이 감소합니다.

무상無常과 애도

부처님께서는 삶의 무상함에 대하여 자주 말씀하셨습니다. 하지만 사랑하는 사람을 잃은 제가 어떻게 슬픔을 멈출 수 있을까요? 물론 저도 죽음이 자연스러운 삶의 끝이라는 것을 모르지는 않습니다. 사랑하는 사람이 저를 떠나갔고 돌아오지 못합니다. 하지만 그립습니다. 제가 무상을 모르는 까닭일까요?

◉— 솔직히 말씀드리자면, 그렇습니다. 우리는 그것을 인정하고 싶지 않을 수 있습니다. 우리는 사랑하는 사람들에게 많은 애착을 가지고 있습니다! 무엇을 그리워하는 것일까요? 떠나간 사람의 손길과 모습, 목소리, 함께했던 일들, 나를 위해 했던 일들을 그리워합니다. 그 사람이 주었던 모든 도움이 사라집니다. 떠나간 이에게서 받았던 정서적·물질적 지원, 안정감, 동료애가 모두 사라지고, 그 사람에게서 받았던 모든 것들이 그립습니다. 그리고 이것이 바로 우리가 집착하는 것들입니다.

바로 이것이 우리가 부모님과 형제자매, 배우자, 자녀, 그리고 또 다른 누군가를 잃었을 때 깊은 슬픔에 빠지는 이유입니다. 이것이 바로 부처님께서 수천 번이나 말씀하신 진리입니다. 애착이 클수록 우리는 더 많은 고통과 괴로움, 비통함을 경험하게 됩니다.

이러한 감정의 근원을 살펴보지 않고는 애도의 감정을 완화하는 것이 쉽지 않습니다. 아마도 지금 이 말을 듣고 싶지 않으실 것입니다. 하지만 부처님께서는 사랑하는 사람에게 집착하지 말라고 말씀하셨습니다. 애착과 집착에서 괴로움과 슬픔, 비탄과 통곡이 생겨납니다.

그렇다면 어떻게 하는 것이 사랑하는 사람들을 향한 가장 현명한 접근방식일까요? 물론 우리는 모든 사람, 특히 가족과 건강하고 사랑스러운 관계를 맺어야 합니다. 하지만 동시에 "사랑하는 이 사람도 언젠가는 죽는다"는 사실을 명심해야 합니다.

모든 결합된 것은 결국 나뉘어집니다. 언젠가 우리는 사랑하는 사람과 헤어져야 합니다. 이것이 진실입니다! 우리는 항상 이러한 진실을 잊지 말아야 합니다. 그러면 사랑하는 누군가가 세상을 떠났을 때, 현실을 받아들이도록 스스로를 조절할 수 있습니다.

그렇게 되면, 우리는 이러한 모든 것들이 이미 우리가 알고 있던 것임을 이해합니다. 단지 그 일이 일어난 것입니다. 아무것도 변하지 않았고, 특별한 일이 아닙니다. 사랑하는 사람을 떠나보내면 잠시 고통스럽지만, 시간이 지나면서 천천히 사라집니다. 눈물은 마르고, 괴로움은 영원히 우리 마음속에 머무르지 않습니다.

이렇게 수행하여 집착과 애착을 제거한다면, 말씀하신 것과 같은 슬픔을 겪지 않을 수 있습니다. 결국 이것은 마음챙김 수행의 문제입니다.

죽음의 대처

저에게는 최근 헤로인 과다 복용으로 사망한 친구가 있습니다. 그가 저를 정신적 친구로 생각했기 때문에, 저는 더욱 큰 죄책감을 느끼고 있습니다. 정말 중요할 때, 저는 그를 돕지 못했습니다. 스님께서는 죽음에 어떻게 대처하셨습니까? 그리고 90년 이상 살아오셨는데, 이제 죽음에 대한 느낌은 어떠하신가요?

◉— 저는 오랫동안 죽음에 대처하는 방법을 고민하고, 이야기하고, 조언해 왔습니다. 1976년 어머니가 돌아가셨을 때, 저는 장례식이 끝날 때까지 꿋꿋하게 버텼지만, 장례식이 끝나자마자 무너

졌습니다.

몇 년 후 댈러스에서 컨퍼런스가 열렸는데 포드 대통령도 참석했었습니다. 큰 행사였고, 저는 감사에 대한 설법을 하기로 되어 있었습니다. 저는 어머니에 대해 이야기하고 싶었습니다. 연단에 섰지만 한마디도 말할 수 없었습니다! 흐느끼기만 했습니다. 한편으로는 너무나 부끄러웠고, 다른 한편으로는 큰 안도감도 들었습니다. 이것이 저의 솔직한 감정이었습니다.

저의 누님이 104세의 나이로 세상을 떠났을 때, 저는 조금 더 잘 준비했습니다. 누님은 저에게 어머니 같은 분이셨습니다. 제가 태어나기 전에 결혼하셨고, 제가 태어난 것보다 5개월 빨리 아기를 낳으셨습니다. 누님이 집으로 돌아오면 부모님께서는 밭으로 일하러 나가셨습니다. 누님은 한쪽 무릎에는 동생인 저를, 다른 한쪽에는 자신의 딸을 앉혀놓고 우리 둘에게 젖을 먹였습니다.

누님은 돌아가실 때까지 저를 아들처럼 대해주셨습니다. 저에게 누님은 어머니와 같은 분이었습니다. 그런데 저는 누님이 돌아가셨을 때 침착하게 대처할 수 있었습니다. 어머니의 죽음 이후 아주 오랫동안 죽음에 대해서 생각했기 때문입니다.

저에게는 가족이나 다름없던 멋진 친구가 있었습니다. 그는 몇 년 전 간 이식을 받았습니다. 얼마 전 그의 아내가 저에게 전화를 걸어 "스님, 남편이 호스피스병동에 입원했어요."라고 말했습니다. 저는 전화를 바꿔달라고 했고, 그녀는 전화기를 남편의 귀에 대고 저와 이야기할 수 있도록 했습니다. 그는 낮은 소리로 "이제 말하는 것도 힘들어. 곧 죽을 것 같아."라고 했습니다. 하지만 다행스럽게도 그는 죽지 않았고, 전화로 매일 대화를 할 수 있었습니다.

하지만 그 친구가 더 이상 말을 할 수 없는 날이 왔습니다. 그의 아내가 남편의 귀에 전화기를 대주었고, 저는 계속해서 말을 걸었습니다. 그리고 2시간 후 그는 사망했습니다. 정말 슬픈 상황이었습니다. 그는 유대인으로 태어났지만, 우리와의 인연으로 불자가 되었습니다. 아리조나주 투손에 있는 한 절에서 불교식으로 장례를 치렀습니다.

그 무렵 저는 죽음을 더욱 진지하게 생각했기 때문에 슬픔은 없었습니다. 물론 그가 그리웠습니다. 하지만 감정적 동요는 없었습니다.

이제 저의 차례가 다가오고 있습니다. 얼마나 빨리 올지는 모르겠습니다. 저는 오랫동안 저의 죽음을 준비해 왔습니다. 매일 밤 저는 내일 아침에는 일어나지 못할지도 모른다는 생각을 하며 잠자리에 듭니다. 그리고 아침에 일어나면 일을 계속합니다.

저의 자서전을 읽은 분들은 하와이에서 비행기를 타고 가던 중 창밖으로 비행기 엔진 하나에 불길이 치솟는 것을 본 이야기를 기억하실 겁니다. 그 순간 저는 "언젠가는 죽을 텐데, 지금일 수도 있겠구나."라고 생각했습니다. 하지만 저는 삶의 마지막 순간에 명상에 집중하고 싶었습니다.

엔진에서 뿜어져 나오는 불꽃은 때로는 푸른색이나 노란색으로, 때로는 나선형으로 변화하면서 움직였습니다. 저는 그 불꽃을 보면서 호흡 마음챙김 명상을 계속했습니다. 다른 승객들은 모두 공포에 질려 이미 반쯤 죽은 듯이 보습니다. 어린 아이들은 상황을 잘 알지 못했고, 부모들은 아이를 껴안고 오열하며 십자가 성호를 그었습니다.

하지만 비행기는 하와이로 돌아오는 데 성공했습니다. 비상문을 열었고 비상탈출 슬라이드가 내려왔습니다. 승무원이 비상문으로 슬라이드를 타고 아래로 미끄러지라고 말했습니다. 제 차례가 되어 저도 뛰어내렸습니다. 당시 저는 49살이었습니다. 저는 제 인생에서 처음으로 낙하산을 타고 뛰어내렸습니다. 심지어는 하늘을 나는 듯한 즐거움을 느끼기도 했습니다.

그 시간 내내 마치 영화 같았습니다. 한쪽에는 엔진에서 화염이 나오는 불꽃놀이가 있었고, 다른 한쪽에서는 반쯤은 정신 나간 사람들이 어린 아이를 안고 있었습니다.

저는 죽음이 언제 어떻게 일어날지, 그리고 제가 무엇을 할지 모릅니다. 그러나 저는 죽음의 순간에도 의식이 있고, 제 정신이 완전히 혼란스럽지 않고, 죽음이 어떻게 일어나는지 알아차리고 싶습니다.

죽음에 대하여 이런 호기심을 가진 사람은 많지 않습니다. 그들은 죽음을 두려워하고, 죽는 방식도 두려워하기 때문입니다. 누워만 있어야 하고, 다른 사람이 청소하고 옷을 갈아입혀야 하는 방식이 두렵기 때문입니다. 저는 그런 방식으로 죽어가는 몇몇 오랜 친구들을 보았습니다.

제게는 스리랑카에서 90살에 가까운 나이에 세상을 떠난 동료 스님이 있었습니다. 그는 약 10년 동안 병상에 누워 있었습니다. 당뇨병을 앓고 있었고 거의 해골같이 변해 있었습니다. 손이나 다리를 움직일 수 없어서 누군가가 먹여줘야 했습니다. 제가 방문하면, 그는 처음에는 울었고 잠깐 웃다가 다시 울었습니다.

말레이시아의 다른 친구가 죽었을 때도 함께 있었습니다. 그는 이전에 10년 동안 저와 함께 지내던 친구였습니다. 처음 5일 동안 그는 저에게 말을 걸었습니다. 6일째 되던 날 그는 저에게 팔을 얹고 저를 한참 바라봤습니다. 그는 말을 할 수 없었고 울고 있었지만 의식은 완전했습니다.

이렇게 저는 많은 친척과 친구들의 죽음을 지켜봤습니다. 그들 중 일부는 몇 년 또는 몇 달 동안 고통을 겪어야 했습니다. 그런 일이 우리를 두려움에 떨게 합니다. 그러나 저는 죽음을 맞이하는 것을 두려워하지 않고자 수행을 계속합니다.

하지만 우리가 아무리 죽음을 두려워해도 죽음을 막을 수는 없습니다. 그러나 깨어 있고, 마음챙김을 유지하며 죽음이 어떻게 일어나는지 알아차리고자 노력할 수는 있습니다. 마음챙김 수행을 하고, 마음을 다스리고, 순간순간 일어나는 모든 일을 알아차림 수행으로 미리 대비해야 합니다.

물론 우리 모두는 고통 없이 평화롭게 죽기를 바랍니다. 저는 애틀랜타에 살았던 저의 친구처럼 죽고 싶습니다. 저녁시간 부부는 TV를 시청하고 있었고, 친구는 안락의자에 다리를 올린 채 앉아 있었습니다. 부부는 영화를 보면서 농담도 주고받았습니다. 그러다 아내가 차를 끓이러 주방에 가서 남편에게 한 잔 마시겠냐고 물었습니다. 하지만 그는 대답하지 않았습니다. 아내는 "무슨 일이야? 왜 그래? 나한테 화났어?"라고 하며 거실로 돌아왔는데, 남편이 죽어 있는 것을 발견했습니다!
　제가 원하는 죽음도 바로 이런 죽음입니다.

20. 부처님, 우리의 스승

괴로움에 대한 처방전

깨달음을 얻은 부처님께서는 모든 고통에서 벗어났지만, 중생들을 괴로움으로부터 구제하고자 스스로 세상의 슬픔에 참여하기로 선택하셨다는 글을 오래 전에 읽은 적이 있습니다. 이에 대해서 자세히 설명해 주시겠습니까?

◉── 그 이야기는 진실이 아닙니다. 그러므로 상세하게 설명드리지는 않겠습니다! 하지만 한마디 말씀드리겠습니다. 제가 왜 사실이 아니라고 하는지 아세요? 심지어 지식인들도 그 이야기를 믿습니다. 스리랑카에는 커다란 부처님 동상이 있는데, 어떤 저명한 고고학자 한 분이 그 동상의 의미를 해석하여, 세상의 모든 고통 받는 중생들을 위하여 고통 받는 부처님을 상징한다고 말했습니다. 그리고 그는 '빠라 둑카 둑키따 무드라 $para\ dukkha\ dhukikkita\ mudra$'라는 용어까지 만들어냈습니다. '다른 이들의 고통을 위해 고통당한다'라

는 뜻입니다.

하지만 도반 여러분! 부처님께서 다른 사람들의 괴로움으로 인해 괴로움을 겪으셨다면, 부처님은 단 한 순간도 평화를 누리지 못하셨을 것입니다. 세상은 고통으로 가득 차 있기 때문입니다! 헤아릴 수 없이 많은 중생들이 괴로움을 겪고 있기 때문입니다. 만약 그 이야기가 사실이라면 부처님은 괴로움의 화신이 되셨을 것입니다.

그래서 이것은 사실이 아닙니다.

질문의 첫 번째 부분은 맞습니다. 부처님께서는 괴로움을 극복하고 괴로움에서 벗어났으며 그 후로는 결코 괴로움을 겪지 않으셨습니다. 부처님께서는 나이가 들면서 여기저기 몸이 아팠을 수 있습니다. 하지만 부처님은 결코 괴로움을 겪지는 않으셨습니다. 물론 부처님께서는 고통 받는 중생에 대한 연민을 가지고 있었고, 그들을 돕고자 했습니다. 그렇지만 부처님께는 괴로움이 없었습니다.

평범한 사람들은 다른 사람의 고통으로 인해 괴로움을 겪을 수 있습니다. 사실 이것은 건강에 좋지 않습니다. 당신이 의사나 간호사라고 가정해봅시다. 의사는 고통에 힘들어하는 많은 환자를 보게 됩니다. 만약 의사가 환자가 겪는 모든 고통으로 인해 괴로움을 겪는다면, 그는 환자들이 울거나 고통을 겪을 때 같이 울어야 합니다. 그러나 그들은 그렇게 하지 않습니다. 환자를 치료하기 위해 그들은 정서적으로 안정되어 있어야 합니다. 의사나 간호사가 환자와 함께 아파하고 고통을 받는다면, 자신의 일을 제대로 할 수 없습니다. 그들은 환자를 돕기 위해 침착하고 안정적이며 주의 깊어야 합니다.

이것이 부처님의 태도입니다. 부처님께서는 다른 사람의 괴로움을 잘 알고 있었고, 그 괴로움을 충분히 고려하여 그 괴로움을 해결하기 위한 완전한 치료 과정을 제공했습니다.

"옳음"과 "그름"

"바른" 선정이란 무엇을 의미하나요? "잘못된" 선정 수행이 있다는 말인가요?

◉— 팔정도는 바른 견해〔正見〕, 바른 의도〔正思惟〕, 바른 말〔正語〕, 바른 행동〔正業〕, 바른 생계〔正命〕, 바른 노력〔正精進〕, 바른 마음챙김〔正念〕, 바른 선정〔正定〕입니다. 모두 바름, 바름, 바름이라는 수식어가 붙습니다. 그렇다면 잘못된, 잘못된, 잘못된 등도 있어야 한다는 뜻이 아닐까요? 바른 마음챙김이 있다면 잘못된 마음챙김도 있을 수밖에 없습니다.

어떤 사람들은 잘못된 마음챙김은 있을 수 없다고 말합니다. 잘못된 마음챙김이 있을 수 없다면 부처님은 왜 그것을 바른 마음챙김이라고 규정하셨을까요? 그럴 만한 이유가 있습니다. 마음챙김 수행조차도 잘못된 마음챙김 수행이 될 수 있기 때문입니다. 그리고 집중 수행도 잘못된 집중 수행이 될 수 있습니다.

잘못된 선정은 바른 마음챙김이 없는 선정입니다. 바른 선정이 없는 마음챙김 수행은 잘못된 마음챙김이 될 수 있습니다. 우선 바른 마음챙김과 바른 선정이 무엇인지 이해해야 합니다.

보살 싯다르타 고타마가 선정에 도달했을 때, "이것은 너무나 행복하고 즐겁다! 그런데 어떻게 앞으로 어떻게 해야 할까?"라고 문득 생각하셨습니다. 그리고 깨달았습니다. "걱정할 필요가 없다. 이 삼매를 두려워할 필요가 없다."

왜 그랬을까요? 이러한 삼매는 육체적 쾌락과는 아무 관련이 없기 때문입니다. 감각적 쾌락과는 아무런 관련이 없었습니다. 이 삼매는 행복하고 평화로운 상태에 집착하지 않는 선정, 집중 상태입니다. 탐욕의 방해로부터 자유로운 선정, 집중 상태입니다.

바른 선정에는 욕심이 없습니다. 삼매를 성취하면 집착을 내려놓는 커다란 자유를 얻습니다. 그 무엇에도 집착하지 않습니다. 평정심으로 인해 마음은 맑고 순수해집니다.

이렇게 마음이 균형을 이루면 탐욕이나 증오, 어느 한쪽으로 치우치지 않습니다. 평정심을 유지합니다. 방해가 되는 탐욕과 증오를 극복했기 때문입니다. 마음이 맑기 때문에 불안, 걱정, 의심을 극복할 수 있습니다.

명상 스승 찾기

적합한 스승으로부터 적절한 지도를 받지 않는다면 바람직하지 않은 방식으로 명상 수행을 하게 될 위험이 있나요? 제가 여쭙는 이유는 혹시나 잘못된 명상 수행을 하게 되면 일상생활에서 다른 사람들과 관계 맺기나 어떤 일을 제대로 하기 어렵게 되지는 않을까 하는 걱정 때문입니다.

◉── 명상을 하고자 한다면, 명상을 잘 알고 있으며 다른 사심私心

이 없는 스승을 찾아보세요. 자신의 명상 경험을 바탕으로 여러분을 정직하고 성실하게 안내할 수 있는 사람을 말합니다.

제대로 명상 수행을 해본 적이 없고 명상에 대해 잘 알지 못하면서 스스로를 명상 지도자라고 하는 사람은 여러분을 잘못된 길로 인도할 수 있습니다.

그러므로 적합한 스승 없이 명상을 수행하는 것은 때때로 매우 위험합니다. 명상 수행을 시작하려면 몇 가지 안내와 지침이 필요합니다. 좋은 명상 스승을 찾기 전까지는 도덕적 삶, 나누는 삶, 자애를 베푸는 삶을 살아가는 것이 보다 중요합니다.

다른 하나는 경전을 읽는 것입니다. 『대념처경』을 읽어보세요. 또한 『디가 니까야』, 『맛지마 니까야』, 『앙굿따라 니까야』를 권장합니다. 부처님께서 설하신 아름다운 말씀에는 누군가가 명상을 수행하는 데 필요하고 충분한 정보를 담고 있습니다.

가까이에서 스승으로 삼을 만한 분을 찾지 못했다면, 이 가르침들을 읽어 보세요. 그러면 명상에 대한 좋은 지식을 얻을 수 있을 것입니다. 그렇지 않다면, 스승이라고 주장하는 사람을 따르지 마세요.

법法을 보는 것

「자야망갈라 가타」*에 "부처님의 힘으로 모든 불행이 소멸되고 모든 고

---

* 자야망갈라 가타(Jayamaṅgala Gāthā, 吉祥勝利偈)는 동남아 불교권에서 가장

통이 멈추기를 기원합니다."라는 구절이 있습니다. 저는 이러한 부처님의 힘에 대하여 궁금합니다. 부처님의 열반 이후에도 여전히 불행을 없애는 힘이 작용하는 것인가요?

◉──그렇습니다. 부처님은 돌아가셨습니다. 하지만 우리는 여전히 부처님과 법의 축복을 받을 수 있습니다. 부처님의 생존 여부와 상관없이 불법승에 대한 신심을 갖고 있으면 우리는 축복받을 수 있습니다.

바칼리Vakkali라는 스님이 있었습니다. 그분은 매우 신실한 스님으로 믿음saddha이 깊었고, 그 신심으로 스님이 되었고, 항상 부처님을 뵙고 싶어 했습니다. 어느 날 바칼리가 중병에 걸렸습니다. 부처님께서 그를 찾아가 안부를 물으셨고, 바칼리는 "존자님, 저는 매우 아프고 고통이 심합니다."라고 대답했습니다.

그러자 부처님께서 "어떤 것이 후회되느냐? 후회할 만큼 심각한 일을 한 적이 있느냐?"라고 바칼리에게 질문했습니다. 그는 "아닙니다. 존자님. 저는 후회할 만한 일을 저지른 적이 없습니다. 하지만 예전처럼 존자님을 자주 뵙지 못하게 되어 안타깝습니다."라고 말했습니다.

바칼리는 너무 아파서 부처님을 찾아뵐 수 없었고, 그 때문에 매우 슬펐습니다. 그러자 부처님께서 말씀하시기를 "이 몸을 보는 것

사랑 받는 게송 중 하나다. 이 '승리와 축복의 게송'은 암송하거나 듣는 사람들에게 축복을 가져다주는 것으로 알려져서, 결혼식 등 중요한 행사나 사업을 시작할 때 반드시 낭송되는 일종의 보호주(paritta)다. 기원은 밝혀지지 않았지만, 12세기 전후 스리랑카에서 작성된 것으로 추정된다.

이 무슨 소용이 있느냐? 몸은 변할 수 있고 무상하다. 그러나 바칼리여, 법法을 보는 사람은 나를 보는 것이다."라고 말씀하셨습니다.

이것이 중요한 점입니다. 법^{dharma}을 언제 볼 수 있을까요? 우리는 지금 당장, 어디서나 법을 볼 수 있습니다. 오온이 있는 한 우리는 법을 볼 수 있습니다. 그리고 누군가 법을 본다면, 그들은 부처님을 보고, 분명하게 축복을 받게 됩니다.

법을 보면 부처님을 보는 것입니다. 그러므로 우리는 언제든지 부처님을 볼 수 있습니다. 그러면 우리는 어떻게 부처님께 존경을 표해야 할까요? 법을 따르면 됩니다. 법을 따를 때 우리는 부처님의 복을 받습니다.

「자야망갈라 가타」를 암송하면 — 부처님께서 가르치신 고귀한 원칙을 본받고 따르고자 노력하기 때문에 — 우리는 축복을 받습니다.

물론 사람들은 때때로 그 의미와 중요성을 생각하지 않고 앵무새처럼 단어를 암송하기도 합니다. 그러나 「자야망갈라 가타」가 담은 뜻을 알고 암송한다면 우리는 법의 축복을 받을 것입니다.

도반 여러분, 고귀한 원칙을 정직하게 따를 때마다 우리는 축복을 받습니다. 부처님께서 계시든 계시지 않든 축복을 받을 수 있습니다. 법이 존재하고 우리가 법의 깊이를 아는 한, 우리는 부처님을 보고 부처님의 축복을 받습니다.

가르침의 초점

스님, 이제 아흔 살이 넘으셨고 평생에 걸쳐 부처님 말씀을 배우고 가르치셨습니다. 그 기간 동안 부처님 말씀에 대한 이해, 그리고 부처님 말씀에 대한 설법에 변화가 있으셨습니까?

◉── 저는 처음에는 단지 믿음으로 스승들께 순종했습니다. 말하자면 상황에 따라 귀로만 들었지, 법에 대한 이해가 그리 깊지 못했습니다. 처음 법을 설할 때 저는 많은 이야기를 했습니다. 그러나 법에 대한 저의 이해는 깊지 않았습니다. 행자승이 되었을 때 저는 겨우 12살이었습니다. 당시 저는 아무것도 이해하지 못했습니다. 자라면서 천천히 그리고 점차적으로 불교 기본교리를 이해하기 시작했습니다. 하지만 여전히 깊은 이해는 부족했습니다.

서른 살이 넘어서야 그 가르침을 더 깊이 이해하기 시작했습니다. 처음에는 불교의 주요한 개념에 대한 이해가 일천했던 것입니다.

제가 다르게 가르치는 것들에 대해 말하자면, 자애 수행이 좋은 예입니다. 처음 저는 다른 사람들과 마찬가지로 경전의 주석서나 부주석에서 설명된 대로 수행하기 시작했습니다. 경전의 주석서와 부주석서에서는 명상가들에게 스스로 메타, 즉 자애 수행을 시작하도록 권합니다. 저도 최근까지 여러 책에서 이러한 수행법을 직접 설명하기도 했습니다.

그러다가 그러한 접근 방법이 갖는 단점이 보이기 시작했습니다. 그래서 저는 부처님 원음, 경전으로 돌아갔습니다. 어떤 사람들은 자애 수행을 논하면서, 여러 가지 다양한 해석을 추가합니다. 하지만 부처님이 직접 하신 말씀과 기본원칙으로 돌아가 살펴보면, 자애 수행에는 경계가 없어야 함을 알 수 있었습니다. 따라서 수행을 할 때 우리는 이를 염두에 두어야 합니다. 자애 수행에는 경계가 없습니다.

예를 들어, 여러분이 특정 방향, 동쪽을 향해 자애 수행을 한다고 생각해 봅시다. 동쪽 방향으로 마음을 집중합니다. 그 방향에는 끝이 없습니다. 무한대로까지 나아갈 수 있습니다. 마찬가지로 그 방향에 있는 생명들도 무한히 많습니다. 비슷한 방식으로 여러분은 남쪽, 남서쪽, 서쪽, 북서쪽, 위, 아래 등 열 개의 방향으로 자애를 향하게 할 수 있습니다. 이것을 '경계가 없는 수행$^{boundless\ practice}$'이라고 합니다.

그렇게 수행을 할 때, 우리는 자신을 잊습니다. 우리가 다른 모든 존재와 합일하기 때문에, 우리 자신에 대해 전혀 생각하지 않습니다. 그렇게 10분, 15분 또는 30분간 자애 수행을 하고 다시 자신에게로 돌아오면 마음이 아주 편안해집니다. 왜냐하면 다른 사람을 향해 자애심을 보내는 수행을 할 때, 결국 이 수행이 스스로에게도 전달되기 때문입니다. 마음이 또렷해지고 편안하며 평화로워집니다.

그래서 저는 최근 몇 년 동안 자기 자신을 잊는 방향성 메타 명상 $^{Directional\ Metta}$*이라는 방식으로 메타를 지도하기로 결심했습니다.

---

* 방향성 메타 명상은 자애심을 모든 방향으로 내보내는 명상 방법이다. 좌정하여 동쪽 방향의 모든 존재에게 "동쪽 방향에 있는 모든 존재들이 적대감으로부터 자유롭기를, 정신적 고통으로부터 자유롭기를, 육체적 고통으로부터 자유롭기를, 행복하게 자신을 돌볼 수 있기를"이라는 소원을 담아 자애심을 보낸다. 그리고 방향을 바꿔서 자애 명상을 계속한다. 그 과정에서

요즘 저는 '무상'에 대해 더 많이 이야기합니다. 어떤 사람들은 제가 무상에 대해 설법을 시작하면 "스님. 또 그 말씀!"이라며 미소 짓기도 합니다. 하지만 부처님께서 말씀하셨듯이 무상은 법의 뿌리$^{Dhamma\text{-}dhatu}$, 법의 확립^{Dhammatthita}, 법의 법칙^{Dhammaniyama}입니다. 여기서 법, 담마는 온 우주 만물의 본질을 의미합니다.

무상하기 때문에 괴롭습니다. 그리고 무상하기 때문에 우리 안에 어떤 자아라고 할 것이 없습니다. 우리의 몸, 느낌, 지각, 의도, 의식 등을 통제할 수 있는 어떤 방법이 없습니다.

만약 '영혼'이나 '자아'라는 것이 실제로 존재한다면, 그 존재는 집합체^{蘊}와 자신에게 일어나는 모든 것을 통제하는 자율적인 힘이 있을 것입니다. 하지만 모든 것은 항상 변하기 때문에 통제할 수 있는 것이 아무것도 없습니다!

이것은 과학을 통해서도 분명한 사실로 밝혀졌습니다. 최근의 양자물리학, 화학, 생물학 등 모든 과학이 두 개의 연속적인 순간 동안에 동일하게 유지되는 것은 없다는 것을 증명합니다. 그런데도 사람들은 이 원리를 이해하지 못하고 무언가를 붙잡고 집착하고 싶어 합니다. 하지만 아무것도 붙잡고 있을 수 없습니다. 그것은 단지 생각일 뿐입니다. 그러한 생각은 무지와 욕망에서 비롯됩니다.

마음이 다른 곳으로 가고 있다는 인상을 받을 수도 있고 그런 곳을 볼 수도 있지만, 그것을 무시하고 그 방향으로 모든 생명에게 자애심을 계속 발산한다.

무지와 욕망이 함께 작용하여 우리를 착각하게 만듭니다. 무지와 탐욕은 우리를 기만합니다. 모든 것은 탐욕과 갈망, 무지로 귀결됩니다. 마음이 어떤 것에 집착하면 사람은 완전히 혼란스러워집니다. 무엇을 해야 할지 모르고, 옳고 그름을 판단하지 못합니다. 마치 한 방향으로만 향하는 화살처럼 마음이 너무 좁아집니다!

마찬가지로 무지도 같은 결과를 초래합니다. 이 두 가지가 합쳐지면 어떻게 될지 상상해 보세요. 엄청난 혼란이 일어납니다. 그러나 무상을 이해한다면 미혹에 빠지지 않을 것입니다.

부처님께서는 "존재하는 모든 것은 욕망과 갈애가 만들어 낸 것이다. Ponobhavika nandiragasahagata tatra tatrabhinandini, seyyathidam kama tanha, bhavatanha vibhavatanha"라고 말씀하셨습니다. 명쾌한 정의입니다. 부처님께서는 "이 갈망은 다시 되풀이되고 있다."고 말합니다. 갈망은 계속해서 반복됩니다. 순간적인 욕망에 대한 집착으로 인해 한 순간의 쾌락을 경험하고, 마음은 여기에 집중하고 잠시 동안 그것을 즐깁니다. 그리고 그 느낌이 사라지면, 다음 쾌락으로 이동하여 잠시 동안 그것을 즐깁니다. 그리고 그 다음, 그 다음, 그 다음으로 계속 반복됩니다.

그럴 때마다 마음은 쾌락을 느끼고, 그 즐거움은 싫증으로 바뀌고, 그래서 더 많은 쾌락 혹은 다른 즐거움을 추구하고, 다시 싫증을 내는 과정을 반복합니다. 남의 잔디가 항상 더 푸르게 보입니다! 이런 망상은 욕망에 의해 만들어집니다.

이 과정을 생각하면 점점 더 분명해집니다. 그래서 저는 최근에 무상에 대하여 더 많이 이야기합니다!

부처님의 미소

수행자에게서 웃음은 어떤 역할을 하나요? 부처님께서는 웃음에 대해 가르치거나 말씀하신 적이 있나요?

◉ ― 부처님께서 웃음에 대해 많이 말씀하지 않으셨습니다. 그러나 팔리어 경전 주석서에는 여러 정도의 웃음에 대한 언급이 있습니다. 아주 가벼운 미소부터 아주 큰 소리로 터뜨리는 웃음까지 다섯 가지를 나열하기도 합니다. 부처님께서 웃음에 대해 구체적으로 언급하지 않으셨지만, 경전에는 부처님이 웃는 모습이 여러 번 기록되어 있습니다. 그 미소는 매우 깊은 의미가 있기 때문입니다.

어느 날 부처님께서는 거지를 보고 미소지으셨습니다. 사실 누군가가 구걸하는 것을 보는 것이 재미있는 일은 아닙니다. 아마도 여러분은 부처님께서 거지를 보고 빈정대거나 모욕한 것이 아닌지, 라고 생각할 수 있습니다. 부처님 시자인 아난다가 부처님께 "존자님, 왜 거지를 보고 웃으셨습니까?"라고 물었습니다.

부처님께서는 "그는 사실 백만장자였다. 그런데 지금은 어떠한가? 만약 젊었을 때 돈과 시간을 보다 잘 사용했다면, 지금쯤 그는 나라에서 가장 부유한 사람이 될 수 있었다. 하지만 그는 그 기회를 낭비했다. 그가 법을 수행했다면 완전한 깨달음의 경지인 아라한을 얻었을 것이지만 그 기회를 놓쳤다. 그렇지 못했더라도 중년에 돈을 신중하게 사용했다면 두 번째 부유한 사람이 될 수 있었을 것이고, 중년에 정진하여 법을 따랐다면 깨달음의 세 번째 단계인 아나함과를 성취할 수 있었다. 그렇지 못했어도 만약 그가 인생의 늘

그막에 재산을 아껴서 사용했다면 세 번째로 부유한 사람이 될 수 있었을 것이고, 명상 수행을 했다면 두 번째 단계의 깨달음인 사다함과에 도달할 수 있었다. 하지만 그는 돈을 낭비하고 도박과 술에 빠져 시간과 에너지, 돈과 기회를 헛되게 사용했고, 결국 거지가 되었다."라고 대답하셨습니다. 부처님께서는 그 사람이 얼마나 어리석었는지를 아시고 미소를 지었던 것입니다.

부처님 미소에는 우리가 배워야 할 매우 깊은 의미가 담겨 있었습니다. 우리는 말도 안 되는 농담을 들으면 그저 킥킥거리며 웃습니다. 하지만 의미있는 미소는 심오한 영적인 뜻이 있을 수 있습니다.

의식儀式과 깨달음

부처님께서는 의식은 헛된 것이며, 의식으로 어떤 깨달음을 얻을 수는 없다고 말씀하셨습니다. 건전한 수행과 의식을 어떻게 구분할 수 있을까요?

●──어떤 방식의 행동이 깨달음을 가져다준다고 믿으면 그 행동은 의식이 됩니다. 예를 들자면, 불상 앞에서 촛불을 켜는 것과 같은 특정한 행동을 할 수 있습니다. 이러한 행동은 의식일 수도 있고 습관일 수도 있습니다. 하지만 촛불을 켜는 동안, 촛불을 켜거나 향을 피우고 부처님께 절을 하는 행동을 통해 깨달음을 얻을 수 있다고 생각한다면 그것은 의식이 됩니다.

또는 촛불의 빛이 어둠을 쫓아낸다는 의미를 담고 촛불을 켤 수 있습니다. 같은 방식으로 명상 수행이 진리를 밝히고 무지의 어둠을 몰아내기를 바랄 수 있습니다. 이러한 의도를 가지고 촛불을 켜면, 이것이 올바른 깨달음을 얻게 할 수 있습니다.

우리는 점심시간에 부처님께 공양하는 관습이 있습니다. 때로는 불상 앞에 작은 음식 그릇을 놓기도 합니다. 물론 우리 모두는 불상이 아무것도 먹지 못한다는 것을 잘 알고 있습니다. 하지만 관행적으로 음식을 올려놓습니다.

음식을 공양하면서 "부처님께서 저와 세상을 위해 많은 일을 해주셨기에 부처님께 이 공양을 올립니다. 감사하는 마음으로 존경과 경의를 표하는 상징으로 이 음식을 드립니다."라고 생각합니다.

그렇게 세상을 도우시고 우리를 도와주신 분을 공경함으로써 우리의 마음은 기쁨과 행복으로 가득 차게 됩니다. 그러나 우리가 부처님께 공양하는 음식이 어떤 마법 같은 결과를 가져올 것이라고 생각한다면 그것은 단순한 의식에 불과합니다.

다른 피난처는 없다

저는 두 개의 명상 그룹을 지도하고 있습니다. 어떤 사람들은 저에게 "정말 훌륭한 스승님입니다."라고 말하기도 합니다. 하지만 저는 "아닙니다. 저는 단지 시계와 종을 가지고 명상을 진행하는 사람일 뿐입니다. 제가 여러분에게 읽어야 할 경전을 추천할 수는 있지만 여러분이 직접 찾아보고 읽으셔야 합니다. 그러니 저를 스승이라고 부르지 마세요."라고 말씀드립니다. 스스로를 명상 교사라고 말하는 사람들이 많이 있습니다. 하지만 제가 보기에 그 사람들은 마음챙김 수행의 본질을 희석하여 사무실에서의 스트레스를 줄이는 방법 같은 것을 가르칠 뿐인 것 같습니다.

◉── 스스로 조사하고 공부할 수 있도록 경전과 출처를 알려주는 것은 매우 좋은 접근방식입니다. 우리가 니까야 또는 최소한 그 경전의 핵심 요점을 인용할 수 있다면 더욱 좋기 때문입니다. 그러니 더 자세히 내용을 읽을 수 있도록 노력하십시오.

그러면 그 사람들은 명상 수행이 명상 지도자의 발명품이나 창작물이 아니라는 것을 이해하고, 스스로 무언가를 배우게 될 것입니다.

불자들이 "저에게는 다른 피난처가 없습니다. 부처님이 저의 피난처입니다. 저에게는 다른 피난처가 없으며, 법이 저의 피난처입니다. 저에게는 다른 피난처가 없습니다, 승가가 저의 피난처입니다."라고 암송하는 것은 매우 좋은 일입니다. 이렇게 하면 부처님, 법, 승단이 진정한 수행자의 피난처라는 것을 기억하기 쉽습니다. 그런 다음 부처님은 누구인가? 법은 무엇인가? 승가란 무엇인가? 진지하게 생각을 심화해 보십시오.

사랑, 자신 그리고 우주

부처님께서는 온 세상을 둘러봐도 자기보다 자신을 더 사랑하는 사람을 찾을 수는 없다고 말씀하신 적이 있습니다. 무슨 뜻으로 말씀하신 것인가요?

◉ ─ 「말리카경Mallikaa Sutta」(『쌍윳따 니까야』)에 그 이야기가 있습니다. 코살라의 파세나디 왕에게 말리카라는 아름답고 총명한 왕비가 있었습니다. 어느 날 두 사람이 함께 있던 낭만적인 순간에, 왕은 왕비에게 "솔직히 말해 봐! 누구를 가장 사랑하느냐?"라고 물었습니다. 이에 왕비는 "폐하, 제가 가장 사랑하는 사람은 저 자신입니다."라고 대답했습니다. 왕은 부처님께 가서 왕비의 대답에 대해 이야기했습니다.

부처님께서는 "자기보다 자신을 더 사랑하는 사람이 있는지 온 세상을 사방으로 둘러보세요. 아무도 찾지 못할 것입니다. 그 누구도 자신보다 자기를 더 사랑하는 사람은 없습니다. 당신은 다른 누구보다 자신을 더 사랑하므로, 다른 사람을 해치지 마십시오, 다른 사람을 해친다면, 그들도 자기 자신을 사랑하는 사람이라는 것을 기억하도록 하세요."라고 말씀하셨습니다.

"누군가 나를 해치면 내가 좋아할까?"라고 스스로에게 물어보라는 의미입니다. 그러므로 우리는 다른 사람을 해치지 않기 위해 어떤 생명도 죽이거나 해치지 않는 비폭력을 실천합니다. 부처님께서는 내가 그러한 것처럼 다른 사람도 자기 자신을 사랑한다는 사실을 항상 생각하고 명심해야 한다고 말씀하셨습니다.

남성성과 여성성

부처님께서는 도교의 음양陰陽론과 같이 우리 안에 있는 남성성과 여성성의 균형에 대해 말씀하신 적이 있으신가요? 제가 궁금해 하는 이유 중

하나는, 남성적 이미지를 표현하고 있는 불상이 대부분이지만 어떤 불상은 여성적인 이미지로 표현되고 있기 때문입니다.

◉── 부처님께서는 남성성(남성적 에너지)과 여성성(여성적 에너지)에 대하여 언급하신 바 없습니다. 음양은 익숙한 개념입니다. 하지만 부처님의 가르침에서는 음양에 대한 언급을 찾을 수 없습니다.

부처님께서는 제자들에게 영적 긴박감을 불러일으키기 위해 영적 에너지에 대하여 말씀하신 바 있습니다. 부처님께서는 세 가지 유형의 정진을 말씀하셨습니다. 시작하는 노력인 아람바다투^{arambhadhat}, 지속하는 노력인 니까마닷투^{nikkamadhatu}, 수행을 성취하기 위한 노력인 파라까마닷투^{parakkamadhatu} 이 세 가지입니다. 하지만 부처님께서는 이러한 노력과 에너지에 있어서 여성성과 남성성을 구분하지 않으셨습니다.

두 개의 화살

나이 들어 가면서 저에게 가장 와 닿는 가르침은 사람은 태어나면서 신체적 괴로움과 불만족, 정신적 괴로움과 불만족이라는 두 가지 화살을 갖고 있다는 부처님의 가르침입니다. 하지만 우리의 반응 방식인 두 번째 화살에 따라 많은 괴로움이 발생한다고 생각합니다. 이에 대해 이야기해 주시겠습니까?

◉── 사실 탄생에는 괴로움이 함께 수반됩니다. 오온 중 하나는 두까 칸다$^{dukkha\ khanda}$, 즉 괴로움의 덩어리입니다. 부처님은 연기에 대한 가르침에서 "이것이 괴로움 덩어리의 일어남이다."라고 말씀

하셨습니다.

인간, 동물, 신 등 어떤 존재든, 존재하는 모든 것이 괴로움입니다. 인간의 경우 최소한 자신을 유지해야 합니다. 자신의 존재를 유지하기 위해서 해야 할 일이 얼마나 많습니까?

우리는 건강을 유지하려고 노력합니다. 하지만 종종 우리는 질병에 걸리고 그에 대한 조치를 해야 합니다. 배고픔을 경험하고 계속 먹어야 합니다. 배고픔은 항상 존재하기 때문에 우리는 먹어야 합니다. 목마르지 않기를 바라지만, 목이 마르고 마셔야 합니다. 배변과 배뇨, 모든 것이 마찬가지입니다.

우리는 적어도 추위, 더위, 배고픔, 갈증, 배변, 배뇨 등 여섯 가지를 항상 경험하고 있으며, 이 여섯 가지를 계속 반복합니다. 우리 삶의 모든 것이 완벽하게 만족스러워 보일 때조차도 이 여섯 가지가 끊임없이 우리에게 나타날 것입니다.

우리는 자신의 생명을 유지하기 위해 여러 가지 많은 일을 해야 합니다. 그러므로 언제나 만족스러운 삶이 없다는 것은 분명합니다. 먹고 싶을 때 음식이 하늘에서 뚝 떨어지는 것이 아니라, 음식을 구해야 합니다. 그리고 이러한 음식을 얻기 위해 우리는 얼마나 많은 일을 해야 할까요? 아침에 일어나서 일하러 가고, 집에 돌아오는 매일 똑같은 일상이 반복됩니다. 왜 그럴까요? 먹기 위해서, 입기 위해서, 세금을 내기 위해서, 약 값과 임대료를 지불하기 위해서 그렇습니다.

이렇게 생존을 위해 해야 할 일이 너무나 많습니다. 그리고 그중 어느 것도 쉬운 일은 없습니다! 여러분이 작은 땅을 소유하고 있고, 아무 일을 하지 않아도 되고, 부모님으로부터 물려받은 집이 있다고 생각해 봅시다. 이런 경우에도 여러분은 그 집과 땅을 유지하기 위해 노력해야 합니다. 그것도 쉽지 않습니다.

이것이 바로 우리 자신의 삶과 가족을 유지하기 위해 태어날 때부터 겪는 고통이며, 우리가 직면하는 상황입니다.

그 외에도 두 번째 욕망의 화살이 있습니다. 우리는 무언가, 어떤 쾌락을 원합니다. 무언가를 갈망하고 그것을 얻으면 행복할까요? 잠시 동안은 행복할 수 있습니다. 하지만 좋은 차, 아름다운 집, 멋진 휴대폰, 그것이 무엇이든 간에 우리는 그것을 유지해야 합니다. 왜 그럴까요? 항상 변하고 무상하기 때문입니다.

그러나 몸을 유지하고, 생존에 필요한 기본적인 것들을 해야 하는 것이 삶이라는 것을 이해하고 만족하는 법을 배운다면 두 번째 고통의 화살을 경험하지 않을 것입니다.

동시에 이러한 삶을 반복하고 싶지 않다는 것을 깨닫습니다. "다음 생에도, 그 다음 생에도 이런 일을 반복하고 싶지 않다."고 생각하게 됩니다. 따라서 우리는 탐욕을 최소화하는 법을 배워야 합니다. 그리고 우리를 해탈로 이끄는 법, 즉 진리를 깨우쳐야 합니다.

영적 친구

스님께서는 종종 제자들에게 스스로를 칼리아나 미타$^{kalyana\ mitta}$라고 말씀하셨습니다. '칼리아나 미타'는 무슨 뜻인가요? 스님에게 '스승'은 어떤 의미인가요?

◉─ 물론 칼리아나 미타도 스승이 될 수 있습니다. 스승은 자신의 지식을 다른 사람들과 공유하는 사람입니다. 이상적인 스승은 대가를 바라지 않고 지식을 공유합니다. 어떤 보상에도 관심이 없고, 제자의 수를 늘리거나 유명해지려는 목표 없이 그저 자신이 가진 지식을 전수하고자 하는 마음뿐입니다. 저는 그런 스승이 되고 싶습니다.

그리고 칼리아나 미타, 즉 영적 친구 혹은 도반은 훨씬 더 고귀한 자질을 가지고 있습니다. 칼리아나 미타는 항상 자애로운 사람입니다. 다른 사람을 돕고자 하는 의도가 있기 때문에 성의 있게 말하고 경청합니다. 다른 사람을 잘못된 길로 이끌지 않습니다. 자애심으로 올바른 가르침과 올바른 조언을 하고자 합니다.

따라서 영적 친구는 항상 거기에 있고 곁에서 돕습니다. 그는 대가를 바라지 않고 남을 위해 봉사하는 이타적인 사람입니다.

불자가 된다는 것

불자만이 불교 수행으로 공덕을 얻을 수 있나요?

◉─ 특정 시점까지는 아니라고 말씀드릴 수 있습니다. 그 "특정 시점"이란 집중을 얻고 선정에 도달하는 시점을 의미합니다. 불교 신자가 아니어도 선정에 도달할 수 있습니다.

부처님께서 세상에 오시기 전부터 인도에는 명상이 있었고 명상 수행자와 탁발을 하는 사람이 있었습니다. 싯다르타 고타마가 깨달음을 성취하여 부처님이 되기 전 알라라 칼라마 같은 스승들도 명상 수행자였으며, 그들도 선정에 도달했습니다. 부처님께서는 그들의 명상 체계를 배웠고 8단계 선정을 모두 익혔습니다.

하지만 부처님께서는 그들의 체계가 완전하지 않다는 것을 알았습니다. 이러한 체계는 특정 수준까지는 도달할 수 있지만, 그 이상으로는 나아갈 수 없습니다. 부처님은 이러한 상태를 성취한 이후에도 태어남과 죽음의 반복이 계속되기 때문에 이것 외에 무엇인가가 더 있는 것이 틀림없다고 생각했습니다.

부처님께서는 끝없이 반복되는 탄생과 죽음에서 벗어나고 싶었습니다. 그리고 부처님은 그 모든 속박에서 벗어났습니다. 부처님은 스스로 위빠사나 명상을 수행하셨으며 무상, 고, 무아를 깨달으셨습니다.

부처님은 이러한 존재의 세 가지 속성을 이해하여 탐욕, 증오, 망상을 없애지 않으면 윤회의 굴레에 계속 묶여 있게 된다는 사실을 깨달았습니다. 그래서 부처님은 이것을 도입하고 실천하여 깨달음을 얻었습니다.

그러므로 누구나 명상을 수행할 수 있으며, 여덟 가지 깨달음의 단계인 팔선정까지 도달할 수 있습니다. 하지만 부처님의 가르침 없이는 그 이상을 넘어설 수 없습니다.

아무리 좋은 곳에 있어도, 그들은 결국 오랫동안 윤회하는 세상에 머무르게 됩니다. 어디에서 태어나든, 아무리 행복한 곳이라도 괴로움이 존재합니다. 존재가 있는 한 무상함도 존재합니다. 무상함이 있는 한 괴로움이 있습니다. 무상함과 고통이 있는 한, 스스로 이러한 존재의 상태를 넘어설 수는 없습니다.

종종 말씀드렸듯이, 우리가 '자아, 나'라고 부르기는 하지만, 그 '자아'란 어떤 독립적인 실체가 아닙니다. 예를 들어, 오늘이 금요일이라고 하지만, 금요일이라는 어떤 실체가 존재하는 것은 아닙니다. 금요일을 보셨습니까? 월요일을 보셨습니까? 화요일? 1월? 2월? 12월? 경도? 위도? 아무도 그것들을 본 사람은 없습니다. 단지 장소와 시간의 의미로 소통하기 위한 실용적인 목적으로 사용하는 것일 뿐입니다.

자아라는 개념도 의사소통을 위해 반드시 필요합니다. "나", "당신", "그녀"와 같은 용어는 이러한 잠정적인 이해를 바탕으로 사용합니다.

하지만 실제로는 이러한 용어가 의미하는 영구적인 실체는 없습니다. 만약 모든 것을 통제하고 조직할 수 있는 자율적인 무언가가 있다면, 우리는 우리의 상태를 통제할 수 있을 것입니다.

대신 우리들은 — 어느 누구도 좋아하지 않지만 — 질병에 걸립니다. 일시적인 치료법은 있을 수 있지만 영구적인 치료법은 없는 질병입니다. 그것은 추위, 더위, 배고픔, 갈증, 배변, 배뇨, 여섯 가지입니다.

추울 때 — 일시적으로 따뜻한 옷을 입고 방을 덥게 할 수 있지만 — 추위는 계속됩니다. 더울 때는 에어컨을 켤 수 있지만 역시 일시적인 조치입니다. 계속 더울 것입니다. 배고픔은 어떤가요? 하루나 이틀 금식할 수는 있지만 영원히 금식할 수는 없습니다. 갈증도 그렇습니다. 갈증을 일시적으로 해소할 수 있지만 다시 목이 마르게 됩니다.

결국 우리가 존재하는 한 이 여섯 가지 질병을 겪게 됩니다. 소위 신과 같은 존재들처럼 아무것도 먹지 않는다 해도, 여전히 몸은 변하고 결국에는 죽게 됩니다. 그들도 죽을 때가 되면, 우리와 똑같은 불안, 걱정, 그리고 두려움을 느끼게 될 것입니다.

불안과 두려움이 존재하는 한 고통은 존재합니다. 따라서 좋은 카메라와 휴대폰, 인터넷, 대형 TV, 값비싼 자동차 등 온갖 좋은 물건을 소유하고 있다고 해도, 윤회하는 세상이 있는 한 내면의 괴로움은 벗어날 수 없습니다.

부처님께서는 이러한 순환에서 벗어날 방법을 찾고자 했으며, 위빠사나 명상 체계를 도입했습니다.

질문에 대답드리면, 불자가 아니어도 어느 단계까지는 명상 수행을 할 수 있습니다.

다만, 불교는 사마타와 위빠사나라고 하는, 깨달음에 이를 수 있는 완전한 명상 수행법을 갖추고 있다고 말씀드리겠습니다.

수행 정진

불교의 우주론은 우리가 수만 겁劫의 세월 동안 윤회의 순환을 한다고 말합니다. 너무 엄청난 이야기입니다. 그래서 저는 결국 깨달음에 도달할 수 있을지 의심이 들기도 하고, 너무나 먼 목표처럼 느껴지기도 합니다. 어떻게 해야 할까요?

◉── 수행을 시작하기 전에는 깨달음과 해탈의 목표가 너무나 힘들고 어려운 것으로 느껴지고, 불가능하게 생각되기도 할 것입니다.

하지만 법을 이해하고 꾸준하게 부지런히 정진하면 내면의 능력과 실력이 서서히 드러나면서 멀리 있는 것 같았던 목표가 점차 가까이 다가오는 것을 알 수 있을 것입니다.

저는 종종 수행자에는 네 가지 유형이 있다고 말하곤 합니다. 첫째는 재치있고 빠른 사람인 웃가띠딴뉴^{ugghatitannu}*입니다. 두 번째는 조금 느린 위빤치딴뉴^{vipancitannu}**, 세 번째는 더 느리지만 깨달음의 단계에 도달할 수 있는 사람인 네이야^{neyya}***입니다. 이들은 도반과 교제하고 담마에 대해 토론하는 것이 중요하다는 것을 알고 있으므로, 꾸준히 수행을 하고, 수행지침을 따르고, 스승의 말씀을 따르는 것의 중요성을 잘 알고 있습니다.

하지만 네 번째 범주의 사람은 목표가 지평선 너머에 있다고 생각하고 법을 보지 못하는 사람, 그저 경전을 읽기만 하는 사람인 빠다빠라마^{padaparama}****입니다. 그들의 관심사는 그저 읽는 것입니다. 팔리어로 빠다^{pada}는 말, 빠다빠라마^{parama}는 가장 중요한 것을 의미합니다. 이런 사람은 끝없이 이야기하고, 여러 스승의 강의를 찾아다니며 들을 것입니다. 읽고 또 읽을 것입니다. 그들은 티벳어

---

* 약설지자略說智者. 설명하는 즉시 법을 깨닫는 사람. 간단한 게송만을 듣고 수행이 진전되어 도道와 과果를 얻을 수 있다.
** 상설지자詳說智者. 상세하게 그 뜻을 분석해야 법을 깨닫는 사람. 긴 설법, 설명을 들어야 도道와 과果를 얻을 수 있다.
*** 제도가능자濟度可能者. 설명하고 질문하고 바르게 마음 기울이고 선지식을 의지하고 공경을 통해 점차적으로 법을 깨닫는다.
**** 선업토대자善業土臺者. 법과 경전 구절의 뜻만 이해한다.

경전의 단어 수를 세어보기까지 할 것입니다. 그들은 평생에 걸쳐 읽고, 듣고, 토론하는 데에 몰두합니다. 하지만 법을 실천에 옮기지 않습니다.

깨달음이라는 목표는 스스로 수행할 때에만 비로소 시야에 들어올 수 있습니다.

모든 어려운 일은 도전하고 시작해야 쉬워집니다. 저에게 "스님, 하지만 말처럼 쉽지 않아요."라고 말씀하시는 분이 많습니다. 그럴 때마다 저는 "말보다 실천이 훨씬 쉽습니다!"라고 한결같이 대답합니다.

문제는 사람들이 도전하는 것을 좋아하지 않는다는 것입니다.

사람들은 올바른 일을 하지 않는 이유를 대는 데 아주 영리하다고 저는 종종 말합니다. 하지만 좋은 일을 하기 위해 이유를 대는 사람을 본 적이 있습니까? 우리들은 자신에게 유익하고 좋은 일을 해야 하는 이유를 대는 법을 배워야 합니다.

저는 부처님께서 깨달음을 얻으신 순간을 생각합니다. 부처님과 부처님이 깨달은 순간을 생각할 때마다 부처님께서 중생들을 가르치기로 결심하신 것에 대한 놀라움과 고마움을 표현할 길이 없습니다.

깨달음을 얻은 직후, 부처님께서는 중생을 가르치는 것을 주저하셨습니다. "쉽지 않아. 탐욕과 증오와 망상의 수렁에 깊이 빠져 있는 사람들을 어떻게 가르칠 수 있을까?"라고 생각했습니다.

경전에 나오는 이야기는 부처님께서 어떻게 브라만 사함빠띠 Sahampati*의 권유로 가르침을 펼치시게 되었는지를 알려줍니다. 브라흐마 사함파티는 부처님께 괴로움에 대한 심오한 깨달음을 이해할 수 있을 사람들이 있을 것이라고 말씀드렸습니다. 이에, 부처님께서는 세상에는 "눈에 먼지가 거의 없는" 사람들도 있을 것이라는 것을 깨달았습니다. 그리하여 부처님께서는 제자를 가르치기 시작했고, 제자들은 해탈의 길로 들어설 수 있었습니다.

이것은 현재뿐만 아니라 미래에도 마찬가지입니다. 도전에 눈을 뜨고, 맞서고, 성취하는 소수의 사람들이 있습니다.

확실히 가능합니다. 하지만 수행을 시작해야만 가능합니다.

소박함

스님께서는 화려한 의식과 축제로 인해 오히려 부처님 가르침이 가려질 수 있다고 걱정하셨습니다. 이에 대하여 자세히 설명해 주시겠습니까?

◉── 여러 불교 종파에서 다양하고 정교한 불교 의식과 의례를 만들어왔습니다. 불교의 가장 오래된 전통인 상좌부불교에서도 그렇습니다.

사람들은 심지어 제가 온 스리랑카와 같은 불교국가에서도 카티나^{Kathina} 승복을 제공하는 전통적인 행위에 참여하는 것이 매우 어렵다고 생각합니다. 카티나 승복은 3개월의 우안거가 끝날 때 스님들께 시주하는 가사입니다. 그런데 이것은 비용 부담이 크기 때문

---

* 인도설화에 의하면 브라흐마 사함빠띠는 신들의 왕이다.

에 쉽지 않은 일입니다.

다른 크고 성대한 행사도 있습니다. 코끼리, 북치는 사람, 무용수, 가수들이 등장하고, 길고 큰 행렬이 이어집니다. 이 모든 것에 소박함이란 없습니다. 검소한 승복을 시주한다는 원래의 뜻은 사라졌습니다. 카티나 승복은 마치 하늘에서 내려온 것처럼 화려하게 만들어져 스님들께 시주합니다.

예전에는 승복을 시주하는 사람과 이를 받은 스님만 그 사실을 알고 있었습니다. 그런데 요즘은 화려한 승복을 시주하는 의식을 치르고, 이를 널리 선전합니다. 승복을 드리는 의식에는 코끼리와 북치는 사람, 무용수가 동원됩니다. 심지어 최근 스리랑카에서는 공양을 다른 사람에게 위탁하는 경우도 있다고 합니다.

과거에 공양이란 공양하는 사람이 직접 음식을 준비한다는 의미였습니다. 그리고 바바나소사이어티에서는 가족들이 하듯이 직접 음식을 공양합니다.

부처님은 스님들이 발우를 들고 집집마다 다니며 먹을 수 있을 만큼만 모으라고 가르치셨습니다. 두 집을 가면 충분한 음식을 얻을 수 있고, 너무 많은 집을 방문하지 말라고 말씀하셨습니다. 어떤 사람들에게는 탁발 공양이 부담스러울 수도 있기 때문입니다. 이것이 원래의 관행이었습니다. 그런데 요즘은 신도들이 사찰에 음식을 가져옵니다. 이제 스리랑카에서는 탁발 걸식^{pindapata}을 하는 스님을 찾아보기 쉽지 않습니다. 그리고 일부 스님들은 탁발을 좋아하지 않습니다. 그들은 걸식이 자신을 비하하고 모욕한다고 생각합니다. 왜 그럴까요?

일부 사원은 스리랑카의 전통에 따라 왕들이 사찰에 건물, 코코넛 농장, 땅과 논을 시주했기 때문에 매우 부유해졌습니다. 왕들은 수천 에이커의 땅을 사찰에 기부했고, 사찰은 매우 부우해졌습니다. 그들은 지주가 되었습니다. 이제 우리는 사찰에서 개최되는 대규모 축제, 미인대회, 카니발 등을 볼 수 있습니다. 누군가가 이런 큰 행사에 참석하면 "아! 불교란 이런 것이구나."라고 생각할 수도 있습니다.

너무 많은 것들이 뒤섞여 있기 때문에 이 사람들은 부처님의 원래 가르침을 명확하게 이해하지 못하게 될지도 모릅니다.

제가 스리랑카에 있다면 이런 말을 하기 조심스러울 수 있습니다! 하지만 스리랑카를 떠나 있어서 이렇게 말할 수 있습니다.

최근에는 일부 서양 스님들이 스리랑카에 가서 명상 수행을 하기 시작했습니다. 그러자 일부 스리랑카인들도 명상에 관심을 갖게 되었고, 스리랑카에서 명상은 일종의 유행이 되고 있습니다. 하지만 진정으로 명상 수행을 하는 사람은 아주 소수에 불과합니다.

미국에서의 불교 수행도 비슷한 상황에 있습니다. 명상에 온갖 종류의 것들을 끌어들이고 있으며, 그로 인해 부처님 가르침의 본질을 잃게 될 위험이 있습니다.

미국 불교

미국 불교에 대해서 어떻게 생각하시는지 말씀해 주실 수 있을까요?

◉―미국 불교에는 소승불교와 대승불교, 선 수행, 티베트 불교 등

이 혼재되어 있습니다. 그래서 어느 하나로 요약해서 말씀드리기 어렵습니다. 저는 상좌부불교 위빠사나 명상만 가르치는 줄 알았던 몇몇 선생님을 만난 적이 있었습니다. 그런데 그들은 어떤 특정 불교 종파에 속한 것이 아니라, 그저 불교의 모든 종파를 섞었을 뿐이었습니다.

언젠가는―제 생애에 일어나지 않을 수도 있지만―새로운 이름을 가진 새로운 형태의 불교가 생길 수도 있을 것 같습니다. "중국 불교"와 "티베트 불교"가 있듯이 "미국 불교"가 생겨날 수 있을 것입니다. 하지만 이러한 새로운 형태의 불교가 시간이 지나도 부처님 원래의 가르침을 유지할 수 있을까요?

『쌍윳따 니까야』에 「쐐기경 Ani Sutta」이라는 짧은 경전이 있습니다. 당시에는 왕이 백성을 모으고 싶을 때 고수鼓手로 하여금 큰 북을 치도록 했습니다. 백성들은 북소리를 듣고 몰려들었습니다. 고수는 북이 갈라질 때마다, 그 안에 못을 박아서 북을 고정했고, 시간이 지나면서 계속 그런 방식으로 작업을 계속했습니다. 결국에는 북이 아니라 못만 발견되고, 북소리는 더 이상 들리지 않게 되었습니다. 그렇듯이 부처님이 원래 가르치셨던 말씀을 수정하고 손대는 일을 집단이나 개인이 계속한다면, 결국 부처님 가르침도 그렇게 될 수 있습니다.

『쌍윳따 니까야』에는 「유사정법경 Saddhammapatirupaka Sutta」도 있습니다. 이 경에는 인공적으로 금을 만들기 시작하면, 인조 금이 진짜 금과 섞여서 결국 어떤 것이 진짜 금이고 어떤 것이 가짜 금인지 구분할 수 없게 된다는 이야기가 있습니다. 이것은 부처님 가르침에도 적용됩니다.

어떤 사람들은 불교를 쉽고 대중적으로 만들고자 부처님 가르침의 핵심을 희석시킵니다. 다른 어떤 사람들은 불교를 보다 빛나고 매력적인 것으로 만들고 싶어 합니다. 그러나 결국 불교 가르침의 표면만을 훑어보고자 하는 사람들에게만 반짝이고 매력적입니다.

부처님께 보증하신 것

스님께서는 부처님의 가르침 중 "7년 보증"에 해당하는 말씀이 있다고 하셨습니다. 부지런히 수행하면 7년 또는 7주, 심지어 7일 만에 깨달음을 얻을 수도 있다는 뜻이라고 하셨습니다. 이것은 오계 혹은 팔계를 준수하는 것을 의미하는 것인가요?

◉— 재가자는 오계를 준수하는 것으로 충분합니다. 「사념처경 Satipatthana Sutta」(『맛지마 니까야』)에는 부처님께서 캄마사담마 Kammassadhamma라는 시장 마을 쿠루 Kuru에 있는 사람들에게 이에 대하여 하신 말씀이 있습니다. 부처님은 그곳에서 여러 차례 아름답고 매우 심오한 설법을 하셨습니다.

부처님께서 설법하실 때 청중은 비구와 수행자들만이 아니었습니다. 얼마나 많은 비구들이 참석했는지는 알 수 없지만, 부처님은 청중 모두를 비구라고 불렀습니다. "비구들이여, 깨달음을 얻는 직접적인 방법이 하나 있다."

부처님이 그곳에서 만난 많은 청중들은 비구가 아니라 재가자들이었습니다. 그래서 부처님은 재가자들에게도 수계하셨습니다. 오계를 지키는 것은 절대적으로 필요합니다. 그리고 팔계를 지키고 진지하게 수행하는 사람이라면 누구든 그 길에서 더 빠른 진전을 이룰 수 있습니다

통찰의 핵심

스님께서도 부처님 가르침에 대한 이해와 경험에서 변화가 있으셨나요?

◉── 부처님 가르침, 불법에 대한 저의 이해는 여러 가지 측면에서 변화가 있었습니다. 앞서 말씀드렸듯이 자애 명상을 지도하는 방법이 이전과는 달라졌습니다. 처음에는 자신에게 우선 초점을 맞추고 그 다음 부모, 가족, 친구 등으로 자애의 대상과 초점을 확대하는 '개별화' 방식으로 자애 수행을 지도했습니다. 이것은 저의 책에서도 확인할 수 있습니다.

하지만 최근에 저는 ─ 이러한 수행법이 명상 대상과 초점을 다소 협소하게 맞추고 있다고 생각하여 ─ 방향성 메타 명상 directional method of metta 을 강조합니다. 부처님께서는 동, 서, 남, 북, 위, 아래의 모든 존재로 향하는 자애 명상을 가르치셨습니다.

마찬가지로 저는 위빠사나 수행을 통해서 얻는 핵심 통찰인 무상, 고, 무아를 강조합니다. 특히 근래에는 무상을 강조하고 거듭 강조합니다. 지난 세월 동안 일어나고 사라지고, 일어나고 사라지는 것을 무수하게 보았기 때문입니다. 지금 생각해 보면 이 모든 것들이 실체가 없는 꿈과 같다는 생각이 듭니다. 모든 것이 나타나고

사라집니다.

저와 가깝게 지냈던 많은 친구들은 더 이상 이 세상에 없습니다. 남은 것은 희미해지는 기억뿐입니다. 제가 자란 스리랑카 마을에 있던 친척, 형제자매들, 모든 사람이 사라졌습니다. 제가 태어났을 때 거기에 있던 모든 사람, 내가 다섯 살이나 열 살 때 거기에 있던 모든 사람, 모두가 사라졌습니다. 제가 수계를 받았던 마을 사람들도 모두 사라졌고, 알고 있던 수천, 수만 명의 사람들이 이미 세상을 떠났습니다. 저에게 남은 것은 여기저기에 있는 몇몇 사람들에 대한 기억뿐입니다. 다른 사람들은 제 기억 속에 없습니다.

이제 이 모든 것은 단지 하나의 개념으로만 남아 있습니다. 어머니 개념, 아버지 개념, 형제 개념, 그냥 개념일 뿐입니다. 사진이 있으면 가끔 꺼내서 볼 수 있습니다. 하지만 그것은 사람이 아닌 사진일 뿐입니다. 말을 하거나 움직일 수 없습니다.

그리고 가끔은 이 모든 것이 그저 하나의 꿈이라는 생각이 들 때도 있습니다. 제가 먹은 음식, 전 세계를 여행하며 본 것들, 들었던 이야기와 음악, 장소, 상황, 경험, 심지어 내가 했던 강연까지, 제가 경험했던 수많은 것들이 이제는 실체가 없는 개념에 불과합니다.

명상 수행을 하면서, 이제 저의 생각에는 특정 개인이 나타나는 경우가 거의 없습니다. 단지 개념만 나타납니다. 그리고 그 개념에 가까이 들어가 보면 그것은 단지 느낌일 뿐이라는 이해가 생겼습니다. 그래서 이제 저는 놓아주기가 매우 쉽습니다. 과거에 일어난 모든 일을 놓아버리는 것입니다. 그리고 지금 일어나고 있는 모든 것을 놓아버리는 것입니다. 거기에는 어떤 실체도 없기 때문입니다.

이렇게 저의 이해는 변화해 왔습니다.

그래서 저는 법과 법의 뿌리, 진리의 법칙을 확립하신 부처님 가르침에 깊이 감사합니다. 이러한 법이 존재의 전부입니다. 「출현경 Dhamma-niyama Sutta」에서 부처님께서는 "내가 존재하든 존재하지 않든, 모든 조건지워진 것은 무상하고, 모든 조건화된 것은 괴로움이며, 모든 현상에는 자아가 없다."고 말씀하셨습니다. 단지 확립된 법의 조건과 진리^{dhamma}의 법칙만이 있습니다.

이런 것들이 지금 제 마음속에 아주 또렷합니다. 과거보다 더 그렇습니다. 그래서 특히 명상을 할 때, 부처님께서 바히야^{Bahiya}에게 주신 가르침이 떠오릅니다. 지금은 아주 분명합니다. 부처님께서는 법을 배우고 싶어 하는 바히야에게 이렇게 말씀하셨습니다.

바히야여! 너는 이렇게 스스로 수행해야 한다. '본 것에 관해서는 보이는 것만 있다. 들은 것과 관해서는 들은 것만 있다. 느낀 것에 대해서는 느껴진 것만 있다. 아는 것과 관련하여서는 인지된 것만 있다.' 이것이 수행하는 방법이다. 너에게는 보이는 것과 관련하여 보이는 것만 있고, 들리는 것과 관련하여 들리는 것만 있고, 느끼는 것과 관련하여 감각된 것만 있고, 아는 것과 관련하여 인식된 것만 있다. 바히야여! 거기에 너는 없다. 그것과 관련된 네가 없다면 거기에는 네가 없는 것이다. 거기에 네가 없다면, 여기에도 없고 저기에도 없고 그 둘 사이에도 없다. 바로 이것, 이것이 괴로움의 끝이다.

경전에 따르면 바히야는 곧바로 깨달음을 얻었고, 어린 송아지를 둔 황소의 공격을 받아 죽었습니다. 이 짧고 간결한 가르침이 바히야의 마음에 곧바로 들어와 지혜의 눈을 떠서 아라한이 되었으며, 바히야는 깨달음을 얻은 직후에 죽었던 것입니다.

바히야에 대한 가르침은 명상할 때 마음 깊이 와 닿습니다. 그 진리를 알 수 있습니다. 팔리어 경전에는 이와 같은 짧지만 매우 심오한 경전이 많이 있습니다. 이러한 경전들이 요즈음 제가 즐겨 읽는 것들입니다.

부처님 말씀 인용하기

스님께서는 제자들에게 자신의 말을 인용하지 말고 부처님 말씀을 직접 인용하도록 권장하십니다. 하지만 적지 않은 사람들이 자신의 스승께서 '이렇게 말씀하셨다, 저렇게 가르치셨다'라고 말하는 걸 좋아합니다. 스님께서 부처님 말씀을 직접 인용하라고 강조하시는 어떤 특별한 이유가 있으신지요?

◉── 저는 바바나소사이어티 구성원들께 항상 이렇게 말합니다. "법을 가르칠 때, 저의 이름을 인용하지 마세요! '반테 G가 이렇게 저렇게 말했다.'라고 말씀하지 마세요. 부처님의 말씀을 인용하세요! '부처님께서 이런저런 말씀을 하셨다.'라고 이야기하세요. 출처를 밝히고 니까야를 인용하고 경전의 이름을 구체적으로 언급하도록 하세요."

왜 그럴까요?

스승의 말을 인용하는 것은 베끼고 복사하는 것과 같습니다. 그렇게 하나의 사본에서 또 다른 사본을 만듭니다. 그렇게 백 번째 사본에 이르면 형해화되어 어떤 글씨도 찾아볼 수 없을 것입니다!

그래서 저는 스승들의 말을 인용하는 대신 부처님 원래의 가르침을 인용합니다. 부처님의 가르침은 그대로입니다. 좋은 팔리어 번역본을 찾아보세요. 그러면 제가 부처님의 가르침을 인용하든, 다른 분이 부처님의 가르침을 인용하든, 그 가르침은 같은 뿌리로 돌아갑니다.

그렇게 하지 않고 '선생님께서, 선생님께서'라고 인용하기 시작하면 종국에 가서는 그 원래 의미를 찾을 수 없게 될 수 있습니다.

이것은 일종의 서구 사회 트렌드입니다. 그들은 항상 "누구누구가 이렇게 말했다."라고 인용하기를 좋아합니다. 어떤 사람들은 자신의 스승에 대한 책만 쓰기도 합니다. 우리 도서관에도 그런 책들이 많이 있습니다. 그들은 부처님의 가르침이 고리타분하고 구식이라고 생각하기 때문에 인용하는 것을 선호하지 않습니다.

제가 강연을 하면서 사성제를 언급하면 종종 사람들은 "스님, 그건 누구나 아는 우화와 같은 이야기입니다. 보다 심오한 이야기를 해주세요!"라고 말하기도 합니다.

그러나 오히려 핵심 가르침은 우화와 같이 이해하기 쉽습니다. 저는 그분들에게 "그럼 진짜 중요한 것은 무엇인가요?"라고 되묻습니다.

우리는 부처님께서 45년간의 가르침 끝에 "비구들이여, 나는 오직 괴로움과 괴로움의 종식에 대해서만 가르쳤다."라고 말씀하신 것을 기억해야 합니다. 그것이 부처님께서 가르치신 전부입니다.

다른 모든 것은 주변적인 것입니다.

저는 불교와 관련하여 이런 일이 일어나는 것을 제 인생에서 여러 번 지켜봤습니다. 그리고 앞으로 어떤 일이 일어날지 지켜볼 것입니다.

지은이 헤네폴라 구나라타나 Bhante Henepola Gunaratana

1927년 스리랑카에서 태어나, 12살에 사미계를, 20살에 비구계를 받았다. 감파하의 위드야세카라 대학, 켈라니야의 위드야란카라 대학과 콜롬보의 포교사 양성 대학에서 수학했으며, 미국 아메리칸 대학에서 철학 박사 학위를 받았으며, 아메리칸 대학, 조지타운 대학, 메릴랜드 대학에서 불교를 가르쳤다.

저서로 널리 알려진『위빠사나 명상 : 가장 손쉬운 깨달음의 길(Mindfulness in Plain English)』,『쉬운 영어로 배우는 마음챙김(Mindfulness in Plain English)』,『마음챙김을 향한 여정(Journey to mindfulness)』등 다수가 있다. 불자들 사이에서 반테 G라는 애칭으로도 불리는 스님은 세계 각국을 다니며 수행을 지도하고 불교 가르침을 전파하고 있으며, 미국 웨스트버지니아에 있는 "바바나소사이어티 숲속 수도원"에 머무르고 있다.

옮긴이 **박경미**

연세대학교 국어국문학과 석사를 졸업하고, 동국대학교 불교학과 박사과정을 수료하였다. 현재는 설잠의 연경별찬 연구로 박사학위논문을 쓰고 있다. 반테 G. 스님의 지혜로운 가르침이 담긴 *What, Why, How*를 우리말로 옮기는 귀한 인연을 맺게 되었다. 이 책을 읽는 일은 일상 속에서 명상 수행의 즐거움을 깊이 체감하는 과정이었고, 번역하는 작업은 삶의 꾸준한 정진에 소중한 추동력이 되었다. 이 책이 독자들의 삶에도 평화롭고 지혜로운 수행의 씨앗이 되기를 바라는 간절한 마음을 담아 우리말로 옮겼다.

불교와 명상, 마음챙김으로 살아가기

초판 1쇄 인쇄 2025년 11월 10일 | 초판 1쇄 발행 2025년 11월 18일
지은이 헤네폴라 구나라타나 | 옮긴이 박경미 | 펴낸이 김시열
펴낸곳 도서출판 운주사

(02832) 서울시 성북구 동소문로 67-1 성심빌딩 3층
전화 (02) 926-8361 | 팩스 0505-115-8361

ISBN 978-89-5746-901-9 03220 값 24,000원

http://cafe.daum.net/unjubooks 〈다음카페: 도서출판 운주사〉